國鍵文集

第二輯

教育

潘國鍵著

BA, DipEd, MA, MPhil, MEd, PhD

Second Edition
Feb 2019

Published by
The SenSeis 尚尚齋
Toronto
Canada
www.thesenseis.com
publishing@thesenseis.com

ISBN 978-1-7753566-6-0

獻給

先恩師

嚴耕望教授

居身務期質樸教子
要有義方

朱柏廬治家格言 二千十五年 雷國鍵

國鍵文集 第二輯 教育
目錄

序 13
中國書法與國文教育 14
性善性惡 31
萬里長城 32
項羽———死不知錯 34
教育何義 35
學歷主義與暴力文化 36
東西教育之異 37
大時代來臨： 教育工作者當負之責任（一） 38
大時代來臨：教育工作者當負之責任（二） 39
人文教育 40
西方教育隱存之危機（一） 42
西方教育隱存之危機（二） 43
中國歷史教學要義（一） 45
中國歷史教學要義（二） 46
初中中史課程管見 47
高中中史科課程管見 48
德育與文化 49
論師生關係之冷（一） 50
論師生關係之冷（二） 51
人生的目標與意義 52
夜空 53
中學班會組織與活動之民主化 54
名校與名牌 55
大學之熒惑：（一）大學之功能與使命 56
大學之熒惑：（二）多元大學（MULTIVERSITY） 59
大學之熒惑：（三）學術均衡（ACADEMIC BALANCE） 61
大學之熒惑：（四）大學自治權（UNIVERSITY AUTONOMY） 63
大學之熒惑：（五）政府干預大學事務之法理問題 66
大學之熒惑：（六）大學之中立與不偏袒（NEUTRALITY AND IMPARTIALITY） 69

大學之熒惑：（七）學術自由（ACADEMIC FREEDOM） 71
大學之熒惑：（八）結語：現代大學之迷惘 73
二十一世紀之教育路向（一） 76
二十一世紀之教育路向（二） 78
學者（SCHOLAR）之責任（一） 79
學者（SCHOLAR）之責任（二） 80
知識傳授與道德教育（紀念五四運動七十週年之一） 81
照舊罵（紀念五四運動七十週年之二） 84
美加高等教育發展之成就（一） 86
美加高等教育發展之成就（二） 88
九十年代香港的教育結 89
值得表揚的鍾校長 91
「快樂」的教育 92
兒童中心主義 94
西洋夢 96
香米煨焗黃雞 98
燒線裝書？ 100
莫悔進入研究院 101
文化 103
《莫悔進入研究院》刊後 105
一卡知秋 107
拗頸 108
學術乃市場？ 109
責人須思理 111
舒特拉的名單 113
OISE的女殺手 115
移民慮：孩子的教育 117
移民慮：太空人的孩子 118
「六四」不准教！ 120
移民慮：母子的衝突 122
陷阱 123
上帝也中招 124
童真 126
光身的啞羊 128

制度與環境 130
書法與教育（一） 132
書法與教育（二） 134
書法與教育（三） 136
哀哉新亞魂 138
爭氣 140
TOC能實踐嗎？ 142
TOC化簡為繁 144
沒個泥造 146
廢考試？ 147
社會階級與學校知識（一） 149
社會階級與學校知識（二） 151
教育與民族性格 153
別了《華僑》 155
救心 157
歷史教育與民族前途 （一） 159
歷史教育與民族前途（二） 161
包二奶 163
剽竊 165
再談歷史教育 167
「教辱」 169
臉兒不够白 170
社會科學萬歲？（一） 171
社會科學萬歲？（二） 172
談「士」 174
《岫廬文庫》王雲五序 176
買一安身之所（一） 178
買一安身之所（二） 180
買一安身之所向（三） 182
叉燒飯 183
國文教學的枷鎖 185
報應 187
學術寫法 188
了不起 189

中國通 190
注定做牛 191
無串不歡 192
新思維（一） 193
新思維（二） 194
新思維（三） 195
各作各孽 196
唯靠勤奮 197
四類父母 198
童話歸天 199
安省教育弊端 （一） 200
安省教育弊端（二） 201
政治良心 202
朝廷害士 203
學者慈母 204
放下籐條 205
慎選大學 206
今日教育 207
華裔佔優 208
返鄉耕田 209
威嚴作啥 210
精神文化 211
書生難靠 212
得先生和菜先生 213
人各有價？ 214
又係誤解？ 215
扮嘢 216
孩子何罪 217
求正精神 218
做牛之道 219
浮世篇（一） 220
浮世篇（二） 221
以俄為鑑 222
余也老餅 223

唔准「駁嘴」？ 224
校服 225
壞鬼書生 226
若有良心何忍刮 227
興學救國? 228
又到學生頭大時 229
研醫習理須優文 230
博士淒涼又一章 231
不讀《毛選》是痴儒（一） 232
不讀《毛選》是痴儒（二） 233
都走哪！ 234
遞表之前先搭路 235
老外果然勝一籌 236
學術自由 237
校園陰乾術 238
大學？唉！ 239
理科生的出路 240
迷途知返 241
父母心 242
慎防忍到爆 243
多大，請收手吧 244
慘遭強暴 245
為了家人須學醫？ 246
若想致富莫懸壺 247
斬老師 248
情鍾多大，why？ 249
中國教育的困局 250
向江西的學童致敬 251
有乜唔妥？ 252
益了老美 253
為什麼你阿爸不來？ 254
無話可說 255
中計 256
請讓我唉 257

變啦！ 258
考試有助掃文盲 259
考試壓力齊來減 260
好幫唔幫 261
搵鬼教啦！ 262
不進則退 263
教育是民主的基石 264
白老鼠 265
大學之道 266
唔用方言？ 267
大學非文藝之地 268
揚棄文言殊不智 269
白話文言本相親 270
如此教育如此國 271
拼佢條命 272
俯首甘為孺子擒 273
教師生涯極可憐 274
敬師節？ 275
唯友愛是寶 276
獨立思考常存辯 277
相形見絀 278
亂上加亂 279
何必苛責 280
還是誠實一點好 281
余常有錯 282
吐蕃的煩 283
「平等」「精英」不相違 284
Band殺人才 285
良知重擔未易挑 286
孩子屁股別亂打 287
大學選才 288
美屁香 289
史學無奇但論真 290
進退之間 291

文須有益於天下 292
提防學術界的盜賊 293
科研道路苦難行 294
學士一躍成博士 295
發緊夢 296
約定未必能俗成 297
拼音漢字真失敗 298
慎選學校 299
志氣可否大一些? 300
咪呃細路 301
真個站起來了? 302
校長,無謂撐囉 303
EQ第一 304
祝福 305
香港是靠知識起家的嗎? 306
成熟未? 307
勤力戰勝一切? 308
殺英 309
浮沙之地難建廈 310
「佬」說 311
沒出息 312
人貴自知 313
人,有選擇的自由 314
管 315
故態復萌? 316
恕我常用廣府語 317
翻譯之難——談「中國佬」 318
「guy」即「佬」也——願為「佬」字棄專欄 319
排斥「佬」字是不化 321
眾語平等——別踩廣東「佬」 322
白馬非馬:由「佬」而來的邏輯問題 323
無愧於神明——答無聊讀者某 324
為學之道在反省 325
翻一下歷史的陳腐帳 326

終結篇：讚毀不擾懷? 327
天真爛漫盲頭鳥 328
一進研門方知慘 329
學成博士恐斷腸 330
民主制度可移植？ 331
夏蟲尚且不如 332
她的故事 333
大難當前各自「指」 334
狗，才是歧視 335
用語言來思考？ 336
誤將通俗作不雅 337
拆老番的台？（上） 338
拆老番的台？（下） 339
請勿自宮 340
廿四孝？ 341
多點體諒下一代 342
紅鬚綠眼怎稱呼？ 343
「包」和「含」 344
談「秩」 345
請放過香港人吧 346
別中陰招 347
《背影》這教材 348
Alien 和「鬼」 349
「鬼方」與「鬼佬」 350
兩難 351
語言的沙文主義 352
教授？ 353
鬼咁易？ 354
人鬼神 355
乖孩子，說好話 356
饒恕非關「完人」 357
語不同腔何足怪 358
區區一個名字 359
坐井豈能觀日出 360

香江俚言有古風 361
知識 362
閒話前塵 363
不知天道命難久 364
犬儒・阿差・鬼佬 365
窮則變 366
如此教育 367
捨義取生 368
多想無益 369
再談「教授」 370
推譽過甚 371
天朝文化的幽靈 372
人豈無錯 373
醫學博士 374
疊字之省 375
「折子」？ 376
望文生義 377
廿五歲 378
「冇性」？ 379
「歧視」一濫易成厭 380
學而后知不足 381
紅 382
自以為智 383
博士？唉！ 384
醜聞又爆 385
教壞孩子？ 386
強，未必就要打弱 387
宜由市場來決定 388
兩條戰線 389
大學的教學語言 390
試為香港教育把脈 391
黑人學校？ 392
歸根究柢在於窮 393
思而不視，則殆 394

寒梅傲雪 395
詩的前景 396
秀才遇著兵 397
別再鄙斥吾俚俗 398
亂世桃花逐水流 399
述而不作 400
完美 401
強而淺薄，遲早末落 402
欲罷不能又話佬 403
封建思想的幽魂 404
吾族並不歧視鬼 405
舊封建的遺毒 406
再從洋字漢譯談歧視 407
目光如豆 408
比秦始皇更霸道 409
粵語入文何言鄙？（一） 410
粵語入文何言鄙？（二） 411
直資與否，路還得要走 412
青中從此不青中 415

序

浮生若寄，彈指便一甲子。年達耳順，獨眼漸盲。筆耕之業，恐亦去緣盡之期不遠。今幸得內子曾佩鑾相助，終集成此書。共分五輯，曰「時評」「教育」「生活」「書畫」「宗教」，大多爲曩日發表於香港《華僑日報》（1984年1月至1990年5月）、《明報》（1992年1月至1995年6月），及加拿大之《時代周報》（1988年1月至6月）、《明報》（1997年4月至2002年8月）與《星島日報》（2003年2月至2005年11月）等近千篇之舊作，聊算半生學術寫作以外胡扯瞎吹之小結。褒褒貶貶，俱還天主；是是非非，盡化色空。苟能稍益於眾，此生殆無憾矣。

二零零八年五月眇人潘國鍵自序於加拿大多倫多市如心齋寓。

中國書法與國文教育

（一）前言
（二）書法與文藝
（三）書法與作文
（四）書法與讀文教學
（五）書法與品德教育
（六）其他
（七）結語

（一）前言

中國書法是國文教育不可忽視的重要部份。因爲，書法無論在國文教學或其肩負的品德教育裏面，都發揮着巨大作用。例如：

一、書法以性情爲本。學生學習書法可以提高藝術修養，增加文藝欣賞力。

二、書法講求氣脈、賓主、佈局，其學習有助作文訓練。

三、國文教學若能活用書法，有利學生深研課文。

四、書法是國文教學訓練學生正確書寫中國文字的主要方法。

五、提倡書法有助國文教育培養學生優良品格。

六、書法研習是極具教育意義的課外活動。

這種種良好作用，除第一項外，所見討論尚少。筆者不自量力，試剖言之。

（二）書法與文藝

文學以感情爲因（1），書法以情性是本。就此情性，已足使書法和文學融和，目標一致。清人劉熙載說：「筆性墨情，皆以其人之性情爲本。是則理性情者，書之首務也。」（2）包世臣也說：「書道妙在性情，能在形質。」（3）先天的「意」是「書之本」，後天的「象」不過是「書之用」（4）。據此，書法實本於性，發於情，合於意，和文學相同。如果國文教學傳授語言文學是幫助學生「用語文表達自己的情思」（5），那麼，增強書法教學在這方面必然有輔助作用。因爲書法也教人表達情意。書法「可達其情性，形其哀樂」（6），其目的乃「發揮自己性靈」（7），古今同論。故此，練習書法愈勤的人，他抒發情性的機會自亦愈多。不單藝術修養日深，就文藝觸覺也愈敏銳。因爲情竇一啓，情意必如水之滔滔，泉湧不絕。而其人之真性一現，自然流露個人神彩，亦因而感應他人。蓋神彩乃緣性情而生的氣象，即《翰林粹言》所載：「有功無性，神彩不生；有性無功，神彩不實。」（8）這是由內在的性，表現爲外在可感覺的神彩。字行間的神彩，也可說是書家流露的個人風格。這和作家在詩文裏面所表現的氣象無別。故周星蓮說：「余謂筆墨之間，本足覘人氣象，書法亦然。」（9）

註釋：

（1）傅庚生《國文教學識小篇》，載《國文月刊》第四十八期，頁十一。一九六六年香港龍門書店影印國文月刊社一九四六年十月版。

（2）劉熙載《藝概》，載《歷代書法論文選》，頁七一五，上海書畫出版社一九七九年版。

（3）包世臣《藝舟雙楫》，載《歷代書法論文選》，見前，頁六六七。又祝嘉《藝舟雙楫疏證》，頁八十七，作 「書道之妙在性情」，香港中華書局一九七八年版。

（4）見（2），頁六八一。

（5）同（1）。

（6）孫過庭《書譜》，朱建新箋證，頁四十三。上海古籍出版社，一九八二年版。

（7）朱和羹《臨池心解》，載《歷代書法論文選》見前，頁七三三。

（8）見馮武《書法正傳》，纂言上，頁一八二。上海書畫出版社一九八五年版。

（9）周星蓮《臨池管見》，載《歷史書法論文選》，見前，頁七二七。　　(1987-06-15)

神彩、氣象和風格，是相當個人化的。此因各人所處環境不同，彼此性格殊異之故。陳繹曾說：「清和肅壯，奇麗古淡……。窗明几淨，氣自然清；筆墨不滯，氣自然和；山水仙隱，氣自然肅；珍怪豪傑，氣自然奇；佳麗園池，氣自然麗；造化上古，氣自然古；幽貞閒適，氣自然淡。」（10）惟個人的情緒，總因心情不同而有喜怒哀樂之變。故陳氏復說：「喜即氣和而字舒，怒則氣粗而字險，哀即氣鬱而字斂，樂則氣平而字麗。情有重輕，則字之斂舒險麗亦有淺深，變化無窮。」（11）這種個人情緒的變化，卻使其作品在個人獨特風格下產生無窮變化。是以藝術創作的有無成就，端視乎人之是否忠於自己個性。所以，書寫書法切莫寄人籬下，總要順性任情。這就是漢代蔡邕所說的「書肇於自然」（12）的道理。他還說：「書者散也。欲書，先散懷抱，任意恣情，然後書之。」（13）

蓋天下間唯有有真性情，知真性情之人，方愛有真性真情，感人肺腑之讀物。書法書寫既是「在空間裏通過綫條的揮運進行抒情表現」（14），則練習書法可以滋情養性，間接增加人們對文學作品所傳達的情意的反應，相信是合乎邏輯的結論。

成功的藝術作品，大多內具感情，外備技巧。故此，著名的書法和文學作品，大抵均由熟練技巧結合豐富感情而生。就技巧而言，當然方法甚多。但常見的莫如「情景交融」一法。詩詞歌賦之觸景生情，寓情於景，在古代文學作品中俯拾皆是，自不必贅引。然書法之採用情景交融，知道的人卻不多。近讀宗白華闡釋韓愈「送高閑上人序」論及張旭的書法說：「他（張旭）在表達自己的情感中同時反映出或暗示著自然界的各種形象，或借用著這些形象的概括來暗示著他自己對這些形象的情感。這些形象在他的書法裏不是事物的刻畫，而是情景交融的意境。」（15）也提到「情景交融的意境」了。林雨和丕謨，也有着這種「意境」的見解（16）。其實，中國書畫同源，文字以象形爲基礎。我們既然常說畫中有詩，詩中有畫，何妨也將書法視作圖畫，來一個書中有畫，畫中有書？於是詩書畫都以情景感人，同具移情作用。王世德說：「從功用上說，它（書法）首先訴諸人的審美意識，激起人的美感，潛默移化地熏陶、感染、影響人對美醜的愛憎感情，鼓舞人們向美厭醜……。」（17）正說明了這種由欣賞書法而來的「引起人的善感」（18）的移情效果。這和朱熹所謂詩所以教，乃以聖人之所感正言以爲教（19）的作用，看來無甚分別。

註釋：

（10）陳繹曾《翰林要訣》，載馮武《書法正傳》，見前，頁十七；又《歷代書法論文選》，見前，頁四九〇至四九一。

（11）同（10）

（12）馮武《書法正傳》，見前，纂言上，《蔡邕石室神授筆勢》蔡琰引父語，頁一一一。

（13）見（12），《蔡邕書說》，頁一〇九；又《歷代書法論文選》，見前，頁五至六。

（14）參金學智《書法美學談》，頁五四，上海書畫出版社一九八四年版。

（15）宗白華《中國書法裏的美學思想》，載《現代書法論文選》，頁九六，上海書畫出版社一九九年編。

（16）林雨、丕謨《試論書法家的知識修養》：「文學詩詞講究意境，書法藝術也講求意境。」載《書法研究》，一九八三年四期，頁十一，上海書畫出版社一九八三年十二月版。

（17）王世德《初論中國書法藝術的美學特徵》，載《書法研究》，見前，一九八四年四期，頁五。

（18）見（14），頁廿七。

（19）朱熹《詩經集註》，頁一，《傳序》。香港廣智書局，出版年代缺。

(1987-06-16)

（三）書法與作文

習書和作文，相輔而相成。今人但論道德文章有裨於書法，未知學習書法同有益於文章。就文氣來說，周星蓮已曾指出，「作書能養氣，亦能助氣」，習之既久，「下筆作詩作文，自有頭頭是道，汩汩其來之勢」（20）。所以，他認爲書法「足以恢擴才情，醞釀學問」（21）。是知書法之有裨於作文，當不僅於字體工美而止，猶有助於文氣培養。文既以氣爲主，書法同樣亦以氣爲尙。金學智說：「氣脈是維繫章法整體的生命綫。沒有氣脈，或氣脈不流貫，就不能構成書藝章法渾然天成的美。」（22）文氣和書法裏面的氣脈，並無太大的分別。

且除氣脈之外，作文之所謂主題，所謂貫通，練習書法同樣有此訓練。文章講章法，書法亦講字法、章法、篇法（23），都重視內容編排的整體之美（24）。好文章要前呼後應，一脈相承，有賓有主。優美的書法作品，同樣要求渾然一體，左顧右盼，輕重有別。《書法三昧》載謂書法：「須先主後賓，承上接下，左右相應，以大包小，以少附多。太繁則減省，太少則增益。如此則成一字，自然可觀。」（25）書法和作文在內容編排各方面既如此類同，那麼，多習書法，勤思布局，對作文訓練如何剪裁內容，顯然有所幫助。

此外，如果另從作文須心靜這方面來說，那麼，學習書法同樣可培養氣和。蔡邕說：「夫書，先默坐靜思，隨意所適，言不出口，氣不盈息，沉密神彩，如對至尊，則無不善矣。」（26）王羲之也說：「凡書之時，貴乎沈靜，令意在筆前，筆居心後，未作之始，結思成矣。」（27）理由是，心靜才能氣合神和，寫出來的字才有美態。正如唐太宗說：「夫字以神情爲精魄，神若不和，則無態度也。……夫心合於氣，氣合於心。神，心之用也，心必靜而已矣。」（28）所以，他認爲：「欲書之時，當收視反聽，絕慮凝神，心正氣和，則契於妙。」（29）這正是歐陽詢所謂：「瑩神靜慮，端己正容，秉筆思生，臨池志逸。」（30）故王羲之要人寫字之前，必須「先乾研墨，凝神靜思」（31）。因爲心不靜則神不正，氣不和，祇會招致

「字則欹斜」和「書必顛仆」（32）的惡果。作文既亦要先心平氣靜，培養文思，那麼，從書法訓練而養成的凝神靜慮的習慣，自亦有助於作文的心靜。唐張懷瓘謂「文則數言，乃成其意，書則一字，已見其心，可謂簡易之道」（33）。然此中奧妙，似易實難。就舉此心靜一項，已關乎個人的個性和修養，並非人人可以辦得到。

註釋

（20）見（9），頁七三零。
（21）同（20）。
（22）見（14），頁二零七。
（23）見（15），頁一一四至一一五。
（24）可參劉綱紀《書法美學簡論》，頁三三至三七，稱之爲「結構之美」。湖北人民出版社，一九八二年版。
（25）載馮武《書法正傳》，見前，頁卅一。
（26）同（13）。
（27）馮武《書法正傳》，見前，纂言上，《右軍書法》，頁一二六；又王羲之《書論》，載《歷代書法論文選》，見前，頁二九，惟缺「之時」兩字，又「筆居心後」作「字居心後」。
（28）見（8），「唐太宗指意」，頁一四四；又《歷代書法論文選》，見前，頁一二零「則無態度」作「則字無態度」。
（29）見（8）《唐太宗論筆法》，頁一四一。又虞世南《筆髓論》、李世民《筆法訣》，均有此數語。見《歷代書法論文選》，見前，頁一一三、一一七至一一八。
（30）見（8），《歐陽詢書法》，頁一四五。
（31）王羲之題衞夫人《筆陣圖》語。見陶宗儀《書史會要》，卷九頁三八四，上海書店一九八四年版；又《歷代書法論文選》，見前，頁二六。
（32）同（29）。
（33）張彥遠《法書要錄》，卷四，「張懷瓘《文字論》」，頁一五九，中國美術論著叢刊，人民美術出版社一九八四年版。

(1987-06-17)

最後，如果從作文的結構和段落來說，初學作文，當然是先求工整。俗謂「起承轉合」四段是也。至於初學書法，亦宜先習架構，即孫過庭所謂「於初學分布，但求平正」（34）。待掌握了結字的正確方法，才可以「務追險絕」（35）。但險絕之極，通常又會隨年紀的增長，心境的復歸平淡而字亦「復歸平整」。當然，這已是「通會」後的平正，是手心相應的化境。這種過程，孫氏已有解說：「若思通楷則，少不如老；學成規矩，老不如少。」（36）而「思通」之後，卻已「通會之際，人書俱老」（37）。所以，無論學書習文，都應從基礎工夫做起，先從結構入手。在書法方面，初學的人宜先摹唐人楷帖，漸而追踪魏漢。至於康有爲「尊碑卑唐」一說，謂帖學唐碑翻磨已壞，不宜學習（38）；又謂唐碑較諸魏晉，「卑薄已甚」，習之則「終身淺薄」（39）云云，實屬偏激之見。康氏原欲以書道之變證治道之當變，藉書道力言「識者審時通變」（40），「學者適逢世變推陳出新」（41），「守舊黨」必亡（42），惟就書學而言，殊非持平之見。事實今日帖學尚未盡墮，遠者如宋太宗《淳化閣法帖》，近者如清乾隆《三希堂法帖》，所刻仍甚足觀，又怎能說毫無臨習價値？況馮班且說：「結字晉人用理，唐人用法，宋人用意。」（43）習一技既以學其方法爲始，則習書當先臨唐帖，並非全無道理。所謂「法定則字有常格」（44）。而字有常格，才能進於精妙。這已是共識，毋庸深議也。

註釋：

（34）見（6），頁九三。
（35）同（34）。
（36）同（34）。
（37）同（34）。

（38）康有爲《廣藝舟雙楫》，崔爾平校注，卷一，《尊碑第二》，頁四二。上海書畫出版社一九八一年版。
（39）見（38），卷三，《卑唐第十二》，頁一四六。
（40）見（39），頁一五一。
（41）見（39），頁一五二。
（42）見（39），頁一五零。
（43）馮班《鈍吟書要》，載《曆代書法論文選》，見前，頁五四九。
（44）同（43）。

(1987-06-18)

（四）書法與讀文教學

書法與讀文教學或無直接關係，然而，在讀文教學中若活用書法，顯能強化學生所學。今日讀文教學教詩詞散文，主要是指導學生如何欣賞。楊同芳早已謂：「欣賞是情感的反應，它在教學上的功效極大。」（45）且又舉出三種欣賞，其一乃「美的欣賞」（ESTHETIC APPRECIATION）。他因而提議「中學國文教學可以利用口語發表（演講辯論），與文藝作品的朗誦，以發展此種美的欣賞」（46）。筆者認爲，除演講、辯論、朗誦之外，尙可多利用書法。原因是，在讀文教學裏面學生對某些詩文產生之情感反應，同樣可以用書法方式予以抒發。學生亦因而對其所學，加深印象。書法之不僅爲單一藝術而且爲綜合藝術（47），正因它具有一種可以和文學作品結合的特性。例如當所書者爲詩文時，則此書法作品除具有藝術性外，復具有文學性（48）。而當所書者爲文章節錄之格語，則更備有思想性、道德性和教育性。所以，以書法輔助讀文教學，實合理而可行。因爲，它不單可以加強欣賞和記憶上的各種教學效果，還可以對學生發揮教育作用。即如劉綱紀說：「當書法美同它所書寫的具有進步意義的文字內容結合在一起的時候，書法美的欣賞能夠對人們產生思想教育作用。」（49）

故此，書法若用之於讀文教學，對學生至少有三種好處：

一、加深其對文學作品的認識和印象；

二、抒發其閱讀文學作品時的情感反應；

三、培養其道德價值觀念。

註釋：

（45）楊同芳《中國語文教學泛論》，載《國文月刊》第四十八期，見前，頁四一。

（46）同（45）。

（47）見（14）頁六與二二。

（48）同（47）。

（49）見（24），頁五五。

(1987-06-19)

姑舉筆者從事書法活動其中二例為證。

例1， 拙作大草唐詩西鄙人《哥舒歌》中堂（50）「北斗七星高，哥舒夜帶刀，至今窺牧馬，不敢過臨洮」（51）：詩篇中所表露的，是詩人對哥舒翰辛勞守邊，百姓因得過安定生活的感激讚頌之情。如何在書法中表達這種感受呢？大抵應先從詩文內容的探究着手，然後據其本義決定書體、形式、書寫的工具和材料。此詩詩文記述的人物是哥舒翰，地點是臨洮。哥舒翰乃大唐名將，故先檢《舊唐書》，果見翰傳。原來翰乃突厥雜胡（52），為人「倜儻任俠」，「疏財重氣」（53）。玄宗天寶七年（A.D.七四八），他「代（王）忠嗣為隴右節度使、支度營田副大使、知節度事」（54）。據嚴耕望老師考證，支度副使與營田副使「實際負支度營田之責任」（55）。翰既為節度知節度事復兼支度營田副使，實為當日掌握軍經大權之邊鄙胡類武將。至於臨洮一地，根據《舊唐書·地理志》，屬隴右道轄下（56），在今甘肅岷縣北（57）。翰於隴右節度任內築城於青海中之龍駒島為應龍城以防吐蕃，此後「吐蕃屏跡不敢近青海」（58），詩文「不敢過臨洮」一語，當指此事。喻守真直引全唐詩注謂「天寶中哥舒翰爲安西節度使控地數千里，甚著威令，故西鄙人歌此」（59），實爲不諳地理輕信前人謬見。蓋唐安西節度不統臨洮。於是，在掌握了詩文內容後，第二步乃決定書寫的書體、形式、工具和材料：

一、爲表現胡人武將哥舒翰的豪邁性格，書體採用大草，形式爲大中堂，以表現氣勢爲主；

二、爲表現邊區胡類武人之硬朗作風，用筆取用「山馬」；

三、爲表達西北臨洮一帶邊鄙荒涼，地理環境惡劣，用墨當取乾澀；

四、爲增加大草之氣勢流暢，用紙選取「單宣」，亦以應王羲之所謂「若書弱紙用強筆。強弱不等，則蹉跌不入」（60）之道理。

這幅書法作品，就是在這種探索取捨的過程中，遙想西疆風沙漫天，胡將守土，在激昂壯烈的心情下，以豪放的筆法書寫而成。經此工夫，筆者不單對《哥舒歌》有較深刻的認識，就對旁及的唐代歷史、制度、地理諸種知識，復亦增益不少。此即爲書法活動足以增長知識，抒發個人情感之一明證。故其對於讀文教學和引導學生自己多方探究，必有積極的推動作用。

註釋：

（50）拙作《潘國鍵書法展覽》，頁二十三。如心齋一九八六年版。

（51）喻守真《唐詩三百首詳析》，頁二八二。香港中華書局一九七七年版。

（52）劉昫《舊唐書》，卷一零四，《哥舒翰傳》，翰乃突騎施哥翰部之裔，安祿山諷其「父是突厥，母是胡」，見頁六十，台灣中華書局一九七一年版。

（53）仝（52）。

（54）仝（52），據吳廷燮《唐方鎮年表》，哥舒翰任隴右節度使時在天寶七年至十四年間，參頁一二零四至一二零五，北京中華書局一九八零年版。

據本傳，翰於天寶六年（A.D. 七四七）已充隴西節度副使。

（55）嚴耕望《唐代方鎮使府僚佐考》，載其《唐史研究叢稿》，頁一八一，新亞研究所一九六九年版。

（56）劉昫《舊唐書》，見前，卷四十，《地理志》隴右道岷州條，頁三十三下。

（57）據臧勵龢等《中國古今地名大辭典》，「臨洮縣」，頁一二九零，台灣商務印書館一九六六年版。

（58）仝（52）。

（59）仝（51）。

（60）仝（27）。

(1987-06-20)

例二，拙作隸書歐陽修「守道義，行忠信，惜名節」格言條幅（61）：格言，旨在表彰義理，關乎人之操守，其中大多是富道德性的嘉言美句。讀文教學若能從課文中擷取某些佳句用作格言來書寫，相信有助於灌輸學生正確道德觀念，並大有助於培養其浩然正氣，值得大力提倡。至於如何能在書法中表達一種仁義正氣，筆者在書寫上述格言時決定嘗試：

一、用漢隸之莊重淳厚以表現固有道德文化的嚴肅性；

二、用「飛白」以表達仁義道德凜然不可犯之浩然正大；

三、以雄猛筆力造成古拙碑氣，顯示義理承諸古，復冀其垂諸後；

四、筆用羊毫，以示道德雖剛實柔，溫和而符合人性；

五、墨取濃潤以增其厚重溫雅；

六、既用弱筆，遂轉選「三夾宣」強紙，剛柔並合，以筆弱紙強之理。當然，下筆之時，心中尤須充塞正氣，方得形諸於書，達到修身抒情之效果。

上述二例，是筆者個人的粗淺經驗，固不當視之爲書法活動的必循之路。然而，學生若能在語文學習中多點試用書法方式表達其所感受之情意，則在種種探索過程中，對增長其知識，修養其品性，必有所幫助。而這種幫助，姑無論從語文教育或整體教育的角度來看，都甚具意義。

（五）書法與品德教育

國文教學須兼負培養學生優良品格的責任，一般將國文教學僅視爲語言教學的人，也許並不同意。但是，從整體的中文教育看，語文教學內容所包涵的寶貴的中國固有道德觀念若不善予傳授，而僅將之作爲文字符號組合規則的修辭格的分析，未免令人惋惜。這種誤以爲解釋語文技巧即盡國文教學責任的見解，祇會令語文教學支離破碎，喪失教育作用。所以，如果我們承認語言文字與其所表達之內容不可分割，則國文教師須兼負灌輸學生傳統道德思想價值觀念的任務，實責無旁貸。而國文教學之書法一環，對此亦很有幫助。原因是：

第一，書法本身是一種美學，其學習可培養愛美愛善的品性。此點筆者在上文書法與文藝一節已有討論。

第二，習書可以養性。朱熹說：「人生而靜，天之性也。」（62）而養性的工夫在於靜。此即《大學》所謂「靜而後能安」。朱子註云：「靜謂心不妄動。」（63）是也。書法寫字，能使人沈靜不妄動，上文書法與作文一節已頗有介說。即周星蓮亦自謂靜坐寫楷書，即「矜躁俱平」；至於寫草書，則「任意揮灑，至痛快淋漓」，「又覺靈心煥發」（64）。這種從習書而來的心平氣暢，足證書法大有益於性靈修養也。

第三，書道力倡以人品爲第一，勉人敦品勵行。因爲，人要品高心正，寫字才少邪惡霸氣。唐代柳公權筆諫穆宗曰：

> 「用筆在心，心正則筆正。」（65）

明人項穆補充之曰：

> 「余則曰人正則書正。……正書法，所以正人心也；正人心，所以閑聖道也。心正始能品高，品高始能書妙。」（66）

朱和羹亦說：「書學不過一技耳，然立品是第一關頭。品高者，一點一畫，自有清剛雅正之氣；品下者，雖激昂頓挫，儼然可觀，而縱横剛暴，未免流露楮外。故以道德、事功、文章、風節著者，代不乏人，論世者，慕其人，益重其書，書人遂並不朽于千古。」（67）因此，鼓勵學生習書，亦即勉其立品焉。

註釋：

（61）見（50），頁廿二。
（62）同（19）。
（63）朱熹《四書集註》，頁一，香港太平書局一九六八年版。
（64）見（9）頁七三零。
（65）見（8），《柳公權筆諫》，頁一七二。
（66）項穆《書法雅言》，載《歷代書法論文選》，見前，頁五一三。
（67）見（7）頁七四零至七四一。
(1987-06-25)

第四，書道重視精神集中，鍥而不捨，鍛煉毅力。《宣和書譜》記釋懷素「晚精意於翰墨，追倣不輟，禿筆成塚」，遂譽之曰：「斯亦見其用志不分，乃凝於神。」（68）書法可磨煉精神，懷素正是一例。

第五，書道勉人多談詩書。若讀書不多，字無書卷氣，徒爲下品。反之，讀書使人不庸俗，可養清高品性。字行之間，自見靈秀氣。《翰林粹言》載云：「胸中有書，下筆自然不俗。……坡詩云：退筆如山未足珍，讀書萬卷始通神。」（69）就是這個道理。

第六，學生在欣賞書法名家作品時，容易對書家之爲人及其崇高人格產生敬仰和慕傚之心。即陳衡恪說：「蓋藝術之爲物，以人感人，以精神相感應者也。」（70）例如宋人歐陽修獲顏真卿斷碑，觀而爲之作跋說：「如忠臣烈士，道德君子，莊嚴尊重，使人畏而愛之，雖其殘闕，不忍棄也。」（71）歷來書家這種仁人君子的風範，往往對後人潛移而默化。

總之，學生學習書法而有益品學修養，殆無可疑也。況從書法之中，復可觀其人之才志，此劉熙載所說：「書如也，如其學，如其才，如其志，總之曰如其人而已。」（72）

書法作品裏面流露的個人品格之「如其爲人」（73），正是西方人所謂「藝術風格就是人格」的道理（74）。而中國傳統學術之重視人品修養，又豈獨書法而然？考之詩詞文學，亦復如是。錢穆在《中國文化史導論》論及唐代以詩賦取士時說：「因此有才必兼有情，有學必兼有品。否則才儘高，學儘博，而情不深，品不潔的，依然不能成爲詩賦之上乘。唐代以詩賦取士，正合符於中國傳統文化一向注重的幾點，並非漫然的。」（75）

國文教育和書法教育當要走的，正是錢前輩所提示的以情深品潔爲尙的路向。

註釋：

（68）軼名《宣和書譜》，顧逸點校，卷十九，頁一四六，上海書畫出版社一九八四年版。

（69）見（8），《翰林粹言》，頁一八二。

（70）見吳天任《中國書畫與文學》一文引陳衡恪語。載香港《明報》，一九八三年五月卅日第十七版。

（71）見（68），卷三，《正書一》顏真卿，頁廿五，又陶宗儀《書史會要》，見前，卷五《顏真卿》，頁一三八。

（72）仝（2）。

（73）朱長文《讀書斷》稱虞世南書「如其爲人」，見《歷代書法論文選》，前引，頁三二八。

（74）見（14），頁五。

（75）錢穆《中國文化史導論》，第八章，頁一二八，台灣正中書局一九五九年版。

(1987-06-29)

（六）其他

學生學習書法，對於認識中國文字的演變、結構和筆序，也很有幫助。它是國文教學教導學生正確書寫中國文字的主要方法。此外，書法也是中小學國文教學課外活動極具教育意義的項目。原因是，書法活動姑無論其爲個人習作或羣體習作，都必能增加學生獨立思考和創造新意的能力，從中且可培養羣策羣力、互勵互勉的合作精神。而作品完成時所獲得的成功感和滿足感，亦足增強自信。至若用之以美化居室，交換留念，同有利於羣性之培育。故此，如果我們不從藝術的觀點出發，而將書法教學視作爲推動教育的其中一種手段，則它在中小學教育裏面，同樣價值重大。因是之故，中小學的書法教學不必過份重視書論，拘執於一勾一勒之必摹古人，但寫九宮格而止。學生若能掌握執筆運墨和結構字形的正確方法，倒無妨讓他們在臨摹之餘，試試放膽自書，抒發情意。寫出來的雖非佳作，然而，祇要能抒情表意，已經有了教育的功效。中小學的書法教學，不在於培養名家，而在於激發學生對書法的興趣和參與，以輔助國文教學。猶如歐陽修謂，其習書雖字體不工，「不能到古人佳處」，然而，「若以爲樂，則自是有餘」（76）。今日國文老師要求學生習書，抱的應當是這一種以書法作爲平日生活書寫情趣的態度，而不該斤斤於「較其工拙」，處處以古人爲規限，令書法一變而成爲「一役之勞」（77），學生望之而卻步。箍得太緊，這對書法，對教育來說，都是害多而益少的。

註譯：

（76）歐陽修《試筆》，載《歷代書法論文選》，見前，頁三零七至三零八。
（77）見（76），頁三零九。

(1987-07-08)

（七）結語

綜此，書法不但可輔助國文教學，就教育而言，復能培養學生真性情、高品格。而通過書法活動的布局構思等各種探索，又可訓練學生自學，培育羣性。所以，它在國文教學和教育本身，都有良好作用。無怪古來教育，書法極其重要。

例如，「周禮八歲入小學，保氏教國子以六書。……漢興，有尉律，學復教以籀書，又習以八體試之，課最以爲尚書史。書或有字不正，輒舉劾焉」（78）。

唐代吏部詮選，亦試「書、言、身、判」（79），書列其首。迄清，包世臣亦自稱其「家無藏帖，習時俗應試書十年，下筆尚不能平直」，可見乾隆世科舉仍重書法小楷（81）。

及民國以來，據蔡崇名所述，「書法成爲教育之學科，中小學有書法課程，……近年尤採用視聽教育方式，各電視台亦有書法教學節目，使書法之傳授成爲有組織、有系統之訓練，尤前古所未有」（82），這是台灣的情況。

至於國內，年來復旦大學分校中文系亦增設書法課程，並編印《大學書法》一書爲教材。謝稚柳譽之爲「旨在恢復中斷已久之傳統，使書法重登大學殿堂，誠爲值得慶賀的好事」（83）。

至於國外如日本，據陳振濂最近發表的《現代日本書壇概觀》一文所述，書法在日本早已發展爲完整學制，具有完備之課程和明確的教學目標（84）。而日人習書之目的，乃「是爲了提高自己的藝術修養，培養生活情趣，或是爲使自己有一門業餘專長」（85）。結果，書法已成爲今日日本「平凡人生活的一部分」（86）。據統計，一九八零年日本書道人口竟達一千五百六十萬，佔人口總數百分之十三點三（87）。看日本人在書法藝術普及化所作的努力，我們能不汗顏？雖然，書法固未必如項穆所稱，「可以發天地之玄微，宣道義之蘊奧，繼往聖之絕學，開後覺之良心，功將禮樂同休，名與日月並曜」（88），如此震人心魄，然而，其亦必若康南海所說，「蘇援一技而入微者，無所往而不進于道也」（89）。考馮班之言曰：「書是君子之藝，程、朱亦不廢。」（90）是則學習書法，益處良多，古今同論矣。

（一九八六年三月初稿，十二月修訂於港島如心齊寓。）

註釋：

（78）見（33），卷二，「江式《論書表》」，頁七八至七九。

（79）可參劉伯驥《唐代政教史》，頁一二三至一二八，台灣中華書局一九五八年版。所謂書，是「取其楷法遒美」。

（80）見（3）《歷代書法論文選》，頁六四零，《藝舟雙楫疏證》，頁一。

（81）祝嘉疏證包世臣《藝舟雙楫》，「述書上」，謂包氏「學應科舉考試的小楷書」，見（3），頁一。

（82）蔡崇名《書法及其教學之研究》，頁三二九，台灣高雄師範學院國文研究所一九七六年研究論文影印手抄本，現存香港中文大學圖書館。

（83）復旦大學中文系編《大學書法》，頁三，謝稚柳「序」，復旦大學出版社一九八五年版。

（84）陳振濂《現代日本書壇概觀》，載《書法研究》，見前，一九八三年四期，頁九五至九六。日本各教育大學設書法專科，有完整課程，分創作課、理論課、修養課、見頁九五。日本人「曾經明確認爲，書法教育的任務，就是制定目標，明確範圍，並在每一單元中將學習的選題、步驟、共性等方面的問題加以系統化」，頁九六。

（85）見（84），頁七零。

（86）見（84），頁七一。

（87）見（84），頁七零。

（88）見（66），頁五三零。

（89）見（38），康氏自序，頁三。

（90）同（43）。又載馮式《書法正傳》，見前，頁三四零。

(1987-07-13)

性善性惡

孟軻（B.C. 371-289？）是中國戰國時代著名的思想家。他不但發揮了孔子忠恕之道即所謂人道的忠的部份，而其所論，對日後儒學發展尤其宋明理學，有極深遠的影響。

孟子認爲修身在於誠，誠是真實無僞的意思。人能真實無僞，自可表露本性，故孟子復認人性本善。其論證乃基於「人皆有不忍之心」，此即「惻隱之心」、「羞惡之心」、「辭讓之心」、「是非之心」。而由此四種內在之善端復可擴展爲外在可見之仁、義、禮、智。至於人這種不忍人之心究從何來，孟子並無精闢解說。僅謂乃「天之所與我者」，亦即由上天賦予者，頗流於神秘而未足以令人人折服。

出生稍晚於孟子的儒學大師荀卿（B.C.298-238？），卻持相反的意見。荀子思想偏近孔子人道中的恕道。所不同者，乃荀子對天的認識，頗接近道家。天是個自然的天，所謂「天行有常，不爲堯存，不爲桀亡」。常者恆也，是以上天當無道德性，固不應將之人格化。若就人性察之，亦然。故荀子主張「人之性惡，其善者僞也」。僞者人爲，出於後天。善不出於人之本性，反而須要「起禮義、制法度」來矯正人性的諸種弱點。故要隆禮，故要重視學習、加強教育，使人爲善。

人之爲善，孟子認屬先天，荀子謂乃後天。孰是孰非，難有定論。中國人因私利而犧牲國家民族利益，爲了自己的生存而幹傷天害理的事卻不以爲恥，亦無懺悔自責之心，從中國歷史看，這種醜惡的人性，不斷顯現。如果孟子之言正確，那必然是後天環境與教育出了大毛病；如果荀子之論屬實，則必然是後天環境的培養和教育做得很不足夠。幾千年的毛病和不足夠，塑造了中國人冷硬自私的民族性格。殘暴不仁、無情冷血的歷史悲劇，一幕一幕重演！

姑無論性善性惡，教育和反省，將必是今日我們極須正視的重要課題。

(1988-03-18)

萬里長城

萬里長城，是農業中國社會抵禦北方胡人入侵的軍事建設。

長城的建造不始於秦朝。就戰國時期（B.C.476-221），秦、趙、燕三國都已經在北面築城以拒胡。秦代一統，始皇將它們連接並擴展起來。所以，如果說建造長城完全是秦始皇的功績，並不恰當。

秦代修建長城，在於抗匈奴。史稱秦併天下之後，遣派蒙恬率三十萬軍隊北襲匈奴，收復河南（即黃河南岸河套一帶地區）。遂因地形險塞，連築長城。西起臨洮（今甘肅岷縣），向東沿黃河至內蒙古自治區，北達陰山，南到山西雁門關，再經張家口達於遼東。「延袤萬餘里」，故曰萬里長城。

秦代之後，長城歷有修葺改建，而以明代的重建規模爲最大。明代修建長城，始於明太祖朱元璋在位期間（AD 1368-1398），歷時二百多年。西起嘉峪關，東迄鴨綠江，經甘肅、寧夏、陝西、內蒙、山西、北京、天津、河北、遼寧。我們今日到北京旅行往觀位於北京西北居庸關外的八達嶺長城，便是明長城的其中工程質素較好的一段，但已非秦代古長城的原址，而是明朝所加建。所以，前往北京登八達嶺長城只談秦始皇而不談明太祖，並不恰當。

長城是中國歷史偉大建築之一。它的偉大，不僅在於工程本身，尤在於它象徵了生活依附於耕地的農業社會築城固守的防衛概念的確定和實踐。某些西方學者認爲長城使中國演變成爲一個關閉式的社會，顯然未盡了解農業民族和游牧民族在作業方式和戰鬥方式的巨大差別。歷史卻已證明，長城並沒有將中國封閉。因爲，中國和外地交通，無論在政治、商業、文化等各方面，還是繼續發展，也找不到因爲長城而要中斷對外交流的史例。

中華民族，本是個勤懇而又樂於與人交往的民族，也是一個樂於接受別種文化的民族。只要我們清楚了解萬里長城的真實作用和意義，我們就不會用極端狹隘的觀點和態度去認識長城。只有心胸狹窄的人，才容易在心裏築起關閉式的「長城」，令自己與社會、國家和世界都隔絕起來，終於患上了另類自閉症。———自卑和自誇，相信都是由某種自閉而帶來的後遺症。

(1988-03-25)

項羽——死不知錯

項羽（B.C.232一202），名籍，字羽，下相（今江蘇宿遷）人，出生楚國貴族。秦末項羽與劉邦爭雄的故事，懾人心魄。項、劉彼此的恩恩怨怨在此不談，然何以劉成項敗，值得好好檢討。

項羽之敗，敗於不懂心術，敗於不曉形勢，敗於有人才而不知用。

鴻門宴項羽不殺劉邦，是爲婦人之仁，范增稱之曰「爲人不忍」是也。其入關竟屠咸陽，殺子嬰，燒秦宮室，收其貨寶婦女而東，實亦中「恢復封建」之毒太深，無統一天下之志。天下稍定，復即分疆裂土，大封諸王。封劉邦爲漢王，王巴、蜀、漢中；而自立爲西楚霸王，王九郡，都於彭城。殊不知關中於中唐以前，乃最重要之政治和經濟核心，其控制關中者大抵可一統天下。巴蜀漢中地近關中，「亦關中地」，項羽拱手讓之予人，是爲昧於形勢。此外，項羽本有范增、韓信等賢臣猛將，結果卻言不聽計不從，復中陳平離間計，疑范增與漢有私，迫增引退疽發而死，而韓信則早亦入蜀歸漢，是爲有人才而不知用。有此三者，不敗幾稀。

有超世之才卻不成反敗，多由過份自信。人一旦過於自信，就容易流於剛愎自用，狂妄自大，不知反省。察諸項羽，亦然。公元前二零二年項羽兵敗垓下（今安徽靈壁車水），突圍至烏江自刎而死。《史記·項羽本紀》記載項羽於垓下兵少糧盡，自知敗亡時，悲歌慷慨，自爲詩曰：「力拔山兮氣蓋世，時不利兮騅不逝（逝者往也，行也），騅不逝兮可奈何，虞兮虞兮奈若何！」（按項羽有美人名虞，駿馬名騅。）又謂：「此天之亡我，非戰之罪也！」他將自己的失敗全歸咎於「時不利」、「天之亡」，亦即命運使之然，是爲死不知錯。

歷史上死不知錯的偉大人物，又豈止項羽一個！

(1988-04-15)

教育何義

何謂教育？教者，效、訓、令也，荀卿謂以善先人謂之教。育者，養、長也，許慎言養子使作善是爲育。就西方來說，教育（EDUCATION）一詞，本出拉丁EDUCARE，意謂令之成長。而所謂成長，則依柏拉圖在其THE REPUBLIC所稱，乃「循善良之道」（IN VIPTUOUS WAYS）。是則中外之所謂教育，目標一致。

在人來說，什麼才算是善良的成長呢？這又可分兩方面說：一則爲心智的成長（MENTAL GROWTH）；二則爲身體的成長（PHYSICAL GROWTH）。心智的成長乃品格和智能的培養，使歸於善；身體的成長，乃強身健魄的培育，使其有應付日後各種挑戰的體力。所以，教育的目的，是培育頂天立地身心康健的有品有學之人。它的任務，顯然絕不會是如何努力於將一班頑皮的學前兒童，塑造成爲日後一羣所謂「思想成熟」其實是虛僞而口甜舌滑但知求財求活的騙棍。

良好的教育，是改善社會的先決條件。祇談經濟生產而不重教育，社會祇會發展成爲豐衣足食，卻是罪惡滔天冷漠兇殘的暴戾體羣。這對國家和人類的整體發展，都屬不利。

教育，不是一種虛妄的空談。它是一種貴乎實踐的實用之業。雖則在實踐之前，還得先有一個明確的目標，清楚的方向。

(1988-10-19)

學歷主義與暴力文化

學校肩負教育之重責。然斷一校之優劣，往往以其公開考試之學生成績爲準。故而針對考試的塡鴨式教育，一時成爲風尙。事因塡鴨方法易，時間短，功效大，最爲教師、家長和學生樂意接受。家長所望者，無他，子女成績優，出身好，他日攀登龍門，耀祖光宗而已。「學歷主義」（CREDENTIALISM）之張大，全出於人們之好勝心理。這也間接促成了現代教育在觀念上和方法上的轉變。

不過，這倒是一種功利狹隘的壞轉變。有學位文憑還不算，還要論名氣，拚高低。倫敦不及劍橋，西北不及哈佛，嶺南不及清華……。無怪有人喻學校爲「自動售貨機」（SLOT MACHINE），從其孔道溜出來的，不在乎其品質，而在乎其牌子。當然，最重要的，還要先看自己的口袋裏面，究有多少錢。

樹人之業，要因價就貨。十年樹人變成是速速交貨。學校不過是工場，而學生不外是製出來的貨。

工商社會最重視貨的效益，仁義道德乃老套高調。工廠化的教育，自不然也要講效率，講殺敵制勝之道。試場如戰場，鬥智鬥力之外，還要鬥詐，不殺者被殺。所以，天天講課天天殺。功課和測驗考試，多多照殺！西方有人稱之爲滋生於學校的暴力文化（CULTURE OF VIOLENCE）。

加拿大聖三一書院學校的教師占·麥慕池（JIM MCMURTRY）在多倫多星報（TORONTO STAR）舉了一例：去秋，他參觀多市高校高級球隊五哩短距離衝刺訓練，令人意外的是，每次衝刺之先，大家總必齊聲大嚷：「蹲低，預備……，殺呀！」（「DOWN,SET……,KILL！」）

在學歷主義暴力文化之下，很難相信社會不會是一個暴力社會。姑勿論人們的暴力是潛存於心，抑或是爆發諸外。

(1988-10-20)

東西教育之異

東方教育重紀律、服從，塑造學生以既定型式，頗礙學生個性之自由發展。

西方教育重生活、創造，鼓勵學生自由發展，其弊爲易於放縱人性。

東方教育講求實質，西方教育重視包裝。過於要求內涵者，學生往往自信心弱；過份著重外表者，學生每每自信太強。

結果，東方人多訥於言而敏於行，馴純木獨；西方人每敏於言而遲於行，活潑反叛，詭辯工夫一流。

彼此之不同，也許源自文化。東方文化講窮本溯源，凡事愛向後看，重基礎，知識貴乎師授，故教學亦不離課室，在既定之課程框框下依書講道。學生則務遵師承，不能越雷池半步，背誦強記是其法。西方文化講探奇究新，凡事專向前望，重創新，知識來自生活，故教學不重講授，而重活動探索。是故實地考察（FIELD TRIP）特多，體驗觀察是其方。

結果，東方教育表面上依仗老師，實則依賴所建立之教育架構和學校制度，亦即依循既定的程式操作。西方教育架構上雖冠冕堂皇，實則還是要看個別教師的操守和學養。

東方式的教育保障了質的平均，官西方的，除了可以培養更多的天才外，卻製造了一大羣懶散無知的文盲。

筆者之所謂東方，乃指香港；所謂西方，乃指加拿大的多倫多。不過，管中窺豹，可見一斑。

(1988-12-26)

大時代來臨： 教育工作者當負之責任（一）

在美加有人說，二十一世紀將會是一個太平洋的世紀（PACIFIC CENTURY），這是從世界未來整體經濟發展的趨向立說。日本今天成為世上最富有的國家，而美國竟淪為世上最大負債國。這種東西方經濟形勢的逆轉，不難令人推論，下一世紀將會是亞洲人的年代。特別在中國努力推行開放政策加速現代化步伐的今日，這一種想法，已經浸浸然成為普及民間的思潮。

加拿大安省北約克教育局祖裔語言課程總監柯斯先生（GORDON E. CLAUS），也曾和筆者談及這種看法。他希望加拿大人多習日本和中國語文，以配合時代的轉變。可筆者不盡同意他的「亞洲的強盛將肇始於日本龐大資金和中國廉價勞工的結合」的見解。因為，還有其他的因素不容忽視。

例如年來亞洲政治社會特別是中國的重大轉變。今日，中國、台灣、香港，都推行了政治改革。由政治經濟改革對社會帶來巨大影響，意味著一個新的大時代即將來臨。衝突敵對的時代終結，彼此共融共存的意識高漲。這一種政治上的和平氣氛和民主路向，對於塑造未來的太平洋世紀，肯定起着積極作用。

此外，二十一世紀據說也是一個資訊時代（INFORMATION AGE）。在資訊時代裏面，資訊和電腦科技主導了社會發展方向。日本人在某些電腦科技的領先地位和驚人成就，大家有目共睹。所以，一般西方人相信，未來的亞洲經濟發展，將會由日本帶動，並不為過。但，作為一個中國人來看，倒毋寧希望此種動力是發自於中國。中國現代化的決心和港台經濟的飛躍，已足使這一種希望展露了光芒。

(1988-12-27)

大時代來臨：教育工作者當負之責任（二）

踏入二十一世紀太平洋世紀新時代之際，我們極需足以擔當大時代重任的眼光闊遠有大氣魄的領導人物。在今日，我們不但要注意信心的重建，還要着眼於胸襟的開拓。步入二十一世紀，亞洲對人才的需求必然殷切。而作爲教育工作者，對於培育人才就更覺任重而道遠。

二百多年飽經憂患的中華民族，今日要面對的重大課題，其一乃民族自信的重建。民族如果喪失了自信，就沒有圖強的希望，而一切爲其前途而作的各種努力，均屬徒然。民族的自信心不但要植根於民族過往的悠長歷史，還要靠賴面對現實毋懼變革之勇氣。而作爲教育工作者，對於培養下一代以民族自信，既是刻不容緩，兼亦責無旁貸。因爲，民族感情和民族自信，需由學校自幼長時期培養。

我們渴望教育界能有更多高瞻遠矚打破私我框框的胸襟廣濶的人物。

時代在變，社會在變，新時代須有新思想新教育。作爲栽培下一代的教育工作者，應該思想靈活，觸角敏銳。要居於時代之前，善觀其變。然後制定政策，爲社會爲國家培育人才。尸位素餐者僅居時代之後，既未能掌握時代脈搏，而對於變，自然也缺乏勇氣。

一時代有一時代之教育。漠視時代轉變的保守僵化的教育政策和作風，不但不能替社會培育人才，反而使一大羣無辜的莘莘學子，呆站在劇進的社會巨輪後面，茫然不知所措！

當然，教育的變不應是速變，亂變，無理性沒計劃的變。至於某些自古以來人類社會裏面恆真的道德標準，當然也不應在改變之列。

(1988-12-28)

人文教育

二十世紀以來中國之輕視人文教育，固有其歷史因素。強國在於科技，是以鴉片戰爭以來，國人幾無不向着科技看。不過，時移世易，今日人文教育之急切，已殊不亞於自然科學。

何解？因爲無人文教育則無民族精神。民族自信與民族認同，不來自自然科學，而來自於人文科學心性之培養。民族感情不能建基於純理智。世界大同在今日來看，還祇是一個路遙道遠的烏托邦。我們無法否認種族問題在今日仍然存在。在今日，沒有民族感情的民族，難以成國。這絕不是說要鼓吹極端的狹隘的種族主義，排異仇外，而祇是說，在民族和文化信心愈見低落的今日，我們很有理由要爲團結國家和振興民族精神多做點事。

此外，無人文教育即無精神文明。精神文明是建設良好社會的重要條件。它本身也不會全來自自然科學。因爲它涉及道德、倫理、文藝……，並不是自然科學可以一一填補。況且提倡並重視人文教育，在人類面對二十一世紀資訊時代的各種重大轉變，也甚具消災解患的作用。美國東北大學電腦學院教授王申培博士在台灣第六次全國教育會議，也曾提出了這一種見解。他認爲，二十一世紀資訊時代，一切講求利害關係。分工細，競爭劇。生活壓力太大，其副作用乃使人迷失生命方向，演成所謂「資訊時代併發症」（INFORMATION AGE SYNDROME）。例如電腦犯罪（COMPUTER CRIME）、精神分裂、吸毒、離婚、自殺、工作狂，導使家庭破裂，人際關係淡薄，道德淪喪。而防範之方，乃在提倡精神文明，培養文學、藝術、音樂等之修養，增加生活情趣。

所以，加強人文教育，無論在中國國情和兼顧人類社會未來發展路向來說，都很有積極的意義。

加拿大學校清早上課之前，學生要唱「O,CANADA」，升起國旗。去月赴美國聖路易市度假，看見那邊孩子都愛唱美國國歌，學校掛國旗。政客在電視上又常說美國怎樣強大，美國怎樣可以令你「夢想成真」……。看見別人這濃厚的民族精神和自信，自己不由又掉進了無涯的沉思裡面了。

(1989-01-06)

西方教育隱存之危機（一）

去年四月，受加拿大安大略省教育部委託調查安省教育情況的多倫多星報前總編輯李雲斯基（GEORGE RADWAN-SKI），發表了一份有關檢討結果的報告書，猛烈抨擊該省的教育制度。它臚列了幾個久已爲人所知的現象：

一，安省高中生輟學率高達百份之三十，爲各先進工業國之冠。

二，逾十五歲的輟學者中，五份一是文盲。

三，安省教育培養律師會計師多，於培育科學家、工程師和技術勞工，卻極其不足，而且落後。

四，安省高中畢業生徒具外表，實際沒有可以和其他先進工業國的學生競爭的能力。

其實這幾年來，教育家們已急謀對策，改弦更張。例如順應「回復基本學科訓練」（BACK－TO－BASICS），亦即加强中學的閱讀寫作和數學訓練。此外，又爲學校提供電腦和教育的電腦軟件，並推行學校和工商業社會合辦的「合作教育」（COOPERATIVE EDUCATION）。此外，政府也答應了縮減小學班級的學生人數。而教師須有更佳的進修機會，亦已獲得了確認。政府下的工夫不謂不多。可惜是，十年以來，功效未見。

一省之例，足可反三。西方教育確潛存着各種未易解決的難題，且已經開始惡化至令人無法忍受的地步。

(1989-01-24)

西方教育隱存之危機（二）

西方教育危機之惡化，例如輟學率與文盲率的遞增，其中一個重要的因素，是社會整體道德的墮落，是學校和家庭忽視道德教育自嘗的惡果。所以，單從課程和教學方法的改變，不足以將問題徹底解決。

且舉一例。去年加國皇后大學（QUEEN' S UNIVERSITY）的荆克博士（DR. ALAN KING），在加拿大首次進行了關於青少年對愛滋病態度的全國調查。初步結果，竟發現加國高中生有過性交活動的比率極高。據稱，曾與異性有過性行爲的，第九班學生（GRADE9，約十五歲）有百份之二十九，第十一班有百份之五十，專上學院百份之八十二，大學生百份之七十。真駭人！

人慾的放縱和道德觀念的改變，已發展爲追求滿足眼前情慾的肉體享樂主義。學生吸毒、酗酒、濫交，在西方學校已是常見的事。

沒有上進心的人，一旦接受了讀書無用論，不識字在他們來說，已經不是羞恥。所以，更良好的課程和教學方法，也不可能挽救他們那已經腐朽墮落之心靈。

所以，消解西方教育危機的其一方法，是社會道德的重建，是現代教育重學不重品的改弦易轍，是在培養人的心靈上多做工夫。

當然，這也不是說沒有其他的因素。例如加拿大最權威的教育研究機構多倫多大學安省教育學院院長皮文教授（WALTER PITMAN）便認爲，沿用十九世紀的學習方法，對學生構成的壓制，是造成輟學率加速上升的原因。易言之，傳統的課程和學科訓練，未足令學生有能力應付現存世界和社會的各種困難和挑戰。所以，他主張高中課程應該環繞社會各種重大問題而釐定。

不過，在鼓吹教育須與社會和生活結合的同時，由於學生的語文程度和數學能力所見日漸低落，要求加强傳統教學訓練和注重測驗考試之聲，同樣也是不絕於耳。

在美國聖路易市ARCH的麥當奴買漢堡飽，爲付那三元二毫一仙的麵飽錢，滿以爲爲了方便那年紀輕輕的收銀員找錢，剛給他一紙五元，收銀機才一響，又忙奉上一仙輔幣。誰料就這麼一個仙，竟害他舉起指頭，數計了大半天，且急得滿頭大汗，手忙腳亂。

唉，加減運算，竟還比不上香港一個沒曾受過什麼教育在市場賣菜的老阿嬸！

(1989-01-25)

中國歷史教學要義（一）

世間沒有一個不讀自己國家歷史的民族。在加拿大安省，如果要拿「中學畢業文憑」（SECONDARY SCHOOL GRADUATE DIPLOMA），「加拿大歷史」是必須修畢的科目。八零年代日本設計的中小學課程，「日本史」的地位同樣重要。「日本史」在小學的社會課裏面，已開始不斷加強傳授。到初中，「日本史」與「地理」、「公民」合成的「社會科」，是必修科目。到而高中時，社會科的「日本史」、「世界史」、「地理」、「政經」、「倫理」，仍須必修其二。結果，日本人在長期的歷史教育裏面，培養了愛國的民族感情和民族精神，有目共睹。

當然，加強歷史教育，其好處也不盡在於此。我們且不從歷史哲學艱深玄妙的哲理立說，即就一般而言，歷史教育已大有增長知識、訓練思考、培養品德的良好作用。易言之，歷史教學不會僅是趣味故事的敘述。若然，則人因興趣不同，歷史課之有趣沒趣，勢必因人而異，且極易流於沈悶，變成是可有可無的無聊課。

其實，歷史教學是一種着眼於塑造思想訓練思考的教育。它所運用的資料（DATA），是人類過往確曾發生的史實；而它所利用的方法，是歸納和分析。所以，由它提供的理解和思考訓練，絕不下於自然科學。歷史教學的目標，正是要培養學生獨立客觀的觀察、分析和思考能力，並使之成爲習慣。

歷史的精神在於求真，理論要建築在真確的歷史知識之上。這一種精神和信念，相信是建立現代民主社會的最佳力量！

(1989-02-10)

中國歷史教學要義（二）

中國歷史教學甚有知識性，思考性，道德性之要義。茲略言其概：

所謂知識性者，乃因學習歷史在於認識人類過往，從而了解現在，展示將來。此既可作現實生活參考之用，亦可作爲研究別門學問如政治、社會、文學等之基礎。所謂「述往事，思來者」，這是人所共知的。

所謂思考性者，乃因各種歷史資料本身就是一種足以引人思考的素材。對它的學習和運用，可以訓練嚴謹精密的思考力和分析力，這是個人智力的向上發展。這一種由史料上的記憶、整理、序列、消化和分析的工夫而養成的敏銳觸角和判斷力，能使人在千變萬化的社會生活裏面，明辨是非，既不輕信流言，亦無懼於狂風暴雨。

所謂道德性者，乃因歷史教育可以培養人們優良品格，灌輸正確的國家和倫理觀念。在個人則爲辨善別惡，拓展胸襟；在國家則爲培養愛國觀念，發揮民族精神；在社會則爲重視公德，熱愛社群。

在成功的歷史教育之下，美國人愛國，加拿大人愛國，日本人愛國。在美加舉行的任何戶外戶內大型節目表演或比賽，所見幾無不以同唱國歌爲其序幕。看見他們那種莊嚴肅敬和眼神裏流露的愛國熱情，回頭望望香港，看看文史科在學生心目中的地位和形象，能不凄然！

這也許不是學生的錯，可能就連教育工作者自己，也未必清楚瞭解中國歷史教學的重大效用和意義。

(1989-02-11)

初中中史課程管見

從整體的香港中小學學科設計來看，初中是大部份學生吸收中國歷史知識的唯一的也是最重要的學習階段。原因是，小學不設中史課，而高中由於分文理組，中史已不是必修而且也不是人都喜歡選修的科目。若從國民教育的觀點而言，僅初中三年的每星期兩三節的中史教學，毋寧是時間太短灌輸不足，難見大效。所以，香港學生大多國家觀念薄，民族感情冷。

要設計這素爲人們輕視其實於教育上極端重要的中史科課程，殊屬不易。一大堆的政治與文化史實，要壓縮在三年內匆匆講授，設計者既未注意到教學現實的有限節數，復在政治史與文化史之間難以取捨但求兩全其美之下，初中中史課已變成是一大堆有用沒用的資料大堆塞。教學兩忙，得個趕字。

這也不是說現行的中史課程便是一無是處。其實，前幾年頒布的新課程，已稍有改善。例如將政治史與文化史分開，各自作縱觀式的敘述，這已是一個令學生較易瞭解歷史發展源流的好安排。不過，美中不足的是，文化史部份未免太多，而部份材料又未經仔細篩選，致令初中學生在毫無中國歷史知識的基礎之下，要學習古代某些在現代來說難以產生重大意義之文化史實，例如古代之農業工業之類，必然艱辛乏味，教學兩難。

筆者認爲，初中的中史教學，仍應以教授基本的政治史爲主，而附之以對於該時代有極重大意義的文化史實。其目的，仍以學生認識中國政治歷史發展大綱爲主。一切務求精簡，愈古而應愈簡要。中一教上古代；中二教中古和近代；中三教現代，尤須集中辛亥革命迄四人幫垮台時期的新中國歷史。筆者相信，青少年學生對於現代中國的發展情況，不會不感興趣。

(1989-02-24)

高中中史科課程管見

高中中史科教學，頗受香港政府教育署頒佈之「中學會考課程綱要」所規限。「綱要」內將中史科測試範圍分作三組，即甲組殷周到魏晉南北朝，乙組隋唐迄明，丙組清至一九四九年新中國之建立。考生可自甲乙組或乙丙組選考其一。這種安排可能是出諸減輕學生修讀中史的壓力和負擔的一片善意，不過，這却嚴重破壞作爲中華民族一份子認識中國歷史發展古今上下的完整性和連貫性，也違反通史教育的原意，其弊至於就中史成績優異的中學畢業生，也有不識殷周，亦有不知民國。

筆者認爲，中史會考測試範圍與其精深，毋寧簡博；與其割裂，不如一整。爲要減輕課程負擔照顧有限節數，也不一定要從課程分割入手。例如取消分組選考，改爲濃縮而貫通的通史考試，相信也是其中一個值得考慮的方法。筆者雖極之同意高中中史課程在文化史上須有適度的加強，但，這卻不表示就應該無所不包，萬般皆有，因而造成課程內容的無端泛濫，被迫分割。例如五代之制度文化於中國制度史文化史上地位未甚重要，何妨刪去？而歷朝某些較次要之民族、交通、地理、制度等史實，仍可斟酌從略。凡此均足以減時省力，而又較易令學生掌握一個比較完整清晰而又簡單的中國歷史發展概念。

況高中和初中的中史課程的主要分野，不應集中於知識量的增加，而尤應在教學方法和觀念上質的改變。在制定整體的中學中史課程之時，高中的課程理應被視作建基於初中基本課程的一種向前伸展和延續，而絕不應是初中已授歷史知識的溫習和覆述。在高中加強文化史的內容自可填補初中課程的某些不足處，不過，在方法上轉爲史實的剖析和討論以訓練學生思考，亦可以彌補初中偏重史事敘述的缺陷。而這正是高中中史教學的精髓所在。

我們希望中學中史課程在各階段裏面有較緊密的銜接，亦希望學生在認識自己國家民族歷史發展的過程裏面，不會知其源不知其流，又或知其末而不知其本的情況出現。(1989-03-09)

德育與文化

品德教育之目標乃培養學生優良品格。教育雖要顧及謀生，但求財亦該取之有道。

去年十月，全球股票狂瀉，其中涉及不少投機和欺詐。美國著名的哈佛大學商學院，今年因而將「倫理學」（ETHICS）列爲指定必修科。

教育如果沒有了品德的一面，社會祇會道喪德衰，自毀文明。執美國大學牛耳的哈佛，反應可謂迅速而強烈。

人怎樣才算有品德呢？余謂：在中國社會而言，此乃指人能堅守植根於中國文化的理性的個人德操的共同標準。否則謂之缺德。缺德之人，難以爲友。

不過，中國文化在這一代的年青人卻沒有了根。亡柢之樹枯，無根之羣萎。

唾棄傳統道德文化造成了社會墮落，暴力成風。今日可要力倡德育了。但，徒做些「德育指南」、「徵文比賽」、「演講比賽」，也不外是文字表面工夫，相信難見大效。

原因是，道德標準與人所生存的社會道德文化分不開。而社會傳統的道德文化，又皆來自其民族的歷史。

故曰：不從中國歷史文化入手，是奢言德育不知其本。

況且，涉及品德的善惡觀念本來就相當含糊抽象。唯有通個歷史事例的剖析，才可以使善惡成爲可理解的實象。小說之所以感染力強，就因爲它有個人物，有個故事。沒有秦檜，我們不知賣國賊之可恨；沒有岳飛，我們難以感受精忠報國之可歌。這是一種實在的潛移默化。

所以，加強歷史文化教育，才是推動德育的最佳方法。

一民族有一民族的道德文化。沒有中國文化，也不成中國社會，也不成中華民族。傳統的中國文化容有衰敗之處，卻不即是說須要處處西化。東西社會文化迥異，某些西方靈丹，對中國可能會是毒藥。

二十多年來香港教育之有意無意貶抑中國文化，今又突要提倡與之息息相關之品德教育，若不先察其原，何能奏效？ (1989-04-06)

論師生關係之冷（一）

想起曩日代同事課，才一進課室，學生驟見進來的不是原來授課的老師，無不即時叫好，喜上眉梢，雀躍非常！

嘗詢以故。理由不外兩個：一爲少一堂疲勞轟炸；二爲多一堂自修功課。

至於老師爲什麼告假缺課呢？是生病嗎？是有喜事嗎？是遇上什麼意外嗎？懶理！

老師因病遇事缺課，換來的竟是學生額手稱慶。想自己臥病當必有同樣待遇。淒涼！

爲名爲利的教育沖淡了師生感情，阻隔了彼此關係。

除了成績表上的數目字外，什麼都是淡，都沒大關係。

同學欺負自己，找老師出頭；給少了分數，找老師理論。除此之外，老師不過是派講義讀講義給習作批習作的改卷播音點唱三用機，愈少接觸愈好。

老師老套，因爲他們年紀大，不屬於這個時代；老師挨苦，因爲他們拿政府薪水，活該如此；老師罵人，可能是他們輸了狗馬找人發洩；老師哭了，可能是假裝慈悲博同情，而且軟弱的人也不宜吃這一行飯。

老師和學生在同一所學校裡面活在兩個不同的世界。唯一相同之處，是大家都冷。

人，總不會愛找冷的人聊天吧！

(1989-05-05)

論師生關係之冷（二）

人與人之冷淡，是西方社會生活的特徵，但不存於東方文化。「君子之交淡如水」之淡，乃指平實樸淡，非冷淡也。

生存於東方社會的香港學生，有經不起西風一吹，冷如冰，硬若鐵。兼且商業社會之人際關係建諸互利，沒有利益的交情，自然更淡。

中國人原本不喜歡生活在冷的社會。所以，要解冷實亦不難。解凍之利器在關懷。學生功課太多？測驗太繁？做老師的要主動看看能否在時間編排上或次數上調動一下，給學生喘息的時間。學生倦了，給他們休息；學生病了，好好慰問；學生在生活上或情緒上出了岔子，和他們細心討論……。從關懷而建立之信任，其力量乃無堅不摧。

真心關懷學生的老師，不會忽視每一個可以幫助學生的小節。同學爲班務做累了，賞他一瓶汽水；學生佈置壁佈不夠錢，老師捐點何妨？這不是說師生關係要建築在物質之上，懂得教育的人，總知道憑這小小的物質，足令學生體驗和明白人與人之間亟需要溫情。其效果不爲不大。

筆者往加拿大深造，同道來留學的舊學生們，竟在不足半年之內兩度相約，冒寒風冷雪老遠來探望我，暢敘平生。師生情深，溢於言表。十數年投身教育，何能言悔？

香港的學生，其實不冷。

(1989-05-13)

人生的目標與意義

人生之是否快樂，不盡在金錢，而在生命旅程之中，有沒有一個目標，有沒有一個方向。

目標和方向，使生命產生意義。

筆者的人生目標，簡單不過：治於世有用之學，做對人有益之事。

人生有了目標，就無處而不樂；反之，最苦痛不過。

有些人爲做學問工夫，暫且拋卻生計。不明白的人，會說他愚不可及。殊不知道，這學問工夫正是他的生命所在。在他來說，沒有了它，生命就沒了意義。

立志治學的人，若滿足於眼前短暫的名利，而輕於改變自己人生方向，終會東飄西蕩，一事無成。

要做學問，就要有一種殉道精神。

文天祥之所以不得不殉國，是因爲降元對他來說，是生命目標和精神的毀滅，是他挽救宋室的目標和努力之頓喪，是漢民族抗拒蒙古統治的精神之盡亡。這不是比死還更難受？

其中教育的意義就在這裡：文天祥的死，保全了抗元精神於不墮。錢穆、唐君毅、嚴耕望諸師輩對學術的執著，也貢獻了中國文化的延續！

今日教育界要做的，就是要昭示學生一種精神，一番抱負。

在學校裡面最難得、也最不常見的，就是教師這種精神感染力。

(1989-05-21)

夜空

在加拿大最平和的娛樂，要算是院夜觀天。

香港的房子大多沒有後院。美加不同，夜間在後院乘涼賞星，是在香港難得的快事。

不過，觀賞的人大多祇看夜星，不看夜空。

夜空的特色是漆黑，是無際，是玄奇。任憑你怎樣用足眼力，還是看不穿、猜不破。就黑渾渾的一片，已足夠你想一輩子。

天外有天？宇宙還在膨脹？是誰創造了時空？是誰撫育了大地？生命怎的渺小？人生何其無奈……？

黝空唯一的回應是——安靜！

對，肉眼看不破的，就在精神上去破。破的方法是安，是靜。《大學》說得好：「能靜而後能安。」

錢穆老師說：「安」是「人生三階段」儒學思想的最後歸宿。這和佛教徒和基督徒之追求內心安寧，實無兩樣。

我們當教師的，相信也該如此：眼前難破，精神上破。反身而誠，既已盡己，便是心安而理得。成效如何，卻是「芒鞋破缽隨緣化」。何須叭喇叭喇的暴暴躁躁？

這是夜空的啓示。

(1989-07-29)

中學班會組織與活動之民主化

人類歷史發展的趨向是民主。

學校是社會的縮照。所以，也不能避談民主。

學生培養和實踐民主的最佳方法，是參加課室和班務管理。所以，學校應鼓勵學生用民主方式組織班會。中二以上的班長和班會幹事，要由學生自己提名經選舉產生，而不應由教師「欽點」。

學生自己管理班務成不成功，大家團不團結，大部份取決於班會組織的完不完善，得不得人心。

筆者認爲，推選班長和班會幹事的原則是：大公無私，不記名的公開推舉，少數服從多數。籌辦班內各種活動，亦是先公開辯論，尋求共識，然後投票決定，少數服從多數。

教師要儘量做個旁觀者。

旁觀者不是不聞不問，而是在幕後多做監督，善於幫忙。特別是班會的財務管理，就要時常提醒班會管財政的要保存單據，每月核結，公諸大眾。而學生舉辦活動需要場地，或需與校方或外間聯絡時，教師均須立施援手。

民主建基於自由，但自由不即是放縱。因爲，社會同樣需要紀律。教育最難的地方是：如何令學生重視紀律而又不失其民主自由。

請不要輕說「不自由毋寧死」。放縱，正是西方社會今日最覺頭痛的問題！

糅合服從與自由，確需極高技巧。筆者着學生做功課，從不用命令方式。例如原要學生寫五千字的讀書報告，在課上宣布時不妨說是一萬字。學生定必嘩然咸以爲苦。於是公開辯論，讓學生吐苦水，提議減半，投票通過。結果，學生莫不欣欣然樂意去做。因爲，在他們來說，這祇不過是執行他們自己的決定。

教書十多年來，這一招從未失手。

(1989-08-11)

名校與名牌

名校名牌之有名，因爲有真材實料，是口碑載道。

所以，家長愛名校，消費者者愛名牌，這是品質的保證，是信心的問題。

人就是這樣，不看僧面看佛面，學校和牌子一旦出了名，人就趨之若鶩。

所以，辦學的和製造商一樣，先要求名。 廣告商可因此發達了。

但，人們卻開始疏忽了，真正的名並不全來自宣傳，最重要的還是：確是質優物美！

是不是名校，先要看看她爲社會究栽培了多少人才？

是不是名牌，倒要看看它是不是經久耐用，物如其價？

西方人對香港人的富有，驚奇艷羨者居多，衷心佩服的絕少。對日本人可不然。聽列根總統年來的演說，已不斷扯上日本。美國人今日就連如何撫育初生嬰兒以免於夭折，也說要向日本看。日本車日本貨之橫掃美加，自不消說。

無他，日本貨確實是價公物美，設計新穎，心思精巧，工夫一流，且又耐用，令人心服口服。它背後展示了強大的工業生產力和高科技水平，高效率的生產和人事管理，良好的制度和勞資關係。其中，也洋溢著建設強大日本國的熾烈的民族熱情。

香港人呢？不過投機炒賣的腦筋絕頂靈活而已。論經濟生產，實力可真雄厚麼？

所以，洋人眼中香港人遠遜日本人，理何足怪？

瞎吹的名氣，不會久長。

辦學的、搞生產的，還是踏實點在品質方面多費精神多下工夫好！

(1989-08-17)

大學之熒惑：（一）大學之功能與使命

西方有關探討近代大學之功能與使命之著述，由來甚多。例如C. KERR有《THE USES OF THE UNIVERSITY》，A. FLEXNER有《UNIVERSITIES：AMERICAN,ENGLISH,GERMAN》，J·O·Y· GASSET有《MISSION OF THE UNIVERSITY》……等。若撮其要，其所言之大學教育之功能，不外三端：

（1）教學（TEACHING）；
（2）研究（RESEARCH）（GASSET:34；FLEXNER:6）；
（3）傳播文化（TRANSMISSION OF CULTURE）（GASSET:43）。

質其功能，窺其使命，不離薪盡火傳、拓展知識、傳播文化為務。

惟此三者之中，近世西人多偏重知識「研究」一項。其極端者且視「研究」乃大學所以名曰「大學」之所源，亦大學之所以無法由其他高等教育機構替代之原素。約一世紀前，CARDINAL NEWMAN 在建立UNIVERSITY OF DUBLIN時猶寫道：「（大學）是事實與定律、探討與發現、經驗與懷疑的一切知識的科學之高度保護力量。」（KERR：2）NEWMAN氏之為人文主義者（HUMANIST）自傾向於理性的道德層面立說。然而，十九世紀中葉西方民主與工業及科學之革命鑫起，大學教育亦隨之而變。結果「科學」（SCIENCE）漸而取代「道德哲學」（MORAL PHILOSOPHY），傳統「教學」亦漸替之以「研究」。於是「科學」與「研究」一躍而為近代大學之唯一重要基礎。復因二十世紀三十年代後美國高等教育精神更趨向服務社會，結果大學教育：（1）其對象由學生個人代之以社會需求（NEEDS OF SOCIETY）；（2）由NEWMAN氏之探求內在的「自然秩序之真理」代之以偏重新事物的發現；（3）因而「專才」（SPECIALIST）代替「通才」（GENERALIST）。於是NEWMAN氏所力主之通才教育與所渴望之「通人」（UNI-

VERSAL LIBERAL MAN）幾從此絕響（KERR：4-5；HARRIS：14）。結果，大學被視為研究之中心（RESEARCH CENTRE）而止。

如果我們不先了解近世西方大學教育此種精神上和實質上的諸種轉變，就難以理解香港兩所大學夾於東西文花罅縫中為要探索其本身存在價值與理想遇上之苦惱。例如，香港兩大學歷來忽視學術研究的情況若判之以西方觀念，則其能否配稱之為「大學」已值商榷。因為，偏重教學之高等學府在今日之西方來說，名之曰「書院」（COLLEGE）似更貼切。

然而，這不過是現代西方高等教育觀念之變。處於東方的香港兩大學倒不必要完全認同。因為，我們自有優秀的文化傳統與價值觀念，可異別於西方的見解。例如，中國傳統的高等教育反著眼於「修身」，更重視學生道德人格的培養。所謂「大學之道，在明明德，在親民，在止於至善」。且不論此「大學」朱子析之為「大人之學」（朱熹註）未必與今者大學同義，然而，中文大學訓學子以「博文約禮」，港大以「明德格物」，新亞書院之高舉「誠明」為號，實無一不出諸儒道。富於人文精神之儒道之教育觀點向來重視品格修養與文化延續，其視教學與研究不外為達此目的之手段。儒學於高等教育之重視明心見性，自有誘導人類社會終歸乎至善的重大意義。若言此即為中國傳統高等教育之至高使命，雖不中恐亦下遠。

因此，中西文化交流不應是本港兩所大學努力的唯一方向。更重要的相信還是：兩所大學在加強學術研究之餘，須盡力推動、發揚並實踐已見諸校訓之儒道情神，多為社會培育品格高尚學識淵博有功於社會之「完人」。筆者認為，這正是本港大學教育之精粹，亦為兩所大學之所以負有其特殊使命之所在。

其實，教學與研究如果缺乏德性培育的目標，就容易喪失其教育性，因而難以稱之為教育。祇要我們目標正確，也許有一天，我們可以在世界大學羣中大聲疾呼：不談品格培養播延傳統文化者不為大學！ (1990-02-25)

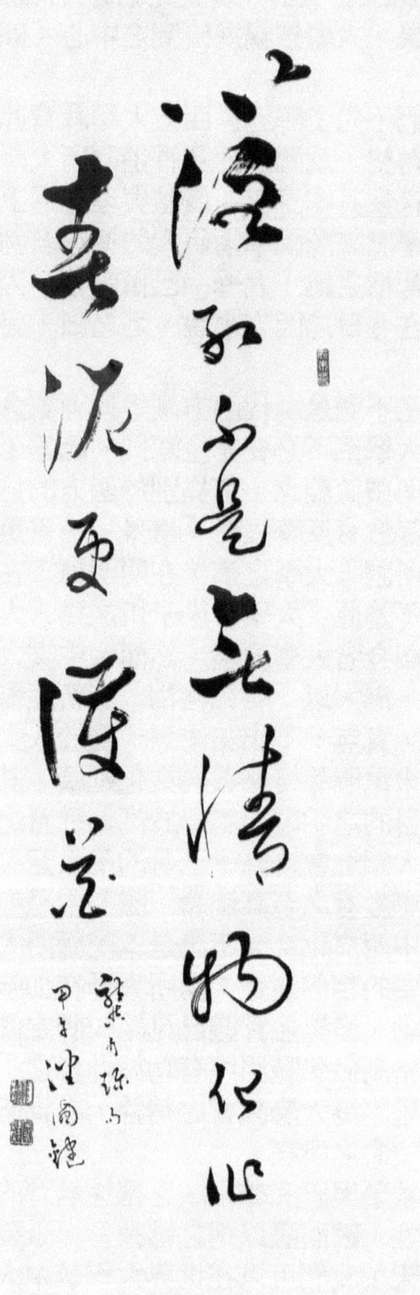

大學之熒惑：（二）多元大學（MULTIVERSITY）

西方大學之過份重視研究，忽視教學，蔚爲風尚。即大學教授之晉升加薪，亦大多僅視其研究之成果爲準，少論其教學之優劣（LIPSET：276；LEWIS AND DOYNO ：718）。此緣近代大學教育之概念一割爲二：一曰教學，二曰研究。其狹隘者且倡言二者當互不相涉，進而排斥教學。有識者復爲之調協，因而六十年代後較新的大學結構理論傾向主張多元化。即亦倡議由各司所職、各研所長之各種不同的專門學院或羣體（COMMUNITY）組而曰「多元大學」。而所謂「多元大學」本身亦不外是一個名字，它沒有特定的制度，也沒有整體單一的利益觀念。甚且，可以容忍其內部不同羣體的利益衝突。此外，它具有多個靈魂，因爲，它不是一個機體（ORGANISM），也不以統一爲務。所以，其構成之每一部份，可因應各種需求而增減。質言之，它祇不過是一個由各種行政規則（ADMINISTRATIVE RULES）携手合成的結構方式，而由金錢發動（KERR：18-20）。

如果這種新的概念獲廣泛接受，那麼，一切有關大學的複雜的論爭可以藉此迎刃而解。事實上，多元大學的概念不但可以適應具有多種文化（MULTIPLE CULTURES ）的多元性社會（PLURALISTIC SOCIETY）。更重要的是，它在精神上之偏向共存（COEXISTENCE）多於統一（UNITY），重視和平（PEACE）之先於進步（PROGRESS）（C. KERR 認爲此正乃多元大學校長亟須注意者。KERR：36），正揭示今日人類社會發展重視調協的共識和方向。

也許有人會說多元大學缺乏對學生個性的培養。但是，個性之能否建立端視乎其所習學科之價值觀念和道德取向，不大關乎大學之組織和結構。若僅就組織而言，多元大學確頗有可取之處。例如多元大學之教授（FACULTY）可選擇獨事研究，或單從教學，又或二者兼之。其職責因各不同學院學系的特色或教授個人之能力與興趣而取決。此外，多元大學之包容以教學爲主之大學書院（UNIVERSITY COLLEGE）和以研究爲重之研究院（GRADRATE SCHOOL），既可強調通才教育（LIBERAL EDUCATION），復可注重專才培訓。既能分工，亦足兼顧。

「求同存異」，是現代思想之主流。不單於今日之政治思想與政治現實如是，察諸多元大學觀念之出現，證明高等教育組織之概念亦復如此。至於大學書院學制之應否強制爲三年、四年，大學學額與經費之該否削減增加，則已別爲高等教育各個環節調配的另一資源分配的「學術均衡」（ACADEMIC BALANCE）的問題，其中頗涉及「大學自治權」（UNIVERSITY AUTONOMY）範圍的介定。而「學術均衡」與「大學自治」於今日之不能兩全其美，信是東西方大學所面對的共同難題。

(1990-02-26)

大學之熒惑：（三）學術均衡（ACADEMIC BALANCE）

如果人類社會資源豐沛，高等教育發展理應是各據理想各盡所能各施所長。可惜事與願違，由資源短缺（包括時間）帶出的分配與均衡難題，東西方大學同要面對。而此種均衡，據多倫多大學高等教育部教授 ROBIN HARRIS 所著《A MATTER OF BALANCE》一文所述，可粗分之爲四項，即：

（1）大學內部各種需求之均衡（例如大學各部門不同需求的均衡，教學與研究之均衡等……）；
（2）專業教育（PROFESSIONAL EDUCATION 與通才教育（GENERAL EDUCATION ）之均衡；
（3）大學對各不同社區服務之均衡；
（4）大學與大學之間，大學與中小學之間在經費分配上之均衡。

近日本港大學學制爭論，當屬第四項。而HARRIS 氏於第四項之結語是：此學術均衡之能否達致頗有賴於各大學之願否「自我犧牲」（SELF-SACRIFICE）（HARRIS：8）。

就理想之大學教育而言，我們有理由堅持通才教育須與專業教育並重。雖則在現實資源有限的環境裏面，大學應否大量投資通才教育頗屬疑問。筆者在多倫多大學安省教育學院上課，任職多大醫學院的同學主張通才教育僅乃中學之責任者大不乏人。即就大學本身而言，在經費捉襟見肘下能否兼顧並發揮在概念上大學所當有之教學、研究與傳播文化之諸種功能，至少在今日看來，確實是難爲巧婦，而不得不被迫致力於均衡處找立足點。

因此，如果我們認清社會資源之有限，則大學無論對內對外必須達致「學術均衡」，並盡力與現實環境妥協者信無可免。而此種理性之妥協，固不必盡視之爲政府干預大學之自治與學術自由，亦不應僅結論爲大學屈降於權力。事實上，在理論的層面裏面，「大學自治」既爲大學建基之磐石，理應受社會之廣泛尊重，亦爲大學所要力保之精神與生命所在。雖則此所謂大學自治權（UNIVERSITY

AUTONOMY）今日在東西方大學裏面，同樣常因外間力量之不斷干擾和挑戰，實際上已處處削弱，幾名存而實亡。(1990-03-01)

大學之熒惑：（四）大學自治權（UNIVERSITY AUTONOMY）

中古西方大學受教會控制，因爲大學由教會開辦。十九世紀工業革命之後，政府和工商界才開始介入大學事務。原因是，工商界極需大學提供各種研究並訓練人才。由於西方社會和經濟結構的日漸改變，現代大學若要有如中古修道院（MEDIAEVAL CLOISTER ）般超然世俗之外，又或仿效十五六世紀牛津大學（OXFORD UNIVERSITY）之經濟完全獨立因得敖視於社會者，相信不大可能。而對現代大學最諷刺的還是，據吾師IAN WINCHESTER所述，世間大學原來祇有下面的兩種方式才可以維護其自治權：一乃如修道院般盡量減少其物質需求；二乃如牛津大學般拼力加強其經濟力量（WINCHESTER：31-32）。不過，在二十世紀末葉的大學來說，對前者顯然缺乏勇氣，對後者則更屬癡人夢話。要求大學員工減低薪酬來換取大學自治權，從一般人性的層面測之，殊不實際。而現代大學爲掙扎求存轉而強調大學乃社會之絕對所需（INDISPENSABILITY），在六七十年代流行教育乃增長人力資本理論（HUMAN CAPITAL THEORY, FAGERLIND AND SAHA：18）風靡之時尚有可爲，可惜經二十餘年之實踐，今日投資論面臨嚴峻考驗之際，大學之自我吹噓已流爲空洞之神話。所以，大學自治權之概念雖美，然而，從現代大學的形而下的實體察之，它卻早已患上先天性的殘缺。

即以美加爲例，由美國法官FELIX FRANKFURTER所介定之大學當享有之重要自由本來有四：即在學術的基礎上，它擁有（1）聘用教師，（2）訂定課程，（3）選擇教學方式，和（4）制定入學條件的四種權力（WINCHESTER：33）。然而，加拿大政府規定大學聘用教師必須爲加國居民，國外留學生要繳交較本土學生貴四倍多之學費，實質已嚴重侵犯加國大學的自治權。至於美國方面，D.BOK亦指出美國大學所享有之此四種所謂自由，實際亦同受由政府規定之法則所限制。例如在選取學生方面，美國有指令大學招收一定比例之有色人種與及女性學生之法律規定；

在聘請教師方面，大學又要屈從於防止宗教、種族、年齡、性別等歧視之條例；而至於大學實驗室之研究，聯邦法律亦規定嚴禁從事損害公眾利益的致命性實驗……。故BOK氏的結論是：華府運用制定大學接受聯邦資助基金（FUNDS）的各種先決條件和法則達其干預大學之目的。易言之，大學所享有之四種自治權其實早已由政府一一規劃介定，而所謂大學當擁有完全自主權一說，若從今日之現實觀之，固屬子虛烏有！

大學既無法清高至如修道者之飲冰茹蘗清修苦行，當它一旦復忽視人文精神喪失扮演社會良知角色之時，它在道德上的超然性必然盡失，而不得不淹沒於社會功利主義經濟效益的洪流之下，遂僅被視作爲社會其中一普通之組成部份，乃社會多種研究機構（RESEARCH INSTITUTIONS）之其中之一環。而社會或政府要求現存各不同類的教育研究機構互相協調（COORDINATION），自然亦相當合理。而當此等教育機構各因本身利益堅持己見無法協調之時，政府除了介入之外，還會不惜以立法手段強行解決。故不單香港之大學及理工資助委員會（UPGC）實際具有干預大學之能力，即第二次大戰後英國之大學資助委員會（THE UNIVERSITY GRANTS COMMITTEE）對英國各大學之事務，同樣已是張牙舞爪。而美國之大學除受制LAYBOARD之外，州財政部、州長、州議會之插手大學事務，亦相當普遍（KERR：25）。此無他，大學固亦社會納稅人資助之各種教育機構之其中一種而已，在社會公平的原則下，它不應自視優越於其他機構，妄圖要求社會賦予其可以超越於社會利益的特殊地位與權力。

不過，在西方學術界裏面仍普遍認爲，就人類社會整體利益而言，大學實有保留其獨立性的必要。政府最好還是扮演無言夥伴（SILENTPARTNER）之角色，信任大學本身之能力（WINCHESTER：40）。公然的干預，祇會帶來悲劇性的後果。當然，這種學術性的假設尚未足以令人完全信服。何況某些傳統大學之偏見保守不容革新，其妨礙學術自由發展者在歷史上殊不乏例。即十九世紀若非歐洲某些國家強行立法，想要敲破西方大學那頑固之自治權的鐵殼，以

容許那極關乎人類福祉的多種新領域新科學研究的加人，相信絕不容易！（BRUBACHER：27）

其實，今日對大學自治權的威脅也不全來自於政府，復有來自於其顧客———學生。例如一九七七年美國哥倫比亞大學（COLUMBIA UNIVERSITY）本欲敦聘基辛格博士（DR.HENRY KISSINGER）為教授。殊不知該校學生羣起反對，理由是基辛格博士於其服務政府期間參與策劃轟炸河內大屠殺行動。在學生的巨大壓力下，是項聘請竟亦因而告吹（BOK：17）！

猗歟大學自主權兮，汝尚存乎？

(1990-03-03)

大學之熒惑：（五）政府干預大學事務之法理問題

近日不少論者力斥政府干預大學事務爲非法。殊不知政府之干預大學，在法理上是否違法，即西方教育家經數十年爭議尙無結論。加拿大多倫多 YORK UNIVERSITY 校長 H.W. ARTHURS 發表《THE QUESTION OF LEGITIMACY》一文，對此問題有獨到見解。ARTHURS 氏把合法（LEGITIMACY）與政府干預（GOVERNMENT INTERVENTION ）二詞義分開介定。他認爲，所謂「合法」的意思是：

（1）政府之行動順從於社會之各種基本標準（NORMS OF SOCIETY）；

（2）政府之干預抱有尊重正常法律標準之態度；

（3）正常合法（FORMAL LEGITIMACY OR LEGALISM）本身祇是一種意識形態（IDEOLOGY），它認定規律（REGULARITY）、秩序（ORDER）、合憲（CONSTITUTIONALITY）爲其至善，重法不重人（ARTHURS：4-5）。

不過，ARTHURS 氏認爲完全信賴法律的人卻未免過於幼稚。因爲，政府本就可以從立法之外的其他途徑對大學進行干預。況且，法律的本身有時亦涉及傳統和過往的價値觀念，它不一定有利於社會之改革。所以，政府行動之「合法」與否及其對社會產生之禍福，在觀念上由來相當含混。

至於政府干預之方式，如焚書坑儒，如關閉大學，如箝制思想，東西方歷史均不乏其例。也許今天東西方政府已揚棄過激之手段，改而利用民主與財政。例如政府可藉公平爲由，控制大學學額和收生標準；又或藉方便管理爲詞，強制各大學統一；又或以有利加強競爭爲名，強迫大學割裂。凡此異曲而同工。而事實在政府巨大的財政指揮棒下，原已軟弱無力奄奄一息的大學，僅可從旁嘲笑政府之愚不可及缺乏遠見。但這種隔靴搔癢，並無強身健體起死回生之療效。

其實，現代大學既已習慣於由政府供養，則其或生或死之命運，早亦操諸政府之手。而政府之所以資助大學，蓋其符合公眾之利益（PUBLIC GOOD）耳：例如對社會之消費人如學生、家長、教員和其他各公私機構之東主而言，高等教育對之均有實在之益處也（ARTHURS：10）。

因此，ARTHURS 氏之結論頗認為，政府干預高等教育並強為之制定政策，其合法性不能單從學術社羣（ACADEMIC COMMUNITY）的觀點出發，尚須兼由其他不同社羣之不同利益與意願而著眼（ARTHURS：10）。

這恐正乃西方實行大學由「LAY BOARD」、「LAY PEOPLE」管理之原因。西方大學具有相當權力之校董會之被稱為「LAY BOARD」，蓋因其成員多非專業教育之門外漢（LAY PEOPLE）。大學 校董會由代表不同階層之各專業人士組成，實有著要平衡大學教育在各方不同利益之苦心和作用。若此，則今日香港論者質疑利國偉爵士作為中大校董會主席外復兼多重身份因而引起矛盾，此實與懷疑政府強迫中大改制暗存政治動機一樣，頗屬無謂。

近世政府干預大學既為大勢所趨，且自有其哲學與合法之財力權力為其後盾，則反對者充其量僅能向政府制定政策之智慧挑戰。但是，若從邏輯而言，智慧之質疑與政府之應否擁有干預權力，顯然是兩個性質迥異之課題。

東西方大學今日均飽嘗政府干預日漸喪失其自治權力之苦果。察其所以，除了二十世紀大學自己甘於走向社會化功利化之飲鴆止渴外，其離棄本身固有之道德性與人文精神，同樣是始作俑者。今日大學無法再以「社會良知」自居，固與社會教育普及、質素愈漸提高有關，然而，今日大學之表現若在社會良知層面而言，有時實亦令人失望。例如對於關乎香港社會整體大利益的各種問題（例如中英談判期間之香港回歸問題），兩所大學竟可不發一言！今其一旦面臨與切身利益相關之學制改革，始儼然以社會良知發言，強調維護社會整體利益乃其一貫責任，振振有詞。霎時凜凜然頗有宋明書院之遺風。可惜是，在中大港大那原已淡薄之人文精神既不足反映社會良知，而近代大學良知之漸趨泯滅，竟亦至於有如 BOK 氏所倡言，向社會揭示和強化固有之道德與政治標準殊非大學之職責者（BOK：35）。此乃時代之通象，非獨香港兩大而然。是則今日東西方大學抗拒政府干預之能力，姑無論在金錢物質之角度抑或道德精神之角度來看，均已弱乎其弱，微乎其微！

當然，現代大學對社會公眾事務保持低調與緘默，固非全無根據。實有其所謂「中立」（NEUTRALITY）一說作其護身符焉。

(1990-03-09)

大學之熒惑：（六）大學之中立與不偏袒（NEUTRALITY AND IMPARTIALITY）

大學之努力於保持中立客觀，固或有助於學術自由（ACADEMIC FREEDOM）之培孕，然而卻無益於社會良知之督責。其實，若自價值觀念道德層面而言，其所謂中立一說頗難成立。我們不妨先看看此所謂「中立」之義。L. KOLAKOWSKI 在其《NEUTRALITY AND ACADEMIC VALUES》一文嘗介定之曰：「中立預先假定著一個衝突（CONFLICT），而同時此中立之人卻不是它的參與者。」（KOLAKOWSKI：72）細言之，則

（1）「中立」往往是意圖性（INTENTIONAL）的，當衝突發生於自己利益範圍內才會出現；

（2）但自己卻不參與此衝突，否則不能稱之曰「中立」，而僅能名之曰「不偏袒」（IMPARTIALITY）；

（3）「中立」與「不偏袒」不能相容；

（4）所以，中立是行爲上的一種特徵，而它的概念不涉及物質價值（MATERIAL VALUES）(KOLAKOWSKI：72-73）。

舉例而言，甲乙兩國交戰，而影響及於丙國之利益。若丙國完全置身事外，則爲中立。若丙國售戰機與甲國，復賣大炮予乙國，總之售以均等質量之武器，則丙國實際已涉於此衝突矛盾之中，充其量祇能稱之爲不偏袒（IMPARTIALITY）而已。

然而，KOLAKOWSKI 氏認爲世之所謂「中立」，殊不可能。原因是：

（1）「中立」不過爲智能上與文化上軟弱因而對事情無力干預之結果；

（2）中立在道德上亦有所不容，例如某婦人在爾之面前遭人強暴，則爾焉能中立而不施援手？

（3）時勢迫人，現實亦難以中立，例如某小國夾於兩大國衝突之間，當如何自處？

M. WEBER亦嘗力言「道德上之中立」（ETHICAL NEUTRALITY）之概念 荒謬。原因是，「文化概念是一個價值概念」，而「文化實體（CULTURAL REALITY）之知識來自於獨特的觀點」（LIPSET：269），即亦一開始便不離價值判斷。

至於大學呢？大學之能處中立更屬謊話。大學之成立一旦肩負某種職責，則其能超越於本身物質價值或精神價值觀念之外，不討論不參與人類社會之種種衝突矛盾者幾稀！對於殺人無算的大獨裁者，原不該干涉世俗政治事務之教宗尚且憑其良知予以譴責，大學既爲人類知識文化之重心，對涉及道德良知之判斷，又焉能置身事外？況在大學進行之各種研究，本就涉及社會的各種衝突矛盾，而努力爲之提供解決方法。大學既屬整體社會之一部份，其力謀擺脫社會事物超然中立之存心，既不可行，亦不足取。

離棄儒道精神復加「中立」此一謬說，結果腐蝕了中大和港大的道德良知，削弱了它們在社會道德層面上的尊崇地位。今日面對學制改革的衝擊，信該是好好反省的時候了。

(1990-03-14)

大學之熒惑：（七）學術自由（ACADEMIC FREEDOM）

「學術自由」與「大學自治權」在概念上理應分辨清楚。大學自治權涉及大學與社會之關係，然而，「學術自由」則純爲大學內部各學系及個別研究人員於學術研究對象之選擇、方法、言論發表等自由之取向。它本身不需向社會負責。易言之，大學需向社會負責，然而，爲要推動拓展知識增進文化，政府與社會同樣要賦予大學研究人員一定程度之學術自由爲之保障，俾使其放心研究。這亦是作爲大學亟須拼死力保之寶物。

今日遺憾的是，大學方面於力爭「大學自治權」之時，過份強調「學術自由」。而政府又於高嚷維護並均衡社會整體利益從而干預「大學自治權」之際，復圖染指「學術自由」。於是，「學術自由」與「大學自治權」概念糾纏不清，愈辯愈亂。

「學術自由」也許是「大學自治權」之其中部分，但但它本身不是「大學自治權」。例如在BRUBACHER氏筆下，「學術自治權」（ACADEMIC AUTONOMY）之具體表現於（1）課程（ACADEMIC PROGRAM）自主，（2）招生（ADMISSION）自主，（3）聘任（PROFESSORIATE）自主，（4）大學須作爲判斷其學術自由是否已遭侵犯之仲裁者（ARBITER）（BRUBACHER：27）。綜此四項組成爲「學術自治權」亦即「大學自治權」。而保衛學術自由當屬其中一項。不過，筆者認爲首三項自治權既容易涉及社會整體利益因而難免於受政府干擾，爲要解除末項推動學術自由面臨同受箝制之危險，不如索性將之抽離大學自主權之範圍，使之獨立自爲一項。於是易受政府干預之「大學自治權」與不應受任何外間事物干擾之「學術自由」之分野，遂不辯而自明。

「學術自由」僅存於大學內之學術社羣。其所以必須與政府或社會斷絕關係者，乃因唯有在擺脫各種外來影響與束縛之條件與環境下，學者方能對事物作客觀研究，因得發現新知識，尋研真道理，判別真是非。所以，「學術自由」本身是一種精神，也是學術研究工作者在享有公民自由（CIVIL LIBERTY）以外附加之特殊權利。它的目的，顯然是要加強學術工作者獨立判斷之能力，同時又確保其免受外間攻擊報復的危險。不過，尤須注意者，大學學制之長短與其所享之學術自由之多寡顯無必然關係。若以牛津劍橋學制之採用三年即證其享有之學術自由必少於四年制之中文大學，未免令人發笑。

當然，學術自由在理論與現實的層面裏面都不會是一種絕對之自由。它的存在，祇限於學術研究範圍之內。或者可以說，它祇是一種學術研究建基於如經濟發展的放任主義（LAISSEZ-FAIRE）（BRUBACHER：42）。至於無限之放任會否帶來災禍，卻是別一個今日過份民主放任之西方社會亟須思索之課題。不過，如果政府或大學管理階層因此削弱、干預、甚或撤銷大學各研究部門及個別學者所享有之此種特權，則學術研究必即陷於癱瘓。其演而爲人類文化呆滯不前、文明倒退之大悲劇者，信亦指日可待！

(1990-03-24)

大學之熒惑：（八）結語：現代大學之迷惘

學術討論基於理性與價值判斷。若不先澄清各種概念，便用之以作爲贊成或反對某些政策之論據，不但說服力薄弱，亦無異於瞎子摸象。近百年來大學寒流遍罩，冰封盈尺，香港區區兩大學又何能破冰逆流而上？一八六二年美國通過之 MORRILL ACT， 對近世高等教育發展造成之震盪，威力猶甚乎核彈。自此以後，英式之重乎教學與德式之著重研究，漸爲美式之注重社會需求所替代，蔚爲現代西方大學發展之主流。高等教育之偏重於提供社會所需知識訓練人力（MANPOWER），已成大趨。即第二次世界大戰全球衝突期間，大學之全力展開針對戰事之各種研究，實際與投身戰場無異。美國聯邦政府在戰爭期間大量資助各項與國家需求相關之研究，進一步確定戰後美國高等大學發展強調社會需求之模式。結果學生之利益漸被忽視，學術工作者之言行亦日趨僞善（HYPOCRISY），大學幾淪爲政府雇用之「槍手」（HIRED GUNS）（BOK：66）。現代大學既已喪失其道德操守，則其原有之自治權之必遭蹂躪復受奴役於社會，信乃必然之結果。今日著名學者 A. BLOOM 已洞悉其弊，力議大學須擺脫事事唯命 社會（BLOOM：254），在百年漫長冷漠的寒冬之中，倘或感有春暖來臨之半綫奢望。所慮者，其結局恐亦如伯牙耳！

此無他，現實終歸乎現實也。爲滿足「社會需求」，重視「科技訓練」應運而生並迅速發展之社區學院（COMMUNITY COLLEGE），今日 已別樹爲現代高等教育發展的另一主要模式。因而資助高等教育之有限資源在投資大學抑社區學院選取之間，自然亦需重新規劃。在大學方面，除了被迫節流之外，大幅增加學費已落實爲開源之手段。今日大學教育在經濟效益方面之表現拙劣，例如大學畢業生適應社會職業需求之能力遠不及受職業訓練之社區學院學生，已經成爲當政者蓄意壓抑大學擴展之另一口實。事實在西方國家裏面，博士畢業生失業被迫重返社區學院接受職能訓練，司空見慣。即筆者大學同窗哈佛歷史博士修讀財經轉職金融，雖曰惋惜，然亦爲冷酷無情之生活現實。至若社區學院講師之因其所授課程需求減少被迫取消，不得不再受訓練轉教他科者，至少在加拿大殊不乏例。今日高等教育須向現實低頭，無奈亦要因應社會而自行調節。例如大學之不得不日益加強與各大企業公司（CORPORATION）之合作與聯繫，即屬大學教育進一步工商化而迷失自我屈從於社會需求之具體表現。

二十世紀的大學失掉了靈魂。它既怯於變化多端唯利是圖的社會和政府的強大勢力，而對人類社會的發展復顯得處處被動，又或冷漠得毫不關注。若從人類整體發展的觀點來說，如果我們都贊成人之所以為人不以物質享受為止，則現代大學的這種缺陷顯然是人類道德良知探索的悲劇收場。而亦祇有加強認識復歸人文主義一途，方能為之解救。其實，道德理性乃任何教育之精華所在，現代大學之忽視道德人格人文情神，正是其所以迷惘，所以墮落，所以被踐踏，所以歧路亡羊之所源。此實不可不察也。

要者，今日香港大學學制之爭論，固可視之為世界大學發展迷亂熒惑之一例，自不必歸之為九七問題教育改弦之一節。高等教育研究非筆者所專長，粗疏之見，難免多不足處。敢於弄斧班門，申片面之私見者，蓋欲收引玉之效而已。

（一九八八年十二月於多倫多大學安省教育學院。本文於一九九零年二月杪至四月初分期發表於香港《華僑日報》教育版。）

(1990-04-01)

参考書籍文獻：

1. 朱熹，《四書集註》，香港太平書局 1968 年版。
2. Arthurs , Harry W., “ The Question of Legitimacy in “ Governments and Higher Education-the Legitimacy of Intervention ” (Toronto: OISE, University of Toronto,1987).

3.Bloom, Allan, The Closing of the American Mind " N ew York : Simon and Schuster, 1987) .
4.Bok, Derek, " Beyond the Ivory Tower " (Cambridge: Harvard University Press, 1982).
5.Brubacher, John S., " On the Philosophy of Higher Education " (San Francisco: Jossey—bass, 1977) .
6. Fagelind,.I and Saha,L., " Education and National Development " (Toront: Pergamon, 1983) .
7. Flexner, Abraham, " Universities: American, English, German" (New York: Oxford University Press, 1968).
8. Gasset , Jose Ortega Y., " Mission of the University " (Princeton: Princeton University Press, 1944) .
9. Harris, Robin, " A Matter of Balance " , in " Proceedings 1967" (Ottawa: Association of Universities, 1967) .
10. Kerr, Clark, " The Uses of the University " (Cambridge: Harvard University Press, 1982, 3rd ed.).
11. Kolakowski, Leszek, " Neutrality and Academic Values " , in Montetiore, A., " Neutrality and Impartiality: The University and Political Commitment " (Cambridge: Cambridge University Press, 1975).
12. Lewis, Lionel S. and Doyno, Vic, " The Definition of Academic Merit " , in " Higher Education " (Amsterdam: The International Journal of Higher Education and Educational Planning, 12,1983)
13. Lipset, Seymour Martin, " Academia and Politics in America " (Carnegie Commission on Higher Education, reprint, 1972) .
14. Winchester, Ian, " The Concept of University Autonomy—AnAnachronism? " in Watson C. (ed.) " The Professoriate—Occupation in Crisis " (Toronto: Higher Education Group, OISE, 1985).

二十一世紀之教育路向（一）

哈佛大學教育學院 K. PATRICIA CROSS 教授認爲「知識」與發展 「人類潛能 」乃教育之大業，尤以二十一世紀之教育爲然。此無他 ， 皆因近代人類社會發展之三大波浪（WAVE），由農業革命（AGRICULTURAL REVOLUTION）帶起之第一浪以土地（LAND）爲財 產， 承而爲一七五零年至一九五零年工業革命（INDUSTRIAL REVOLUTION ）引發第二浪之以金錢（MONEY）爲財產，復繼 而爲一九五五年左右由電腦、電訊等新興科技工業之勃興觸發起第三浪之以知識（KNOWLEDGE）與發現知識利用知識之人（PEOPLE）爲財富，此種觀念上的轉變，實乃現代社會發展所共趨。而作爲教育工作者或未來教育政策制定者，固不能掉之以輕心。

所以，CROSS 氏認爲「發展人力資源（HUMAN RESOURCE）乃美國未來經濟之財寶所在」（見CROSS《IMPRESSIONS 1984:EDUCATION FOR THE 21st CENTURY》），易言之，現代國家未來經濟之是優是劣，相當程度取決於其國民之智力發展情況。今日美國教育之轉向大眾教育（MASS EDUCATION）和提倡「終身學習」（LIFE LONG LEARNING）精神，顯然是爲要配合現代科技迅速發展和適應經濟生產日新月異的急劇轉變，在教育上不能不走彈性通變的路綫。此之謂先知先覺。

二十一世紀人類的最寶貴財產相信不再是土地，也不再是金錢，而是知識和掌握與運用知識之能力———亦即是智力。因此，面對二十一世紀之未來發展大趨，投資教育發展國民智能潛力，已刻不容緩。美國和日本在這方面已經走先了一大步。今日就連蘇聯和東歐國家如匈牙利等亦已紛紛進行改革，大量投資高等教育，如果我們還不了解這種資產財富在本世紀中葉以後其存在之形式與實質均已改變之客觀情勢，而僅認爲提供土地籌集資金即能創造財富，那顯然還未充份探知現代經濟發展的脈搏。

二十一世紀是一個資訊的時代。經濟發展不但靠賴土地和資金，更要依仗人力資本（HUMAN CAPITAL）： 例如蘋果牌電腦公司年青 總裁 STEVEN JOBS 之屬。

二十世紀中葉以後的教育應該是創造智力和培養獨立思考解決難題的能力，它決不該再以標榜權力強調盲目服從爲其中心。

從現代經濟發展的模式和財產觀念的轉變來看，大量投資教育開發國民智力，才是增加經濟生產力與競爭力之良方。

(1990-04-04)

二十一世紀之教育路向（二）

二十一世紀教育之第二個重點，是人文精神之加強培養。

現代科技主義（TECHNOCRACY） 與科學文明帶來人類社會之不足處，至少有二：其一爲常識（COMMON KNOW-LEDGE）之欠缺；其二爲價値觀念（VALUES）之淪喪。現代教育之過份強調自然科學和科技發展，已日漸失卻其所以被稱之爲「教育」之本質和特性。

結果，一般人視教育不外爲職業訓練（JOB TRAINING）或專業訓練（PROFESSIONAL TRAINING）而止。加上自然科學某些研究成果及其對「自然」（NATURE）之無生命（LIFELESS）與不具人格（IMPERSONAL）之見解被某些社會科學與人文學研究者盲目採用，不單使後二者被自然科學所奴役，而損害尤甚者，是人性之被曲解，被自然科學化。復又遇上由科技機械（MACHINE）所締造的現代文明機械（MACHINERY OF CIVILIZATION）將人類社會與人性連同自然一律機械化，其對人類整體文化之延續與發展不構成阻窒者幾稀！故今日教育於強調智力發展之餘，若不加強人文道德教育培養德性品格以彌補這種缺陷，顯非人類未來社會之福。

二十一世紀香港教育之目標，信該是發展智力潛能，培養道德品格，延續中國文化。

發展智力潛能乃爲創造財富；培養道德品格乃爲社會締建安定和諧；延續中國文化乃爲人生追求精神物質之美善。願大家一同爲此而努力。

(1990-04-06)

學者（SCHOLAR）之責任（一）

加利福尼亞大學物理教授ROBERT B. BRODE認爲，作爲學者當負之責任有三：一爲保存知識（PRESERVATION OF KNOWLEDGE），二爲創造新知識（CREATION OF KNOW-LEDGE），三爲將重要之專門知識與概念盡量簡化並傳達諸羣衆（BRODE：THE RESPONSIBILITIES AND FREEDOMS OF THE SCHOLAR）。

要完成第一個責任，相信問題不大。要履行第二和第三個責任，對香港的學者來說，卻是困難稍多。

學者發現了或創造了新知識，有沒有機會發表？能不能發表？發表之後會不會因抵觸法律而引起訴訟？會不會引發嚴重的道德責任（ MORAL RESPONSIBILITY）問題？這恐怕都是一般學者所最關心的，也是最擔心的。其中既涉及「學術自由」（ACADEMIC FREEDOM）的介定及其界限的種種爭議，又或大學和政府應否資助缺德的學術研究，與及如何訂立某些道德標準等等難以即時判定之種種辯題。即近日加拿大安省之西安省大學（UNIVERSITY OF WESTERN ONTARIO ）心理學教授PHILLIPPE RUSHTON發表其經十年之研究報告，結論謂黃種人優於白種人，白種人優於黑種人一說，已即時引起加國不同族裔社羣和學術界在道德層面上的重大震盪。有人提議將他革職，有人說要從新介定「學術自由」，也有人說要維護學術自由……，赤耳面紅的吵了好一陣子。在政治上和思想上比較開放的西方社會尚且有例如安省省長DAVID PETERSON聲言倘若他有革除RUSHTON的權力，他必即時將之「炒魷」之悍言。而輿論界之羣情洶湧，亦大有必誅之而後快。若事情發生於保守之東方社會，有類RUSHTON之人物，就非即時被迫了斷，其結局恐亦不堪設想。

學術研究尤其社會科學與人文學之研究，香港學者所面對之社會道德壓力和由價值判斷帶來之種種困擾，恐怕較諸西方更大。

(1990-05-03)

學者（SCHOLAR）之責任（二）

BRODE氏所舉學者之第三個責任，乃將其研究所得盡量簡化，以傳達於社會羣眾。原因是，大學或個別學者之研究經費，大部份既由社會納稅人所支付，則社會和納稅人自有獲知之權利。而學術界為要爭取社會大眾之支持，亦有廣與社會接觸並保持良好關係之必要。二十世紀之大學已經不再是象牙之塔（IVORY TOWER）。它亟須參與社會事務並向政府及羣眾提供專業意見。至少在西方來說，此已屬時勢之所趨。香港學術界如再堅守權威式的自我封閉，固非求存之道。

不過，香港學者與社會溝通亦非絕無困難。除前文所論某些道德壓力外，尚有由香港本身特殊環境造成在今日不易解決之語言障礙。蘇聯學術界用俄羅斯語（RUSSIAN），而社會大眾絕大部份同操俄羅斯語（即其境內之少數民族亦大多以俄語為第二語言）；英、美學術界用英語，而北美社會之同操英語自不待言。因此，學者與社會大眾之溝通無論在語言上或文字上都不會產生太大困難。香港則不然。學術界之精英大多留學英美自幼接受英式教育，其偏好於採用英語撰寫論文表達意見者不難理解。遺憾的是，香港社會九成以上人口實以中文為母語！這種學術界和社會羣眾在語言文字上的隔斷，在現代努力發展科技和民主的各先進社會中確甚少見。尤覺諷刺的是，在今日香港力爭所謂民主之同時，猶未知知識界與羣眾之間此種語言文字上甚或文化上之割席，正正是無法溝通、難以實踐民主之癥結所在。

(1990-05-11)

知識傳授與道德教育（紀念五四運動七十週年之一）

現代著名學者JURGEN HABERMAS於批評「現代」（MODERNITY）之同時，試圖將人類知識（KNOWLEDGE）列之爲三大類：一爲科學與技術之知識，其目標爲求真（TRUTH）；二爲道德實踐之知識，其目標在求善（RIGHTNESS）；三爲審美展示之知識，其目標於求誠（SINCERITY）。如果這種劃分方式爲當，則自然科學之學習旨在求真，而社會科學與人文學之學習旨在求善求誠，簡而言之，此即爲吾等日常學習所強調之「真善美」。

不過，一般西方學者相信，自然科學及其方法揭示之求真本身僅爲一種精神、一種方法，它並不提供道德上的價值觀念。人類社會的道德觀念建基於求善求誠求美。易言之，利用「科學方法」去尋求道德觀念，無異於緣木求魚。「五四運動」以來，我國偏愛「科學」，力倡「民主」。殊不知科學若其對象僅乃自然科學，雖其研究或有利於經濟國防，卻未必有大助於社會文化。其甚者對自然科學之過份重視，導而爲社會人文之萎縮，而「民主」之不免流爲空言虛語者，實理之固然。此正「五四」將中國學術由人文專制之極端，帶領至科學獨裁之另一極端。此後諸事無不以「科學」「不科學」爲之判定，正囿於MAX WEBER所言之「現代之鐵籠」（IRON CAGE OF MODERNITY）之枷鎖。而數十年來中國文化與社會道德之頹墮不前，「五四」獨拼力於所謂「科學」「民主」，未始不爲其因也。際此「五四」七十週年將屆，回顧逾半世紀之「科學」實踐，五四於中國之爲禍爲福，今日尚未易論斷。然所知者，國人之重科學輕人文，例如中等與高等教育課程結構之偏重自然科學忽視社會與文學研究，亦即抬捧求真之科技知識，踐踏求善求美之道德與審美知識，緣此培養社會道德尋求民主，無乃奢言。

回歸人文，正爲今日詮釋「現代」過於「科學化」之回應，亦爲療治「現代」罹染「不文化症」的除所謂自然科學外的別一相信更有效力之靈方。

(1990-05-13)

現代教學方法與觀念之變

余樂治先生（DON RUTHLEDGE）據說是加拿大多倫多市主張改革語言教學方法的先驅者。在六零年代他曾留學英國，遇上卞頓先生（JAMES BRITTON），卞頓先生是教育家裡面最早接受俄國心理學家魏歌斯基（LEV SEMENOVICH VYGOT-SKY）對於兒童成長理論的其中一位。

魏歌斯基的主張是：在父母與兒女互相影響之下，家庭的學習環境其實遠較傳統課室的列坐匙餵（SPOON-FED）知識爲有效。

余樂治先生回到多倫多市之後，便力倡拋棄過往着重於在字音和塡充方面反覆練習的閱讀寫作的傳統教學方法，而代之以學生分組討論，各抒己見，亦即通過自由的小組討論，使學生運用個人生活經驗與其前所學，去澄清並有助於提煉他們對於知識的解釋，這是一種作爲懂得思考的文人的重要質素。

那末，語言教師的主要責任卻是什麼呢？原來，他們的責任是確保所要傳授的新知識新概念已經在學生之中得到充份的介紹和討論。

所以，余樂治先生提議學生多寫與其生活有關的不同事物，反對他們做作業簿裏的塡充題。

易言之，這是將教學和學生本身的生活結合。這不單是在教學方法上和概念上的變，也許，這已涉及於教學內容的變。現代注重靈活思考代替匙餵死記式的教學方式，在人類教育史上不能不說是一重大突破。不過，在教學內容的改革方面如何能與生活配合，卻是一個今日仍是費煞思量的難題。

主要的困難是：所要傳授的重要知識不一定必能配合學生日常的生活，也不一定必與其生活有關連。例如數學方面邏輯性的思考，就未必能夠在日常生活中全可舉例以證。況且，各人生活體驗不同，調協需相當本事。一旦處理不當，課堂的討論容易變成東拉西扯，空洞無物，浪費時間。加上現代中學課程所要教授的知識太多，教學時間相當緊凑。教師能否天天抽時討論，實屬一大疑問。

結果，今日西方中學教育的缺點是：課上討論太多，實際得益太少，無足以增添實學。正應了孔子的說話：「思而不學則殆。」

至於香港的呢？卻是課上講授太多，討論太少，考試靠死記。結果是稍有所學卻欠思考能力，同應了孔子前引說話的另一半：「學而不思則罔。」

所以，現代中學教育還舊是一團糟。稍不同的是，東方的「罔」似比西方的「殆」好些兒耳。

在教育裏面責詬中國人專事死記而以西方教育馬首是瞻的人，除了要注意這一點之外，頗諷刺的是，資本主義西方的某些新的教學概念，竟是源自於共產主義的蘇俄！

(1990-05-18)

照舊罵（紀念五四運動七十週年之二）

五四運動七十週年確是一個大日子，無論海內海外，都因此舉行了座談會。聚居了二三十萬華人的多倫多，自然不會例外。

四月中旬，蘇紹興博士來電，問我可不可以在座談會上講幾句話。區區學問工夫猶淺，年輕閱歷未深，加以「五四」非我所長，復兼自己民族意識雖厚，若論以愛國，則較諸君子與革命先烈之拋頭顱灑熱血者，未及億兆之一，於此何敢厚顏議是論非？是以婉拒固屬當然，然出席學習，則樂於伏允。

是日講者六七人，蘇兄之外，尚有約克大學的方梓勳教授。而座中舉手發言者相當踴躍，氣氛熱烈。華僑不忘根本，此一佳證。

所不足者，當日言論不外兩類，一乃兩三位講者對五四之概述，餘則大多藉題發揮，旨在罵人。不是罵中國傳統文化，就是罵中國共產黨，罵文化大革命，罵中國官僚、腐敗、不民主……。至於五四所標榜的「民主」與「科學」的真義與內涵，竟無隻語片言稍作分析。

中國人愛墨守繩規，就連罵人的內容竟也不輕易改變。由早期偉大的魯迅罵「禮教吃人」，發展至今日倫理道德幾已蕩然的「人吃禮教」的「新社會」，我們還是要繼續罵「禮教吃人」，說中國七十年來沒改善，還要責怪五四運動所鼓吹的推翻中國傳統文化打倒孔家店，在這幾十年推行得不夠徹底！

區區唸中小學的時候，老師也愛罵人。學生遇見老師，大多「腳軟」，其事師也必恭必敬。今十餘年耳，情況逆轉，「玩謝阿 SIR」之心態流行。不過，論者偏還依舊說，學生不愛上學是學校怕人，是老師不夠愛心時常打罵責罰學生……。

夜深會散，大家都輕鬆暢快的走了。可能是平日難得一罵，情緒發洩了自然愉快。唉，這或許也是當晚與會者唯一的收穫吧！明天一覺醒來，大多又忙着上班了，什麼五三五四，不煙消雲散？

十年後「五四」八十大壽，大不了依例又照舊痛罵一番，省省招牌了事，看「五四」不肖子孫能搞些什麼新花樣？

(1990-06-01)

美加高等教育發展之成就（一）

美國和加拿大由於戰後初生嬰兒數目激增（BABY BLOOM），因而六十年代高等教育學位需求極其殷切。加上政府和民間都相信教育會帶來各種經濟效益，復秉主張教育機會平等之民主觀念高漲，當日高等教育之急劇擴充，顯然是向社會經濟發展現實和民主觀念要求的一種回應。美加高等教育經此二十餘年不斷之迅速發展，其所循之方向及其所累績之經驗，對香港今日銳意擴充高等教育釐訂政策之時，甚有值得參考的重大價值。

美加高等教育發展的第一個成就，是將精英高等教育（ELITE HIGHER EDUCATION ）轉化為大眾高等教育（MASS HIGHER EDUCATION ）。高等教育之普及化，顯然是建立現代平等民主社會的一個重要步驟。要建立一個公平的社會，首先要建立一個公平競爭、機會均等的高等教育制度。當然，從精英化到大眾化的歷程絕不會是坦途。例如今日在美加社會浮現的人才過剩學非所用的情況，與及高等教育質素（QUALITY）與平等（EQUALITY）及擴展 （EXPANSION）之間取捨之兩難，加上就業實況和資源之局限，高等教育普及化自然是荆棘滿途，固非可以一蹶而就。

不過，高等教育普及化仍不失為建設民主社會的其一正確方法。據西方學者如MARTIN TROW所言，若適齡學生升讀專上學院者機 會僅為百份之五的話，則接受高等教育無疑是一種特權（PRIVILEGE）。但如果將高等教育學位數目由適齡入學學生人數之百份之五提昇為百份之十五以上的話，則人們將視進入專上學府學習為一種權利（R1GHT）。若果將此百份比進一步提高至五十巴仙以上，則接受高等教育終會變成是一種義務（OBLIGATION）。這一種因高等教育普及發展而帶來在觀念上的改變，對減少社會特權意識顯然有著良好的正面作用。

據《加拿大教育一九八六－－八七》一書所載加拿大統計局發表的一九八六至八七學年度專上教育入學率顯示，加拿大十八歲至廿一歲人口就讀包括社區學院之大學全日制課程者，竟達該人口組別總人數百份之四十四！如果將兼讀生計算在內，則社會主義加拿大（SOCIALIST CANADA）高等教育普及化在量方面的成就，似尤超越 資本主義之美國（CAPITALIST UNITED STATES）！

(1990-06-04)

美加高等教育發展之成就（二）

美加高等教育發展的第二個成就，是專上學院課程內容和組合在設計上之彈性化。而貫徹之道，則爲學院結構及學科設計之轉趨多元化、多樣化（DIVERSITY）。此現象在加拿大的社區學院來說，尤覺顯著。

近兩世紀科學與科技革命帶動現代社會急劇發展。由於社會經濟結構瞬息百變，爲要迅速提供人才配合發展，高等教育尤其以教學及轉移技術爲主的書院（COLLEGE），爲滿足現代經濟社會發展的現實需要，亦因爲應付變化，所以在培訓人才亦力謀使之在就業和轉業方面能富有彈性。其策略顯與在高等教育方面走狹窄尖端路向的共產主義國家例如中國和蘇聯，因而今日造成人才過分專門（OVER-SPECIALIZATION）影響經濟發展者迥異。

美加高等教育發展的第三個成就，是「終身學習」（LIFE LONG LEARNING）觀念之確認和提倡。高等教育普及化與課程之多元化多樣化，使「終身學」之精神得以實踐。當然，在今日科技無日不新的年代裏面，「終身學」已經被視爲個人及個別社會免受淘汰的利器。美加年逾三十之中年人重返校園，攻讀高級學位或選修專業課程者，日趨普遍。筆者認爲，在經濟競爭日益尖銳和激烈的今日，香港人對於這一種不斷進修之求存之道，沒有理由不予接受，進而身體力行。

(1990-06-05)

九十年代香港的教育結

香港社會近年急劇轉變。產生變動的不獨人，還有那樹人的教育。在社會蛻變風尚遽改之下，教育界一時頗措手不及，難題諸種，作爲教育工作者爲之應接不暇。在位者急將起來，爲醫教育趦趄不前之弊，一時藥石亂投（例如《教統會第四號報告書》提出的某些改革意見、新的中六招生程序等等），鬧個天翻地覆，可害苦了在其下的教師，給搞個腦昏半死，迷失方向。

如果香港教育原來僅是一種職能訓練，學生之上學不外乎習藝以謀生，那麼，香港教育確就不能不與「經濟」掛鉤。察諸北美教育在學制和課程方面採用「彈性」「多變」來回應因科技革命而來的二十一世紀社會的急劇轉變，此在東方社會來說，有否值得參考之處？香港未來的教育制度和課程設計應不應走彈性與多元化路線，使其可以因應社會之常變而常新？在資源緊張的局限之下，香港教育應建立何種機制使之易於自我調節？香港的中等教育可否依工業（包括職業先修）、文法中學而非以教學語言而分流？工業中學和文法中學的數目比例和課程結構如何才謂之切合社會需要？香港政府設立城市理工學院和科技大學之時，是否錯失了一個可以藉以調整或重組本港中等和專上教育架構的良好機會？

若適當發展工業中學並使之與理工學院及科技大學自成一教育階梯，而文法中學則與港大、中大、浸會別樹一途，這會不會是本港未來教育發展的更佳安排？（蓋此不單可以提高工業及職業先修學校的競爭能力，復可消減一般家長對工業及職業先修學校的歧視態度。）

如果香港教育乃香港政府提供的一種社會服務，那麼，學校該是教和學的地方，抑還是一處給未足十六歲的小朋友們日間聊以棲身的庇護所？（此點亦甚重要，因爲，學校屬性的界定與其應否具有開除學生學籍的權力有直接關係。）而學校所奉行的，應該是普及教育還是精英教育？（請注意，享受由政府提供的社會服務看來是現代公民的一種權利。）在社會資源不足之下，教育應以質先還是量先？

教育乃萬年大計，決不可長期茫無方向。語曰：「當斷不斷，反受其亂。」九七期近，須斷者多，未知上位者可曾思之否？

(1992-01-23)

值得表揚的鍾校長

友人說鍾良施校長提早退休了，去了加拿大。這確是香港教育界的極大損失。

筆者與鍾校長並不稔熟。只因小兒曾拜鍾校長門下，數年啓蒙化雨，筆者間接亦同沐春風。

作爲一位令人景仰的教育家，鍾校長對於培育下一代固然是廢寢忘餐，席不暇暖，自有其崇高理想。然而，最令人印象深刻的，卻還是她那披荊斬棘的過人膽色，和遇事絕不推諉的樂於承擔責任的無比勇氣。處於現在教育俗流之下，是很不常見的。

要評人品物，固非易事。於教育而言，尤覺倍難。因爲，可以用來量度「功過」的客觀準繩不多。一人之名，一校之譽，大抵端視乎考試成績。殊不知除學生考試成績之外，尚須看其人在學校裏面能否孕育出一種優良的傳統，有否凝聚出一種羣性的歸向力（如歸屬感），有沒有培養學子一種高尚典雅的文化藝術氣質。

學業成績是「教」；傳統、歸心、文化是「育」。

教易育難。鍾校長的心血結晶———中華基督教會基灣小學上午校，卻是兩者兼得。譽之爲教與育之真「名校」，實理所當然。

「智仁勇」是儒道精粹；「信望愛」是基督本義；公平、勇敢、事奉上帝，是中古歐洲騎士精神。鍾校長兼具融貫，復而身體力行。她不單已爲本港小學教育樹典立範，在香港甚或中國教育未來路向的探討裏面，她的功業亦至堪借鑑。

鍾良施校長是一位值得我們表揚的真正的教育家。筆者在此遙祝鍾校長在加拿大愛民頓市爲教育下一代炎黃子孫而奮鬥成功！

(1994-01-13)

「快樂」的教育

近讀明報某專欄，有學者慨言今日香港教育混亂，羣龍無首。為政之雜亂無章，蓋不今始。自所謂「教統會報告書」以來，已發其端。千革萬改，總要革改。改革之間，可互無關連，可各不呼應。但求「珠玉紛陳」，復又「多快好省」。不期令人憶起漢之新莽、宋之熙寧、近之文革。其為禍之深，令人惻然。而今在上之所賴，竟亦不過教師之一腔熱血（有類革命熱誠，皆出在上者之主觀意志）。其是禍是福，殊難卜計。

今日課程要改，改而為「課程為本」（TOC）；學制要改，改而為「一班多級」。「課程為本」之最打動人心者，乃謂其能使學生「快樂地學習」。殊不知此「快樂」二字，在此既乃空言，析而剖之，實亦「糖衣毒藥」。因為，對還沒養成讀書習慣的學生來說，讀書本不「快樂」。而若要養成治學習慣，卻又必先要下「痛苦」功。即就教育言之，接受教育亦絕非盡屬樂事。蓋教育乃抑制人之惰性惡根，發展其勤性善本。蒙童學子，平日多愛吃喝玩樂。其劣根一旦在學校處處受制，何「快樂」之可言？

因材施教，乃指各長所專長。因教施材，毋乃對人性怠惰之投降妥協，而美其名曰「使之快樂」「免之受苦」。殊未知不嚐真苦，何來真樂？況痛苦乃人生之現實，受苦受挫折乃生命之必經。而教育之另一目的，正是要教學子面對失敗挫折之痛苦，從中磨煉品格。能經考驗，方是成長。遇事諉責，動輒以破壞為洩憤，以毀滅相要脅，教育焉得謂之成功？

諉過乃人性之常。將學子成績低劣解釋為課程太深，於是學子之惰、教師之惰、家長之惰、政府之惰，同可脫罪。事實今日學子學習水平之日趨下降，課程未必是罪魁禍首。其過或在於「我屬無罪，罪之在他」的不良心態。此正與今日美國社會流行之「depersonalization of blame」和「medicalization of sin 」同科。Charles J. Sykes 且謔此為「嬰啼之國」（nation of babycries）。

向人性嬉戲玩樂之劣根妥協之美國教育，在杜威所謂「learning by playing 」變成是「playing by playing 」之下，已不幸為 今日美國社會塑造出一種新文化，— culture of victimization（受害者文化）。在終日遊戲玩樂長大的美國人，誤認為生當快樂無苦（pain free）。一切之苦，全屬外界引發，— 亦即罪之在他。於是，養妻育兒之苦，甚者賭敗之苦、醉酒之苦、犯法牢獄之苦，一切皆由社會之不善、他人之疏忽等而產生。亦即皆緣他人之過錯，我乃無罪，我乃受害。不單不須承擔責任，且可振振然索償！

追求快樂擺脫痛苦乃人生目標。學校為學童營造和樂之學習環境，亦天經地義。然此絕非指學校定要學生快樂。蓋教導學生如何追求生命之真樂，與學生應該快樂，二者絕不同義。前者乃教育，後者易濫發為放縱，— 一種基於快樂天生之謬說而來之肆無忌憚。

快樂並非天予，追求快樂的方法亦只有艱苦奮鬥。事實宇宙並非僅為要令我們快樂而產生而存在的。

前賢教人吃苦，今人叫人享樂。孟子曰：「生於憂患，死於安樂。」盲目之變，恐非是福。

(1994-01-20)

兒童中心主義

杜威在教育方面所倡之兒童中心主義（或兒童本位教育），於改善中國傳統舊教育裏面教師的專制獨裁，顯有積極作用。不過，在今日的教育來看，兒童中心主義也不是百利而無一害。過份強調兒童本位的教育弊病至少有三：其一爲教師地位之過份貶低，其二爲學校生活之缺乏紀律，其三爲個人中心主義之日益高漲。

教學以兒童之興趣爲出發，筆者認爲，只可作爲輔助教學的一種方法，一種手段。它不應該主宰對兒童智能發展而釐定的學習課程。換句話說，訂定學科課程的主要考慮是知識本身，而不是兒童是否覺得有趣。

何以言之？蓋教育乃知識與品格有計劃性有系統性的灌輸和培育。它主要的目標是兒童的合理成長，而決不是兒童的興趣。不同兒童有不同興趣。對兒童興趣過份重視是現代教育的毛病：兒童說沒興趣的科目竟可以不學。兒童學習上的惰性每被強責全因教師教學之無方，未能吸引或培養學生學習的「興趣」。殊不知對大部份的學童而言，吃喝玩樂始最感興趣。至若寫字讀書，終不免視爲苦差。如今單從兒童吃喝玩樂的所謂興趣圖望完成其教育，相信難之又難。

「咁鬼悶」（boring）與「理鬼佢」（who cares）是今日加拿大 小學生流行的「口頭禪」。在他們的心目中，除了對看電視、打曲棍球（hockey）、滑雪（skiing）、打棒球（baseball）等活動最感興趣之外，要他們記數學公式念英文生字，可謂乏趣之極，大多叫苦連天。而做教師的呢，一聲教學須「從兒童興趣出發」，須要「由兒童自決將來學習什麼和從事什麼活動」，即可袖手旁觀。其甚者習作可以不批，錯處可以不改。這算是什麼教育？

懶散、缺乏紀律、個人主義，是今日西方教育的最大弊端。而由此成長的人，工作散漫而欠缺效率，不圖進取又不負責任，不能忍受工作壓力，動輒辭職不幹。這股不良的風氣，實爲美加社會經濟發展最大的絆腳石，亦同爲香港未來發展之隱憂。濫用兒童中心主義，將教育解釋爲自我個人興趣的培養，那教育必將逐漸喪失其目標和意義。

在教學上純任囫圇吞棗的機械式死記方法（rote learning），無疑會扼殺學生的獨立思考力。但，爲要順應學生「興趣」而完全放棄要求學生訓練記性，卻也不見得是個有助於發展學生智能的最佳方法。

(1994-03-05)

西洋夢

年青的學生總愛作夢。

愈有理想的學生，夢想愈多。

十九世紀中國被西洋人船堅炮利一轟，中國的年青人被嚇得神恍情惚，魂飄魄蕩。在自愧形穢之餘，無不奉西洋爲圭臬，痴情眷戀，幾失本性。

西洋，你是那麼的迷人，是那麼的完美。

西洋，你變成是近代年青學生的夢的主題，夢的內容。

不過，試試往西方跑跑吧，揭揭這西方神秘之謎吧。你大可以回東方去縷述西方的傳奇，誇耀自己的遭遇。不過，其心態卻是和香港人回鄉吹噓自己怎樣怎樣的美好沒兩樣，是在見聞未博的人面前虛構故事，滿足自己優人一等的口舌之慾。

誰知天下老鴰一般黑。就談公平吧，加拿大天主教學校例不收非天主教教徒，這是宗教信仰的歧視（religious discrimination）。 要幹活嗎？五十歲以上的人可苦了。原來年庚五十在一般西方人來說，正是工作過倦退休嫌早的青黃不接的尷尬期。即西語所謂：「too tired to work,too early to quit。」這等人轉職既難，因而 備受僱主的揶揄欺壓，自不待言。有忍耐力者苟且偷生，捺不住氣者憤則辭職，卻是從此失業。這是年齡的歧視（age discrimination） 。可不要說美加沒有種族歧視（racial discrimination）呀，白人和黑人是各分各區的住。華人、印度人及其他少數民族如意大利、猶太人、希臘人……，亦莫不如是。凡是黑人或其他有色人種陸續搬入的地區，白人就陸續搬出去。這一區的樓價，可就有了下跌之虞。

多一分歧視，少一分公平。傳說白種人是處處都講公平的民族。原來，這也不過是一場誤會，是嚮往自由公平的東方人自己編織的一個美夢。

中國年青學子的這種綺夢，引發了他們那留學上進的衝動。雖則我們要向西方學習的猶多，然而，若因而將東方社會文化和教育說成是一無是處，那倒真要多往西方走走，住他一兩年，也許發覺，至少在今天說來，中國人的前途，原來還得寄望於中國！

(94-03-12)

香米煨焗黃雞

Ruth Hayhoe 教授是多倫多大學安省教育學院研究中國高等教育問題的專家。

八九年三月，她獲委爲加拿大駐北京大使館文化事務一等秘書，八月走馬赴任。爲了這一件天大的喜事，Ruth 不但快樂到不得了，還請了她幾位對中國有認識的好朋友往她家吃飯。

區區忝爲被邀者之一，奉陪末座。

殘陽赴宴。平日熙來攘往的 Downtown 那難得的一時寧靜，烘起了 Ruth 家中的一片書卷氣息。鎮日沉迷於中國教育研究的她，廚藝雖不甚精，但誠懇真摯之招呼，倒已教人賓至如歸，無拘無束，尤勝乎美酒佳餚，山珍海錯。

主菜一道，乃「香米煨焗黃雞」。去品嘗用中國白米作配料來燒成的西菜，這還是第一趟，可謂新奇之極。

但新奇之餘，卻還吃出了箇中意義。原來外來文化不能照抄，不能盲目移植：要選擇，要過濾，要轉化，要使之適合國情，要使之豐富並更生固有文化。

Ruth 選用中國白米做配料，乃接受外來之新。然而，她煮的方法卻還是依舊的「焗」而不「炒」。西洋人對中國人紅爐烈火加酒加油的大炒特炒，偶爾在唐人街中國食肆吃吃無妨，學倒沒甚興趣。因爲，總怕那油煙翻騰的油漬氣，沾污了那壁白的牆紙和傢俬。況且，爲了節省暖氣，平日窗戶本已關得緊緊的，有些還用紙條糊過密不透風的，屋內那容得鑊氣沖天？

這是不同生活環境之下產生的不同文化。它展示了不同的價值觀念，不同的生活態度。

飯後聊天，對中國教育各有見解，Ruth 還出示她在上海復旦大學教英文時同事們送她的圖章、國畫，才知道她也有個中文的姓名叫做———許美德。

興之所至，即書「熱愛中華」四字相贈。不意 Ruth 喜愛之極，謂要掛在駐北京大使館她的辦公室裏面。

夜深人散，從上海來的那兩位學人說要先走。大夥兒在門外話別，沉默的中國學人面上堆起的硬笑容，總掩不住他們內心底憂鬱落寞。目送他們隱沒在漆黑的小道後，教育學院秘書 Mary 夫婦硬要送愚夫婦往車站，內心卻突然泛起一陣莫名之感傷……。

善良的中國知識份子呀，你們患的「范仲淹情意結」，爲什麼揹上了好幾百年還沒開解呢？唉，也許是自己瞎猜，祇是「香米」挑動了他們的思鄉之情吧！

(1994-03-19)

燒線裝書？

多倫多大學東亞圖書館珍藏的線裝書，據規定，只可翻閱，不許借出。有些珍版的還鎖在玻璃扉的鋼櫃裏面，頗令人望之生畏。偶爾經過，站在遠處的圖書館管理員總瞟你一眼，甚於防賊。

線裝書是東亞圖書館的珍上珍，寶中寶，恐非誇言。

在二十世紀的中國可不然，要將線裝書扔往毛坑燒個清光者，記憶所及，五四時代陳獨秀在《新青年》叫嚷過。在這一點來說，巴金老人當日也可算是陳老的同道。近讀其《病中集》，不意發現巴老晚年良知泣訴、字字血淚的肺腑言：「我年輕時候思想偏激，曾經主張燒燬所有的線裝書。今天回想起來實在可笑。一個歷史悠久的文明古國要是丟掉它過去長期積累起來的光輝燦爛的文化珍寶，靠簡單化、拼音化來創造新的文明是不會有什麼成果的。」（「漢字改革」頁三四。）

不妨打個譬喻：文化者人之衣服，衣服切要合身。燒光了自己的衣服硬拿別人的來穿，結果是不倫不類。燒光了自己的卻又不肯穿別人的，必會是赤裸的不文化，容易淪落爲獸。

新衣自可替舊裳。但，在沒有新衣之前，舊裳還得要穿。雖或陳舊霉爛，總可蔽體，比之光著身子沒了羞恥好。當然，我們還得要緊記，縫新裝的第一步工夫是度身。

我們作爲教育和文化工作者，與其爲看外國時服而目眩，不如踏實點，先做些替自己度身的工作。

(1994-04-16)

莫悔進入研究院

讀了天恩君《懊悔進了研究院》一文，筆者作爲學術研究而未有學術機構容身的過來人，感慨亦多。天恩所言，大抵確是實情。但是，就筆者所見，在美加真正從事學術研究的有志之士，要面對人浮於事隨時失業的重大壓力如天恩君者，比比皆是。僥幸找得工作的，即使職位低微，薪酬僅可餬口，仍要年年擔心上面一聲經費支絀便要被炒被裁，幾乎是食不甘味，睡不安寢。

大學，已經由道德文化的重心變成是名利鬥爭的利祿戰場。它的性質和運作，其實已經和商業社會沒有太大的分別。

所以，在美加，某些飽學之士（是不分種族的），爲了生計而被迫轉職轉業，司空見慣。對大陸自我放逐而來的爲兩餐而淪爲唐人街廉價勞工的學富五車的中國學人來說，何嘗不是絃斷心碎，淚灑西洋？

不過，請天恩君切莫懊悔。因爲，要做一個優秀的人，相信最重要的還是首先要安於和尊重自己所選擇的人生路向，———亦即安於自己的心。作爲一個學術的工作者，如果太過牽繫於物外的名利，記掛於人事，那就必自陷於幻得幻失的孽網。

近重讀恩師嚴耕望教授《錢穆賓四先生與我》，對嚴師「真能安貧樂道，生活容易滿足」，「澹泊自甘，寂寞自守」，「一向以道家自處，以儒家待人」，甚是發人深省。道家主順乎自然，儒家倡「正其宜不謀其利，明其道不計其功」，正是失意於學術工作的人更應抱持的平靜態度。

可不是吃不到的葡萄是酸。請看看在香港大學無風無浪平步青雲的學者們，倒未必是盡樂的。年來風頭甚勁的陳耀南教授，也曾有過悔讀文科之歎。張大教授五常先生，因「賣桔」而名重一時，其關懷國家民族的情懷，筆者素來景仰，近日卻頗反常態，竟捨經濟而醉心攝影書法藝術。由「外王」而轉爲「內聖」，隱遁意味頗濃。若再以銀兩論英雄，則甘心澹泊的世界級知名學人嚴耕望教授、牟宗三教授，面對炒樓炒股財滾滾的教育界同工，將不免爲之苦笑。

因此，真要搞學術研究的人，第一個條件是要能忍受貧賤，忍受寂寞，———要備有一種自我犧牲的精神。

人類文明是由偉大人物秉承自我犧牲精神以血以淚來推動的。他們大多數並非得意於當世，甚者潦倒終身，飽受迫害折磨。記憶所及，著名科學家伽俐略是給教會活生生燒死的；哲學家羅素、馬克思一生是潦倒的；音樂家莫扎特、畫家梵高……，都是抑鬱而終的。凡此數不勝數。

在此，筆者謹向年青的有志於學的人進一言：爲了人類的未來，切不要因一時的挫折而完全放棄自己的理想。你們要努力考入研究院，繼續前賢的奮鬥。願與天恩君共勉。

(1994-04-23)

文化

文化是一種狀態，是一種共同的道德標準和價值觀念，它由生活和歷史產生。所以，不同國家有不同文化，不同種族有不同文化。

不過，文化之內容雖有不同，但在文化裏面所表現的人類尋求完美（perfection）的精神卻是一樣。所以，若從求完美的角度來看，人類的文化恐怕只有一個。

學習自然科學，除了認識自然和宇宙之外，它本身也許不會帶來太多恆真的價值和道德觀念。它在文化上帶來的最大益處或許只是一種態度：一種不盲目（blindness）、不盲信（fanaticism）的客觀的態度。不過，若將自然科學之客觀和合乎科學來推想人文學乃主觀和反科學，其方法本身已不合乎科學。

人文學其實是演繹人類文化的最重要科目。它採用的方法，也是通過客觀和冷靜的觀察，作合情合理的辯證和思考。它的目標，是要理解人性和人類價值與道德標準。它的方法和精神，同樣是客觀而科學，固非憑虛而發，作無根之談。

也許有學者說，自然科學努力於探求宇宙自然秩序之美，而人文學和社會科學則努力於探求人類道德和社會秩序之美，彼此對象不同，前者可以準確計算，後者則異，故有如C.P.Snow之曰：「兩種文化。」

不過，若從Matthew Arnold所論謂文化乃「完美」之學習 ，則文化自沒種族、階級之分，亦無所謂科學、人文之別。

世上似覺沒有不求完美的民族，不求完美的學術。

人文主義者例如儒家尋求人性道德之完美；宗教家探求並宣揚天國之完美；哲學家數學家探索邏輯之完美；藝術家探求在視覺上和聽覺上的藝術之完美……。他們在文化尋求完美的道路上基本還是殊途同歸。

在教育裏面，我們特別需要灌輸和強調這種尋求完美的精神。因爲，教育的其一重要目標，是要培養學生成爲一個有文化的人：譬如說，測驗考試之求取滿分，當發諸一種尋求完美的精神，而決不是緣於以擊倒對手爲樂的不良心態！

(1994-04-30)

《莫悔進入研究院》刊後

鄙文《莫悔》見報，不意引起岑逸飛學長的回響（見四月廿八日明報副刊《自學的局限》，語甚精到。《莫悔》一文，不盡爲天恩分憂而寫。身爲教師，爲要向學子交心，有責任粗述一己陋見，以供參考。冀望年青學子，堅定志向。在今日學術界同鬧飢荒的艱難日子裏，越來越多年青人視研究院爲畏途。這種現象，絕非人類社會發展之福。拙文實本此而發。區區何德，從未想過替天恩解困，不自量力。

至於岑文以科學實驗昂貴，「安於所學只適用於文科」，筆者殊不同意。因爲在今日重視集體分工（team work）的學術研究裏面，不論文理，不限實不實驗，都是「無錢不行」，都不能閉門造車靠「自學」，都有所「局限」。治文科的貧窮學者，若沒有盤川（機票食宿動輒過萬）到外地作學術交流，沒有經費（以數十萬計）維持工作小組蒐集新材料，出版新著作，同樣死直。

面對暗淡的工作前景，一時間志趣動搖，該怎辦呢？一是忍耐求變，安於自己；一是索性轉行，實行意志以金錢爲轉移，全力抓銀，從此與學術絕緣。若不想前功盡棄，則鄙文原稿有「研究領域多的是，其有無成果，並不完全看大學的實驗室」的陋見，可能因篇幅所限，見報時少了這一句。其實這句不要也罷，因爲筆者學淺識薄，亦非哲人，對天恩的工作一無所知，實在不宜信口。況天恩信是高人，自有紓厄之道，區區豈敢曝醜？

在今日，學者若不知通變，難以自全。英國李約瑟教授（Joeseph Needham）和恩師何丙郁教授原念化學，後來改研科技 史，結果一鳴驚世，成就非凡。這是知通變而成大業的佳例。年青學子若能專心致志，本著「飢寒窮困本書生常分，僕處之不戚戚，固宜」（蘇軾題王晉卿詩後），忍飢受寒，先在心境上安於所安，再而知時應變，那麼，雖是山窮水盡，總會有柳暗花明的一天。

筆者乃小人物，日爲兩餐，無暇晷以追上「時代」。教了二十年書，俱往矣。近日學生愈來愈多的污言穢語，缺德敗行。痛心之際，難免迂腐地問蒼天一句：這究是個什麼年代？

(1994-05-07)

一卡知秋

潮流興「閃卡」。閃卡者，舊日所謂「公仔紙」也。不過，其本質卻是大不相同。

孩時的我，好玩拍公仔紙。一毫幾仙十數張（當時街邊檔叉飯五毫一碗），可以玩足幾年。公仔紙愈殘舊愈心愛。方寸厚紙上，印的大多是「三國」、「水滸」、「西遊」的人物。筆者善記歷史，掌力不弱，大概是和幼時拍公仔紙的熱心有點關係。

今之閃卡，所印者是偶像明星，兼且愈新愈好，價貴之極。大時代民豐物阜，社會大眾尚且以金卡論身分，學生哥買多幾張閃卡來炫耀一下，以示追上時代，本來不宜深責。但最要命的是，學生竟會從中炒賣！可憐他們寶貴生命中那最無憂最快樂的童年，就此被各種時興的玩意兒所枉送。害得色迷心竅，提早被金錢被虛榮勞役。

黌宮之中，黃賭毒已教今日的教師頭大，今年還多來一個炒賣。唉，「學校即社會」，貼切得很了。

商家肥了，學生壞了，教師可苦了。無助的教師正在牆內作困獸鬥，在牆外牟取利益的社會諸色人等，還指手劃腳，嫁禍學校，然後再拿老師來出氣。

衙門也不甘寂寞。大時代要做巨工夫，要搞搞新意思。外面的管不著，好，那就去動一下課程的根，革一下教師的命，「TOC」，哈，話說「天下合久必分」嘛， 分得好！

罪名成立，無力的教師給釘在十字架上。下面圍觀者有紅光滿面肚滿腸肥的，也有僞善者、假人道主義者……。再遠一點，一小羣面青唇白腦袋空的慘綠少年，正在開派對祝捷。

「成了」！一卡知秋，香港的教育也完了。

教育是文明基石。英國歷史學家湯恩比（Arnold Toynbee）指出 ：在二十一個業已被毀滅的文明裏面，有十九個並非喪命於外來的征服，而實係自毀於其內。

焚香祝禱，伏願香港，繁華永享。

(1994-05-14)

拗頸

余生不好辯，但好「拗頸」，愛提問題。好辯乃有所為而為，「拗頸」乃無所為而為。

讀中學時，上聖經課，老師講主耶穌基督食罷最後的晚餐，替門徒洗腳。耶穌「道成肉身」竟紆尊為罪人洗垢，實在感人。感動之餘，突然靈機一觸，舉手敬問老師：「阿 Sir，這會不會是耶穌飯後，就地借門徒的洗腳盆洗手，造就了這一個美麗的誤會？」阿 Sir 道淺，為之語塞，而自己則幾乎變成是魔鬼。罪過！

上大學導修課，班主任恩師孫國棟教授談治史於世有用。突然靈光一閃，舉手敬問：「有用無用端視乎就業機會。就此來說，讀中文會不會更有用？」孫教授是位好老師，自己少不更事，今天回想起來，也有點內疚。

進入研究院，讀了陳垣、羅香林諸前輩大師有關玄奘西征年代的文章，又挑動了自己那好拗的精神，寫了篇《玄奘西征年代考》的劣文。恩師牟潤孫教授讚好，糊裏糊塗的考了第一，獲頒「哈佛燕京獎學金」，是五千大洋（約為當日中學教師的四個月糧）。都拿來買了一堆現在還沒有升值的書。

其後往港大念書，憑著好拗精神，左研右鑽，寫了《北魏與蠕蠕關係研究》一書（台灣商務印書館，一九八八年版），冒昧地指出中外前輩學人如張星烺、馮承鈞、岑仲勉、錢穆、周一良、伯希和（P.Pelliot）、藤田丰八、羽田亨、R.Grousset 的某些錯誤見解，並提出新理論。這一回獎品最大，是個 PhD。

不過，拗頸要看對象。遇上博學多才胸襟廣闊的老師，不怕和他拗，你越拗他越歡喜，知道你懂得思考，從不會定性說你在向他挑戰。香港前輩學人這種宏大的器量，某些西方學者看來稍有不及。因為筆者八九年在多倫多大學安省教育學院進修教育碩士課程時，因為死性未改，終珍撞了個板，險些兒斷送了攻讀第二個博士學位的機會。

（1994-05-21）

學術乃市場？

有學者認爲：學術「從供求的角度看，算是一個市場」。此論對於爲滿足社區需要而設的、年年據供求關係調節課程調動教師的社區學院（Community College）來說，也許有點道理。但， 對於大學（University）的學術研究來說，卻是似是而實非。

此論既曲解學術之意義，亦貶低大學的地位。對於終身從事學術研究而未能在有生之年取得成果，又或成績暫未獲得肯定的學人們，尤不公平。

將學術當作「供求」，當作「市場」，是短視的見解。政府正正就是利用這等理論，去削減大學經費，甚者干預學術自由。一聲沒有「市場」，不站在政府一邊的研究，都要抄斬！

學生歡迎的熱門學系固然身價高。但，請不要忘記，身價就是怎高，現在還是個虧本的學系，還是要靠納稅人的錢來活命。

計計成本吧。沒有了政府的資助，大學學費對學生來說，將會是個天文數字。到時，倒要看看有什麼人去讀，有什麼人去「求」。

單從自由市場的經濟觀點計，賠本的市場早該關閉。如果學術是個市場，那麼，這個由政府補貼蝕錢的東西（它不同於政府提供的「服務」，「服務」不是市場），老早就應扔掉！

別人也許會用人力資本（human capital）的理論來申辯，說政 府投資學術的研究，支持教學，乃物有所值。可惜是，第三世界三十年來的實踐證明，回報率還不及築一條公路，建一個港口。

那爲什麼社會還會支持大學呢？只因爲，人們對它有個期望：它是道德、文化、知識和教育之所在。它有本領改善社會，帶領人們登上坦途。政府若要摧毀不談「價格」不談「供求」的學術，就是摧毀文明，向社會挑戰。

所以，學術乃「供求」乃「市場」，只能是一句戲言，但這玩笑開不得。他日社會果真把心一橫，把大學的經費改去投資股票，就讓學術自成市場，自食其力。那時倒真是自討苦吃了！

學術只求真善美，它本身不應屈從於「供求」，亦不會是一個由「價格」來決定的什麼「市場」。

(1994-05-28)

責人須思理

最容易損害同學間、師生間情感的，恐怕是「急躁」兩個字。

急躁是現代人的特徵。時間即金錢，最緊要快。不單快，還要鬥快，一急起來，脾氣自然暴躁。

同學之間，甲還沒將話說完，乙就急不及待，動手打人。老師還沒將話說完，同學們就喧聲震宇，恨不得把老師宰掉。學生還沒將話說完，老師早就怒氣攻心，想罰他個半死。

用語言文字去傳達意思，本來已極不容易。也許，語言文字根本就沒有可以將人們的所思所想完全表達出來的本事。這一種不足，再加添人們的急躁，由語言文字而產生的誤會，自然是火上加油。

在現實生活之中，這種誤會是十分常見的。且舉近日一例：

張五常教授大文《莫把學者超然化》（見《壹周刊》九四年五月十三日），將拙文《莫悔進入研究院》（見本欄四月廿三日）對天恩君的同情與感慨，說成是筆者的「自怨」。拙文推崇嚴耕望、牟宗三教授的「澹泊」，原指有使命感的學人，生活粗安後，便專心治學，不在名利中打滾，不天天爲計那「身家」「身價」而殫精費時。張教授卻將之強扯爲「孩子們的起居飲食怎麼辦」，復替女兒因之沒錢上大學而「心酸」。張教授所要狠批的「澹泊」，與嚴教授之所指，實則是風馬牛不相及。若將清茶淡飯之樂，等視爲兒女飢寒交煎之苦，那更是失諸毫釐，謬以千里。

又拙文舉西方偉人，僅謂其在生時或「失意」，或「潦倒」，或「飽受折磨」。筆者絕未說過他們是甘於「澹泊」。萬料不到張教授竟會以此暗責於我，斷論爲「更大有問題」，要趕忙去揭他們有市儈不甘澹泊的所謂真面目。

平心靜氣寫的文章，尚且帶來莫名的曲解。急躁時語言上的對談，可更要小心謹慎了。

所以，凡事先要冷靜，責人須思理。讓學生講清楚，自己聽清楚。冷靜分析，設身處地。很多時，孺子之說也未必一定是全無道理。

筆者偶亦急躁犯錯。其中以錯責學生的時候最覺內疚。

(1994-06-04)

舒特拉的名單

小兒要看電影《舒特拉的名單》（Schindler's List），擾嚷了一個月，昨天終於買得戲票，一家人如願以償。原以爲看了戲後，耳根可得清淨，誰知看後，卻是內心的起伏不定。

也許筆者是念歷史的，《舒》片帶來的感受就愈加刻骨。

《舒》片以描述猶太人慘遭納粹殘害爲題，揭發人類嗜殺的獸心爲目。殺人總得有個漂亮的藉口，例如說：猶太人不是人。原來，人有殺那被品評爲「不是人」的權力！只要「不是人」就殺得心安理得。集中營司令官葛夫一時興起，大可舉槍射殺過路的婦人。理由大概是，過路的婦人不相識。亦即是說，人有亂殺「不相識的人」的權力！只要不相識，那就心安理得了。

什麼是權力（Power）？《舒》片也有交代。舒特拉說：「能殺而不去殺，才是真 Power！」

震慄之餘，《舒》片也帶給我們一個新希望：人性裏面，善的力量還沒完全消失。舒特拉憑一顆善心，就救回了千多條人命。只要善心一日猶在，人類和平相處的夢想，就有實現的希望。

最後關頭，舒特拉選擇了救人。令人想起《無名英雄》（Accidental Hero）裏面外表市儈內心善良的可愛的 Bernie Laplante。Laplante 是個凡夫，舒特拉卻可追聖人。劇末，舒特拉還在流淚，悔責自己沒將轎車和襟針也賣掉，多救十個八個人。這幕是最撼動人心的。

舒特拉和 Laplant 都有個純潔善良的靈魂。善良的靈魂，是人類是存是亡之所繫。

教育，就是要壓抑人的惡性，助長其善根。教育，就是要培養愈來愈多不會出賣良知靈魂的重人命輕錢財的舒特拉！至少，也要做個 Laplante。

六千舒特拉猶太人的後裔，今天正過著安定的日子。落幕時，他們正列隊在舒特拉的墓前感恩憑弔。他們當不會如蒼蠅之伏在十字架上，嗡嗡地叫，正義之戰勝邪惡，是全賴它豆眼之中「錢財」的兩個字。（1994-06-11）

拔本塞源

OISE的女殺手

在多倫多大學的OISE（Ontario Institute For Studies In Education）裏面，傳說卡博士是專斬中國留學生的女殺手。兼且要求極高，「肥」人當食生菜。來留學的中國學生，莫不避之則吉。

區區拗頸，就偏要去修她的Semantics（語意學）。

踏入課室，偌大的課室裏面，冷清清的只坐著五、六個三十歲外的中年洋婦。沒一個男，也沒一個亞洲人。心裏登時一冷，有了不祥之兆。

卡進來了，個子不高，身裁纖瘦。她的博士銜是剛從Montreal拿的。新鮮出爐，信心爆棚。神氣的她站在大書桌前，橫眉一掃，看見座上那唯一的男，獨一的黃，她嘴縫稍裂，泛起陰陰的笑。自己即時打了個顫。

卡確有實學。修她的課得益甚多：功課多、資料多、思考多。對我是一種磨煉，也是一種考驗。

卡很有主見。她認爲北美洲的英文不是英文。她認爲語言可以用科學方法分析，可以從中找出共同規則，可以做實驗……。一登「科學」，便是神聖。

爲證語言乃「科學」，其中一堂專講事物（things）的類歸（categorization）。講解之間，她突然轉身在黑板上大筆一書：「Men are Animals 。」 Men指人類，但大家卻藉故望著我笑，真尷尬 。唉，在大學裏面，不但有種族歧視，原來果真的還有性別歧視哩。這一次的受害者，卻不是女的，而是個由香港遠道而來的醜男。

莫爭朝夕意氣，學術純任理辯。筆者在學期末的論文裏面，大膽以所知的中國思想和語言，試攻西方語意學之大道理。卡博士介紹認知過程中投射世界（projected world）與真實世界（real world） 有別的二元說，筆者偏要拗下頸，講一下世界一元說，否認真實世界Out-there之存在。後來，就連內心世界的In-there也推翻，變成是佛界的色即是空的No-there。此外，又數舉例證，力陳中國語言涉藝術，涉意境，涉背景……，西洋語意學之所謂科學規律，未必可以將之涵蓋，將之析解……。結果卡甚不悅，將筆者原先的成績連降二級，猶幸及格有餘，湊夠學分畢業。平均成績不錯，可以直入博士班，然亦一額冷汗矣。

剛入大學的新丁們請小心，有些教授確是不好惹的！(1994-06-18)

移民慮：孩子的教育

很多人說，移民是爲了下一代的教育。言下之意，香港的教育叫人失望；言下之意，西方的教育優勝過人。

筆者剛僑居楓葉國時，對戶洪先生一家也剛抵埗。洪家小寶貝Peter，入讀北約克的公立小學。在多倫多，北約克教育局（North York Board of Education）是甚具名氣的。洪家歡天喜地，滿以爲Peter的教育從此無憂。

誰不知開學還不足三個月，洪太便來訴苦，說Peter的脾性變了。平日頂乖巧頂聽話的他，放學回家，不問安，不打招呼。鞋襪衣服扔個滿地是。打開冰箱，就亂拿東西吃，拿汽水飲。舊的還沒吃完，只要少爺喜歡，就開新的。愛怎樣就怎樣，從不問人。

吃飽了，懶洋洋的躺在電視機前面，看他心愛的「G．I. Joe」。

沒有書溫，沒有功課做，沒有驗測，沒有試考，沒有壓力。天天吃喝玩樂，快樂的教育！

快樂的代價是脾氣壞：個人主義、自私、沒禮貌、態度差。在學業方面，新的知識沒進賬，連原先在香港學過的也忘掉了。

快樂的背後，其實也隱藏著孩子的眼淚。Peter 那反叛式的自我放縱，極可能是一種宣洩不滿紓減壓力的表現。在一個完全陌生的學習環境裏面，語言不通，加上要忍受同儕那文化上和種族上的白眼，在快樂主義放任式的加拿大小學教育下，他底駭人的轉變，是毫不出奇的。

移民本是爲著孩子的教育，這一下子怎辦？要轉讀私校嗎？學費每年加幣二、三萬，也未必即時有位。洪家一時手足無措，到處找專家問，看看有沒有明智而有效的解救方法。洪夫婦多方奔走，「移民慮」已變成是「移民累」。若然處理不當，亦終必以「移民淚」而收場。

(1994-06-25)

移民慮：太空人的孩子

筆者到多倫多還不到一個月，經恩師劉選民教授推薦，入了北約克教育局當兼任教師。進修之暇，可以繼續教書，見一下世面。

來修OAC中文（程度約十二、十三班）的幾全是新移民的子女，大多出身香港名校，父母屬中上階層人士。名門子弟，機靈敏睿，不在話下。間中有兩三個駕名車上學的女同學，聽說父母都已回香港「搏殺」，要自己過那「獨立」（其實是無王管）的生活。

年紀輕輕，離鄉別井，過孤清無援的日子。可以稍稍解悶的，恐怕只有那物質帶來的短暫歡樂。正是：策馳「寶馬」顯威風，搜獵明星爭鑼射；狂抽煙仔振精神，醉解閒愁那管夜！

上完潘Sir兩個鐘頭開心的課，隨之飛車赴約趕去唐人街，盡情大「癲」。真棒！

也曾在Denlow學校教祖裔語言。學生是十一二歲的華人子女。這一趟，筆者對香港來的小學生，特別是太空人的兒女們，卻有了新的觀感。原以為他（她）們在香港就讀名校，管教至嚴，理應知規守禮有點文化。豈知移民加國，束縛一鬆，竟會是粗口滿天飛，行為差得很。若非親睹，確實是難以置信的。

某天放學，在校園碰見自己教她中文的小同學，聊了幾句天。「今天的功課做完了嗎？什麼人來接你放學呀？」「我媽咪。」「爸爸不來嗎？」「不來，他還在香港……。」 「嘻！阿Sir，講個笑話你知。今早班主任Miss Canada問我，華語叫人Good morning（早晨）怎講。哈哈，我教她讀做『D×，L×，M×』。」（語甚不雅，恕不直書）小女孩洋洋得意，笑個彎腰。

唉，那Miss倒可能誤以為華語的「早晨」，直類法語之De Lamour也，真有文化！

加拿大的小學教育是不會壓抑小孩子的，就連他（她）們的劣根性也不會。人生苦短，童年快樂，就讓他們玩個飽吧！

太空人不知就裏，還天天在朋友面前誇耀自己的子女，如何在楓葉國接受香港現在還沒有但快將會有的「快樂的教育」。

這一兩個實例也許是較極端的，萬勿以之概全。但，若閣下真屬太空一族，那就切要提防一下：賺多銀子，賠了孩子！

(1994-07-02)

「六四」不准教！

「歷史」乃事實之本身及其記述。若認爲廿年以前發生者方爲歷史，方可在中史堂上講述，則屬滑稽之怪論。

在日常生活，「歷史」一詞，含某人某事之某階段已成過去之義。

例如昨日立法局辯論彭督「政改方案」，深宵投票之後，多年擾攘，總算塵埃落定。所謂政制爭拗，連同數小時前剛曲終的立法局唱戲，於今俱成過去，化爲歷史。

同一道理，「六四事件」於今已告一段落，事件亦成過去。視之爲歷史，毫不爲過。「六四」是過往確曾發生之事實，有大量的文字及圖片記述，怎能不算是歷史？難道都是人們揑造出來的？至於有論者舉政府檔案之公開，亦受年期限制，遂認爲中史教學當設下限，順帶禁提「六四」，實大錯特錯。歷史要待官府公開各種檔案後才算數，才可以教，才可以學，荒謬之極。其實，政府規定某些極密文件要待數十年後才能公開，大抵基於政治或國家安全的考慮爲主，與歷史不歷史本不相涉。

「六四」畢竟是新中國建國以來的一件驚世大事，在中史堂上稍稍提及，有何不可？只要老師講的都是史實，述而不論，不妄加己見，讓學生自己去獨立判斷，這不就是一種良好的歷史教育麽？

九七迫近，我們極鼓勵學生加深認識新中國。學校除了要加強中國通史教學之外，共產中國四九年建國迄今四十六年的歷史，尤須一一細說，越全面越深入越好。今日某些教育工作者反對將「六四」編入中史教科書，箇中因由，大家心照。無謂再當人家是白痴，亦無須說什麼「六四」歷史不歷史，什麼「六四」太「近」無定論（拙按，歷史從來是不易有「定論」的）之類的虛言假話，無端爲教育界學術界加添煩憂。還不及秦始王和李斯幹得爽快磊落，直言詩書（章學誠曰：「六經皆史也。」詩經書經亦歷史）太「古」，不足爲法，一於頒下嚴令，其膽敢習之者，「以古非今者」，通通族誅（《史記》卷六秦始皇本紀）。

詩書歷史太古，不利國家統一安定，朕就是不讓你們說！這是明刀明槍，何勞轉彎抹角？

時移世易，今日大時代竟禁中史提「六四」，以「敏感」爲題，重演秦朝往事。不過，這一趟卻不緣史事太「古」，反因太「近」。秦「古」港「近」相震爍，貽笑千古，妙不可言！至於說「六四」只屬公民教育，那就更匪夷所思了。

五零年代，新中國編寫的高小歷史教科書，最後一課是當時極之新近的四九年的「中華人民共和國的誕生」（見R. F. Price,《Education in Communist China》,p.127）。自稱民主開放的香港政府，今日竟妄爲中史課強設廿載下限，比之新中國尚且不如，能不汗顏？

(1994-07-09)

移民處：母子的衝突

在多倫多教十三班中文，班中有位年近四十的女同學李太。李太於六零年代在香港會考畢業，但考不上大學。七零年代初移民楓葉國。現在子女稍長，家務正閒，因而重拾書囊，切志向學，希望修足學分上大學。加拿大的教育就是有這一個優處：祇要閣下有暇情，各式課程爲君開！若是本地居民，學費全免。

課後，李太以教兒育女之道相詢問，區區爲之愕然。一介書生，雖有點教兒經驗，但非專家，何言以對？

李太的困難是：孩子愈長大愈反叛，愈不聽教，愈目無尊長。代溝之深，已屆決裂階段。

傳統的中國父母，要求子女事奉長輩，斟茶遞水，聽教聽話。父母子女的關係，乃上命下從。有時賣起老來，連多謝一聲也懶說。

西方的理念可不然。大家都是神的兒女，平起平坐，只能以理服，不能以力屈，小孩子絕不賣「年紀大」的賬。自己若死執中國傳統舊觀念，其能與接受西方教育的子女和平相處，自是難之又難。

筆者有個在美國長大的小姨甥，犯錯給他母親打掌心。才不過七歲的他竟敢抗議：「你打我掌心，點解我唔可以打番你？not fair！」聽者嘔血。

父母養子子養子，在洋人眼中實天經地義。加拿大的老人家們有政府養，爲人子女，翼成羽豐，大可拍下屁股走人。過年過節送你個「Hello」（哈！老！），算是義盡情至。中國傳統那一套養子防老，孝報親恩，在西方社會不派用場。

李太一腳踏東西文化的兩大巨船，她的重返校園，似要摸索出路。若能成功，確是偉業，———那中西文化矛盾和衝突，也許可以煙消。

將要移民外國的父母們，可曾知道這文化衝突的死結不易解？

(1994-07-16)

陷阱

香港的教育，是愈來愈多的陷阱。

學生頑劣，家長跑來說：「阿 Sir，我對佢都冇晒符嘞，你知我唔得閒嘅啦，你同我嚴D管吓佢啦，打佢鬧佢都唔怕喎！」開玩笑！只要你當真敢動他（她）一根汗毛，包管他家長告上開封府，不判你鍘首才怪。

學生懶惰，嬉戲終日。家長又氣沖沖的跑來，對你說：「乜中學冇功課做嘅咩？我個乖仔（女）讀小學嘅時候，一天有十樣八樣功課嘅。依家上到中學，竟然會冇功課做？你地可唔可以俾多D功課佢，最好就寫埋響手冊度，俾我有得跟！」開玩笑！中學教育是訓練學生自己獨立，培養自學自律精神，怎能處處仗人提點？若然照辦，倒要轉職「太子太保」，天天陪「太子」回家讀書去。不過，莫以爲這便收場好。順得嫂情失哥意，社會上那主張「快樂教育」的「善長」們，定必罵你個狗血淋頭：說你搞填鴨教育，說你處處控制學生，說你不讓他們自由發展，自由活動，說你……。哎唷！同樣死得不太明白。

先管而後教？學生上課秩序差，學校來跟你說：「切先管秩序，教書不打緊。」開玩笑！學生秩序管好了，成績稍差，尤其公開考試放榜後，大碗辛辣「貓麵」擲君嘗！鯁死者當不乏人。

教育原來有個不改的道德標準，不變的育人立場。不過，在大時代裏面，什麼叫做道德？什麼叫做育人？是非標準，天天可因時因地因人而變。變得就連教師自己也不甚了了。例如末世「教育家」說：教育是討孩子歡心，讓他們將學習當娛樂，任何的「壓力」，都是違反教育的。

今者道非道，德非德。教育自亦黑白難辨，處處陷阱。新入職的老師們切要提高警覺，萬勿靠賴什麼教育新思想舊規條。它們大多只是安坐冷氣辦公室裏面的達官專家們，酒後閒扯的玄談，———中聽不中用。若真踏實做教育工作，就得多靠自己的努力和思索，多憑自己的經歷去應事。學年伊始，區區謹有半言相送：勿輕信人語。

(1994-09-10)

上帝也中招

大時代是個思想混謬的時代，當教師最不易爲。

今天正教導學生們，大家要相親相愛，和平共處，明天卻要教他們考試的方法，「殺敵」的技巧，立誓要在考試戰場上，把別校的草包殺清光。

今天說做人要守紀律，要勤學上進，犯錯要改過，要承擔責任。黃昏傳來報道，某校某生成績欠佳，給父親責了兩句，自戕死了。明天回校，得趕忙在學生面前，鄭而重之，宣讀那香港教育新宣言的———「快樂的教育」：讀書求快樂，成績不打緊；老師只講愛，教育不言罰。

今天正大談道德觀，爲之口沫橫飛，說什麼做人要有好操守，近朱者赤近墨者黑，要遠離邪惡。明天，假洋專家來講大道理，卻說孩子是從錯誤中學習，孩子的世界不應由成年人控制。洋孩子是從仆跌中自己學走路的，沒有中國人前攙後扶的緊張。曾經給火燙傷手的孩子，不會去玩火。所以，遠離毒品的最好方法，是去接近毒品，甚至可以試吸一口；遠離淫猥思想的最佳方法，是多點看性愛的場面，淫書鹹帶沒所謂，最好是男女老少集體一起看，沒什麼大不了，這叫做性開放，叫做性教育。

假洋專家的大理論是，知道了「毒」，自然不會吸毒；知道了「性」，自然不會亂「性」。結果是怎的？在西方性開放的國家，非禮強姦案沒有減少，吸毒人數日日增加。在美加，校園裏面的吸毒和濫交已到達令人震慄的地步。

大時代裏，似是似真的謬論愈來愈多。想孩子們接近神嗎？就叫他們先試一下與魔鬼爲伍吧！了解魔鬼之後，他們自然會遠離魔鬼，自然會轉投神的懷抱，且會是死心塌地的呢！

對，因了解而分開嘛！這大道理美麗得似乎連疼愛世人的上帝也中招，就硬起心腸來，讓阿當夏娃吃伊甸園的禁果。結果，賠上了祂的獨生子主耶穌基督，也拯救不了人類。人們仍是迷途而不知返，還未醒覺，還在作惡！

可憐香港的教師們，就給假洋專家們胡點亂指，在混亂的教育思想混亂的教育制度下捱日子。(1994-09-17)

童真

時下有種不大正確的見解：將「兒童的世界」和「成年人的世界」劃成對立，誤認爲童年的純真必屬美善，成年人的干預乃係邪惡。

殊不知童真有兩面：一面發自其惡根，一面出諸其善性。

兒童生而好破壞，砸拆玩具，到處塗鴉，亂擲東西，難道就因爲這是「童真」，不加教導？

兒童生而好勇鬥狠，貪婪，好打架，愛搶別人的東西，不達目的不罷休。難道就因爲這是「童真」，不加管教？

兒童生而任性，想吃就吃，想哭就哭，想拉便拉，難道就因爲這屬「童真」，不加提點？

小小年紀，大話多多。默書作弊，欺負弱小，偷竊猾詐，難道全都是成年人教的？童真當然也有可愛的一面。童真沒有機心。打架便打架，未必要有漂亮的藉口，也沒有君子報仇十年未晚的狠毒大計。他們做的，只是「小兒科」。

但，「小兒科」如果不好好糾正，他日成人便搞「大兒科」：動不動拿刀拿槍去殺人，動不動便「問候」別人的爺孃。

所以，孩子一出世便要教育，要好好的教育。兒童是天真的，是可愛的。筆者亦爲人父，但，爲著小兒的成長，有時也不免忍心督責。否則，愛之反而害之。

今日成年的世界，是昔日童年世界的延續。兩者是不易分割的。兒童年代所塑造的人格，直接影響未來他們的成人社會。未來的社會確是他們的，歲月不饒人，今日的成年人，憑什麼和他們爭？

我們現在費氣力寫文章，有些還動了火，大家的目標，大概還是同一個：希望我們的下一代活得好一些。「環保」，不就是其一佳例？

近年，歐美的教育家們都意識到，過於放任遷就「童真」的教育，確實大有問題。西方社會今日道德墮落，青少年黃賭毒泛濫，才十一二歲便去吸毒強姦殺人了。翻起賬來，這確也是成年人的錯。錯在太過放心，錯在任由兒童自由發展。他日的苦，他們自受。

西方那失敗的，香港爲什麼還要硬抄？
(1994-09-24)

光身的啞羊

今天學生的質素，就其品格操守知識水平而言，是一屆不如一屆。真心關懷香港教育的教育工作者，也許都已察覺，香港的教育，已浮現了或將崩潰的迹象。

學校管教是一天一天的鬆，學生的學業水平是一天一天的低，品行是一天一天的差。鬆一點，又低一點，差一點，又再鬆一點，行將貼地，劣不忍睹。

學校使之然？教師使之然？非也。這是今日社會人道主義同情心盲目泛濫的惡果。

個別學校個別教師幹了缺德事，社會大眾和傳媒就趕忙替制度抹黑，急著要展示一下「社會良知裁決」的力量。

個別學校個別學生犯規受責，以死相要脅，社會大眾和傳媒，又趕著對學校與師責難，沸其「弔民伐罪」之豪情，有至於不分皂白。

社會大眾也許不知道，這種善心往往被校園內外的一小撮壞分子利用，做了荼毒大多數善良學生的幫兇。

面對社會盲目同情心的衝動指控，學校為之失守。經年的沉默，完全暴露了今日教育工作者的無力與懦弱，欠缺「自反而縮」（理直），雖千萬人「吾往矣」的擇善而執的道德勇氣。

學生一聲自殺，犯錯要擔承的責任，就可一聲勾銷。於是，大家恃「死」無恐，愛遲到便遲到，愛打人便打人，愛粗口便粗口，且看人們奈之何。

記「過」乃便飯家常。留堂？留級？趕出校？笑話，這是侵犯「人權」的！衙門頒下來的「指引」，先要你做一番複雜到不易明白的「步驟」。箭咀轉來轉去，最後幾乎全是指著個「NO」字。

請不要再管束學生了。學生犯錯，教師最好扮瞎裝啞。因為，任何善意的督責，任何好言之相勸，若稍有差池，都會被社會的「善良」看成是沒有同情心，是缺乏耐性，是大欺小，是強凌弱，是要「控制」、要迫死那天真無邪的「細路」。

殊不知，在學校裏面，那極小撮的壞學生才是「大佬」，那極小撮的壞學生才是「強人」。他們手執社會「同情心」之「屠師刀」，兼握黑社會的「倚勢劍」，一旦遇責，又或心情不快，即可刀劍並舉。忍氣吞聲的教師若是走避不及，頓時被殺個毛清髮光。

夕陽年代，歪風狂嘯。沉默的羔羊不沉默，光身的啞羊當如何？

(1994-10-01)

制度與環境

教育制度與社會環境，息息相關。

就美加而言，中小學的教育經費既大部份來自於房產地稅，作爲屋主的學生家長，當然聲大夾惡，對教育有極大的發言權。

香港不然，教育經費由政府支付，用的是納稅人的血汗錢。家長花費無幾，自然勢孤力薄，難敵學校。惟可哀者，學校其實亦係紙虎木偶，事無大小，皆受制於高高在上，生殺予奪，卻又專精卸「鑊」之封建官衙。

若以人口分布言之，美加地廣人稀，人口流動性大。而每小社區規劃，又規定建有中小學校，方便學生上學。政府在善用資源的大原則下，在班制上被迫採用一班（class）多級（grade）。阜盛之區，同級能收足一班（不多於卅人），已屬不易。偏遠之地，例如北方僻寒之愛斯基摩人聚落，有至於一班之內容納六七級不同程度不同年紀的同學，亦不爲奇。此亦環境所迫，情屬可原，非謂一班多級乃教育善制也。而在一班多級下發展活動教學，本在於回應編配教學時間的困難。一節裏面既要照顧不同級別，唯有東拼西湊，這邊教書，那廂「活動」，出於無可奈何，殊非活動教學必較傳統教學方法更有實效。

回看香港，彈丸之地，人口稠密，流動性小，西施信美，何必效顰？

若再就社會教育水平來說，美加成年人口，幾逾半數曾受專上教育。知識水平，一般較香港高。加上民主傳統，家長參與管理學校，可謂毫無困難。事實北美學校推動課外活動，若不由教育局統籌，即由家長會代謀。家長既自視爲學校之一員，他們不但樂意爲學校犧牲時間，甚且出錢出力（背後會不會與地方社區各種選舉有關，則非筆者所能知）。

要家長奉獻，也得先看環境。美加社會豐裕，貧富不殊，有各種福利保障，生活相對悠閒。人生追求之目標，與香港人天天要拚生死，不心煩意躁即錢迷心竅者，迴然不同。

要求事事計較功利而確實亦忙於爲口奔勞的香港家長參與校政，無乃罔顧現實，強人所難。

如此環境，催生如此制度。要推行新制度，當先營造新環境。空言變革，胡亂抄襲。知其然，不知其所以然，結果必會是：苦了教師，害了孩子，禍了蒼生。

(1994-10-08)

書法與教育（一）

世之論書法者，常謂「字如其人」。此「人」當指人之性格，非稱其人格也。性格可爲天生，亦能後天培養。「性格」一成，不易改變，而恆流露於其文章、書法、談吐之間。其或動或靜，是剛是柔，雖有不同，究無優劣高低之別。至於「人格」，則不單看其人之特質與品格，尤重乎其人之行爲，對社會之功過。義利取舍，一線之差，而人格之優劣立判焉。

書法可顯示不易變之性格，難反映可變之人格。損人利己，害公利私，本在乎瞬念之間。北宋蔡京書法，「字勢豪健，痛快沉著」，尤勝其師蔡君謨。觀其《節夫帖》，確實神采非凡。然而，靖康之難，天下目蔡爲六賊之首。其禍國殃民、貶斥忠良之卑下「人格」，事前實絲毫未曾浮現於其書藝之中。是則人格與書法無必然關連，猶飽學之士之人格未必較販夫走卒高，固亦老生常談，無庸贅言也。

書法所反映者，一人之性格耳。所謂「觀其書，如見其人」。其人脾性之內向外向，剛動柔靜，器量大小，庸俗雅淡，莫不躍諸筆墨。六書八法寫精神，所寫的正是一人之面貌，一人之情性，一人之襟懷。書法作品如果是遮遮掩掩，缺乏性情，那就寫來不真。不真的東西，難稱藝術。

隋代僧人智果記梁武帝評諸家書法，從漢末至梁，有卅四人。察其所述，不外書家字行間所顯露的個人性格而已：羊欣書「舉止羞澀」；柳產書「如深山道士，見人便欲退縮」；王右軍（羲之）書「字勢雄強，如龍跳天門，虎臥鳳闕」；蔡邕書「骨氣洞達」；孔琳書「如散花空中，流徽自得」；李巖書「如鏤金素月，屈玉自照」；梁鵠書「如龍威虎震，劍拔弩張」；張伯英書「如武帝愛道，憑虛欲仙」；鍾繇書「如雲鶴遊天，群鴻戲海」……（《淳化閣帖》卷五）。其中或瀟灑而清逸，如輕雲野鶴；或沉重而威武，如雄虎猛將。要者，皆真性真情之真流露。此所謂見其書，如見其人也。

是以中華民族自古已視書法不僅爲藝術，且爲教育。由於涉及教育，自然就不能完全擺脫固有道德的規範。而歷代書家，亦終不免被提升至道德人格的層面去接受批判。其實，書法既是中國傳統文化的重要部份，要它超越本身所屬文化的道德價值觀念，本已甚難。唐代孫過庭論二王優劣之力抑王獻之，乃因其「自稱勝父，不亦過乎」（《書譜》），乃最佳實證。

(1994-10-15)

書法與教育（二）

若僅以藝術言藝術，則書法實無關乎人格，僅發乎性情。然中國書法既具教育功效，亦爲固有文化主要部份，則品評書法自易涉及人格的因素。

筆者認爲，書法所具之教育作用，至少有三：其一爲性情之磨煉與陶冶；其二爲文化氣質之培養；其三爲品格人格之提升。

就教育而言，順性而導，乃順其天生之個性而擴充之，所謂率性是也。由是，剛烈之人宜習雄獷之北碑，柔弱之人宜習溫麗之南帖。惟完善之教育不僅乃率性順性而已，而尙有性情之磨礪，即《中庸》所謂「修道之謂教」也。若此而言之，則剛烈之人該習帖，以節其剛猛，溫其脾性；柔弱之人該習碑，以堅其氣魄，去其膽怯。此筆者所以恆主張習書當碑帖兼習也。如是始可長性，兼能修己。終焉剛柔並濟，不偏不倚，得天地之「中和」。世之尊碑卑帖，又或貴帖賤碑，均非的論。

習書復可培養人一種文化氣質。原因是，古來書法傳世作品，常流露一種雅淡清逸之風格。而藝術之爲物，乃以人感人，以真性情相感應也。（陳衡恪語。昨聽Pavarotti唱《聖母頌》，尤覺斯言不謬。）習之既久，薰受日深，自不免亦沾染一股清雅之文化氣息。庸俗之濁雖或出諸人性，然在精神上尋求雅淡之清，究乃傳統文化有教養的人樂意追求之人生境界。其得達與否，端賴其人之教養和學養。

故由書法顯現之文化氣息，除是個人的一種雅淡之氣質外，尙有從其作品風格溢露出來的學問修養。此書法所以不但如其人，且如其學也。例如震動日本書壇之本世紀初史地大師楊守敬，其書法金石碑學氣味濃極。讀其六十八歲所書《桃花源記並序》（陳斯洛八零年影印本），其筋骨魄力之雄強，直類北魏年間「魏碑體」的《龍門二十品》。楊氏於碑學功力之深，於斯益證非虛。今賢羅慷烈教授之書法，詩書氣味頗濃。而饒宗頤教授之墨寶，瘦硬挺拔，楷隸相糅，賞之令人憶起一九七五年新疆吐魯番哈喇和卓出土之《殘家書・某人啓殘紙》之獨特書風。饒教授書法之成就，恐與其精研敦煌學大有關連也。八六年饒教授曾賜題「潘國鍵書法展覽」七字，其筆意之高，質拙古樸，頗足與楊守敬相媲美，筆者珍而藏之。（據稱日人亦重饒書，其乃崇楊之延續乎？）

楊守敬云：「（學書）一要品高，品高則下筆妍雅，不落塵俗；二要學富，胸羅萬有，書卷之氣，自然溢於行間。」（《學書邇言》）區區所申，牙慧而已。

(1994-10-22)

書法與教育（三）

前文已粗言書法在教育上既可磨煉陶冶性情，給予人一種文化氣質。今且略論其與人品人格之關係。

人性或市儈而自利，惟教育能激發其不忍之善性，使之不事事市儈，不處處自利。勤習書法，可感染古賢清雅淡泊氣息。身體力行，久而久之自會由庸俗之濁，漸變為雅淡之清。良知既見，私名私利之心既沒，則大是大非當前，自不易恆以個人之利害得失為取決。庸俗之人固未必人格低，然而，視富貴如浮雲，目錢財如糞土的淡泊名利之士，其因金錢權位而甘心出賣靈魂，泯滅良知，幹傷天害理事之機會，相對減少。個人的品質雖與其人格之高低無直接關連，然而，遇上生死關頭義利取捨之際，個人之品質與操守，必將會影響其決定。（請注意，筆者指的是大是大非之抉擇。至若將於他人無大影響的雞毛蒜皮個人取向，無限上綱，扯上道德人格，則屬漢代以來輕於品人貶人的中國文化醜惡面，筆者但歎息而已。）

其禍國殃民者，必為社會所鄙視，其書法亦同為民眾所唾棄。蓋其人格低卑，見利忘義，為傳統道德文化所不容。筆者故外祖公名書法家謝熙先生曾書條幅曰：「張心僧評（錢）南園書云：古今書法之輕重，每以人品為權衡。使非南園，或品不足取，則重其書必不重其人。甚且輕其人，並不重其書矣。」（見《謝熙書品》）正道達中國社會品評書藝每以人品為準繩。此中標準，與藝術本身之優劣未必相關，而別在文化道德人格的層面立說。其輕者小奸小惡，尚可重其書而非其人；其重者大奸大惡，則必然是人書俱貶。「宋四家」蘇、黃、米、蔡，世傳「蔡」本蔡京。其後以蔡襄（君謨）代之，實出鄙賤蔡京之為人。乾隆世錢灃（南園）書法之特為後人推重，除因其書頗得顏真卿（平原）之神髓，所謂「形神皆至」之外，復因其「人品氣節，不讓古人」（楊守敬語）。當日錢南園之彈劾和坤，直諫敢言，不畏權姦，其忠肝義膽，固不讓顏平原之書「爭座位帖」（見《續刻三希堂法帖》），甘冒宦官觀軍容使魚朝恩之不悅與報復。觀二公書法遒勁，言辭嚴凜。其人其書，均足爲百代式焉。

由是，就教育、就文化而言，書法藝術固不能完全超越傳統社會道德文化，書法家亦不能漠視社會要求作爲一個名人須具備的某些基本質素。

人不能離羣獨處，羣體生活重視人格。從事書法藝術活動亦不例外。教育，正背負着培養兒童優雅情操高尚人格的艱巨使命。推廣書法教育，相信是其一有效方法。這正是筆者十餘年來所以主張在學校恢復書法教育的主要原因。

(1994-10-29)

哀哉新亞魂

曩日，新亞書院是最講中國文化傳統的，也最重視培養學生們對國家民族的使命感。誠誠明明，是真心真意的。

筆者有幸，受過新亞教育。知識上的收益未必大，受「新亞精神」的感染卻甚深，——不爲名利低頭折腰，只爲天地立心，爲生民立命。廿年夢醒，才知是毒藥砒霜。在七十年代以後的香港社會，抱持新亞精神的竟是個大大不幸。

新亞沒什麼「德育講座」。她的「月會」，看來也不大成功。錢穆夫子講道，國鍵只聽曉「新亞」兩字。唐君毅教授論經，涕淚交橫，詞情懇切，可惜國鍵國語不濟，都聽不懂。來演講的世界知名學者，國鍵情願在《新亞雙週刊》裏細嚼他們的高見。在某時期，大部份的同學，都做了「月會」的逃兵。結果觸怒了管訓導的「陶訓」。

追殺令來了。一道月會缺席者總成績扣分的嚴令，逃兵即時歸隊。大家乖乖的就範，在禮堂裏面高唱「千斤擔子兩肩挑」的悲歌。那「挑」字當然是最嘹喨的了。

新亞院內最沉重，最懾人的，不是「月會」，也不是學問的淵博，而是前輩學人們那心繫家國的愁懷。這無形的力量，在鞭策著我們，要繼往開來。聽見他們身處日寇肆虐的悲慘年代時，如何患難相扶，潔身自愛。對傳統文化的熱愛與執著，尤其始終不渝。道合志同，堅信「我民族國家之前途，仍將於我先民文化所貽自身內部獲得其生機」（《國史大綱》頁廿八）。這點點精神，皇皇使命，竟不知不覺的，在自己的心田中長出了幼苗。可惜白溉半生，無花無實，未知有悔。

自錢夫子引退後，新亞學人，或隱或萎。新亞精神殞墮，也標誌著依仁據德的義義義的年代告終，泯心滅靈的錢錢錢的功利時代登場。今日太平盛世，豐衣足食，治學者反而鄙棄傳統文化。崇日的崇日，西化的西化。黨同伐異，競以踩人爲樂。還談什麼新亞精神呢？不配！

「月會」、「雙刊」依舊，精神面目全非。今歲四十五校慶，據聞有「千人宴」，是觥籌交錯。午夜夢縈，月寒風冷。水酒清酌，哀哉新亞魂，尙饗！

(1994-11-05)

爭氣

關漢卿曾說：「賢的是他，愚的是我，爭什麼？」

爭什麼？問得好。人生出來，剛懂事，父母便對你說：「做人要爭氣。」

從此「爭氣」兩字，支配爾的一生。它不但是爾生的開始，也是爾死的總結：能爭朝夕是好種，不爭氣的是壞胚。故曰：「大孝尊親。」

人們所爭的，原就是這一口氣。據朱子說，「氣」之濁者是人性墮落之所源。由「氣」而來的，是人慾，是名利。此氣雖不同彼氣，但，爭一口氣的氣，看來也不外物慾名利。

幼年時，爭寵爭玩具，爭考試第一；壯年時，爭薪爭升職爭伴侶；中年時，爭富爭名爭地盤；晚年，爭尊爭榮門身家厚。總要爭勝，騎在上面，活得風光。

這「風光」其實是一種病態。病源是父母，是學校。父母要爭，學校當然很樂意幫這忙。老師？人在江湖，會考不百份百及格沒十優狀元才不爭氣呢！

況且，人們不就是天天在說，有競爭才有進步嗎？至於爭什麼，管他的，潮流爭什麼便什麼吧。於是，這爭一口氣的氣，就模模糊糊的，變成是——總要一朝化龍鳳，數盡古今風流人物，還看俺的！

唉，可能是上一代的香港人，大多沒爭氣。所以，嬰兒剛脫臍帶，便呱哇哇的有氣沒氣哭一場。而做父母的也忙亂的哄著，別哭別哭，做了香港人，就得要爭氣，不第一不發達的是白活。

我們的孩子，天天在爭氣中喘不過氣。爭了氣的惶惶終日不許停，一停便是不爭氣；爭不了氣的沒出息，要跟在後面做喪家犬，永世抬不起頭。但耳畔還不停地響起：下年報復，爭爭氣！

習慣了，臨終時還是死睜瞪著眼，半斷著氣，拚盡了力說：「要風……光……大……葬，……爭……爭……氣……。」

爭什麼？就是嚥不下這口氣嘛。死不瞑目。

(1994-11-12)

TOC能實踐嗎？

目標爲本課程（Target Oriented Curriculum, 簡稱TOC）有著善良的意願，希望從課程改革中多點照顧那學習能力稍遜的學生，從而使之「愉快」，謂之「有效」。

道理其實顯淺。在實踐上行不行，會帶來什麼後果，那才頭痛。

教學的目標爲何？相信最不濟的老師也知道，是要傳授知識，要完完整整的，故曰——「任重而道遠」。

不能繼承知識文化的社會，必步向衰亡，不管壓力不壓力。這是歷史的經驗，也是生存的現實。

所以，任何罔顧生存現實的教育改革，特別是那將會損害下一代知識水平品格質素的，都不應貿然上馬，———例如今日的所謂TOC。

TOC除了天天空喊「愉快」「有效」等浮誇的口號外，沒有完整而令人信服的學理。將各門各類知識用自稱「科學」的方法作機械式的肢解，其繁瑣僵化，殊不合現代教育新趨勢。而尤令人憂心者，是教師迫於「愉快」，無奈放棄鞭策學生努力向上———例如「將勤補拙」———的責任。結果，教師學生將一同放鬆，一同愉快，然後一同墮落。

美加公立學校以學生爲本的教育已見焦頭爛額。今日香港教育界反對推行TOC，固非無根之談。

況且，TOC獻上的善意，學生和家長也未必領情。曾與學生聊天，談及TOC將學生以學習能力分組，因程度而施教。學生反問：「誰願被編做低B？」正是寧爲玉碎，不作瓦全！

至於家長呢？前陣子報載TOC設計的學業評估方式，令筆者想起小兒在加拿大讀小學拿回來的成績表。那優閒得要命的班主任在表上給他一大堆優良的「剔」，百般讚賞。問問人，啊！原來個個如是。真的隱惡揚善，皆大歡喜。不知就裏的家長笑不攏嘴。孩子真學了些什麼？自己是教師，心中有數，可擔心還來不及呢！

將程度降得低低，來個悉從尊便。繼而給你一堆優良，令你覺得「愉快」，說是「有效」了。

這假象或可蒙騙家長，欺騙學生，但畢竟是隻鴕鳥。善良的TOC，看來亦難免重蹈美加的經驗，變爲 是Teaching Objective Collapse！

(1994-11-19)

TOC化簡為繁

TOC有莫名的「優質」，莫名的「愉快」，莫名的「有效」。

近日論者更將TOC與廿一世紀「資訊時代」並舉，可謂愈吹愈大，霎時加添一種莫名的「進步」。

廿一世紀「資訊時代」(Information Age)的教育路向是怎的？題目很大。筆者四年前寫《二十一世紀之教育路向》（見《華僑日報》教育版，九零年四月四日、六日），曾據哈佛大學教育學院 K.P.Cross 教授之論，稍有淺說。廿一世紀人類最寶貴的財產，將不再是土地金錢，而是知識和運用知識之能力，亦即是智力。所以，培養智力，是今日和將來廿一世紀教育的要務。若連原有的知識水平也追不上，那談何創造？

廿一世紀社會的特點，將會是資訊快，知識創造速。新知識多方湧入，社會急劇變化。現代科技主義（Technocracy）已砸碎傳統的價值觀念。生活快迫緊張，資訊時代併發症狀（Information Age Syndrome）隨處可見，例如日趨嚴重的吸毒、自殺、工作狂、家庭破裂……。今日教育工作者面對的，確是空前變局。加上資源（包括時間）局限，傳統課程當然要變，好配合社會需要（social needs）。方式大概是知識的化繁為簡，科目的捨分取合，改為跨科跨系。亦即精簡教學，擴闊基礎，珍惜時間。

為加強學生日後在社會的適應力和謀生能力，為保持社會對外的競爭力，廿一世紀的教育（包括大學），將會是求廣博尚多元（diversity）富彈性（flexibility）的根基教育。是課程整合，是知識濾簡。決不是將課程和知識細密分割，又或降低程度去取悅學生。TOC不 幸正用了這種方式，將原先簡單的，也搞得複雜。這與廿一紀的教育精神，豈非相違？且不論它的實踐，在香港的客觀環境下，確存在著大堆困難。

宣稱「反應奇佳」的TOC，是教育上的「大躍進」。它的推行，只會對香港教育製造更多困惑。下一代的質素

（包括學識、工作態度）將因而進一步下降。香港賴以傲視於世的唯一憑藉——優質人力——將會逐漸消失。這也許是杞人憂天，但，在今天教育倡導「愉快」的同時，學校的長城，不正已悄悄地崩潰著麼？

(1994-11-26)

沒個泥造

人是有思考力的。學生不管頑皮乖順，本都機靈活潑，生氣勃勃。小小腦袋兒，鬼主意鑽的最快，怎容你牽著鼻子走？

譬如勸學生勿太早談戀愛。那乖巧聽話的，唯唯諾諾，狀甚贊同，老師還以爲就此啓迪了學生。萬想不到學生向非公仔泥，可任你搓圓揑扁。喜不自禁的老師，滿以爲及門好弟子，都給雕塑挑李，花實同株，一個模樣，可真的誤會連番，情願一廂了。放學，那乖孩子們才踏出門檻，便即「媽聲」四起：「黐線」、「冷血」、「迂腐」、「變態」、「廢話」、「老姑婆」、「布殊熱」、「抵佢冇老婆」……。

我們都是這樣長大的。我們都有個「自己」，有自己的主見。君不見半世紀「塡鴨」教育，市面仍舊百種人，千般相。博學未必勝昔，巧詐絕無不及！

潘某唸中學時，教化學的「化學佬」，琴棋詩畫，兼善文理。他叫我們用功讀書，否則前途似「咁」。教數學的「黑叔」，名句是「一百畝良田，一粒米落鑊」。意謂資好質高而不用，猶良田萬頃而不耕，餓死而已。金石良言果屬當頭棒喝邪？誤矣誤矣！在課堂上應了千聲確萬聲對的我們，私底下卻是冷嘲熱諷，毫不留情：「書中何來黃金屋？書中那有顏如玉？」、「揾笨」、「老套」、「白癡」、「無聊」、「亂噏」、「放屁」……。

彈指廿載，似水流年。同學輩有的名成，有的利就，有的學富，有的財多。那些還是家徒壁立，財學兩空的，不免興歎：後悔昔日沒好好發憤，過早欠負那無底的風情月債；錯在沒聽從老師的話，害得神魂顛倒，青春枉送。

年少荳芽夢，年老噓唏悔。歷史總是這般的一代代重演，——只因學生當中，沒有一個真的泥造。

做老師的，但求盡心盡責。此外莫言己功，勿謂己勞。成不成才，各看造化。

(1994-12-03)

廢考試？

本世紀德國社會學家Max Weber，曾對入學考試（entrance examinations）和學業文憑（academic diplomas），提出過極其嚴厲的批評。他認爲，由專上教育炮製出來的各類「文憑」，是造成社會上「特權階級」（privileged stratum）的禍首。此外，人們引進正規課程和各種指定的考試，其背後之原因，不會是發諸人們「渴望教育」（thirst for education）的突然醒覺，而實係出於限制並想壟斷某些職位之私慾。

質以近數十年中外之教育發展，Weber之論，弊多利少。若再以實踐檢而驗之，則Weber之攻擊考試並不成理。

何以言之？東方且以共產中國爲例。文化大革命時期，當權派即持相類之理由，宣布全面廢止大學入學試。惡果至少有二：一爲高等教育水平與質素均急劇下降；二爲取消入學考試之後，結黨營私，大學教育由「有關係人士」所壟斷，其禍直比南北朝之「九品中正」。

西方且以加拿大爲例。加國安省自廢除公開考試後，學生學術水平大不如前。中小學課程由於沒有統一之公開考試作規範，已放任自由到接近墮落的地步。

中國在一九七八年恢復了大學入學試。加國安省教育部亦於八九年宣佈將要恢復小學和初中的統一測試。統一之大學入學試，亦擬恢復舉行。多倫多大學安省教育學院（OISE）亦於八七年重新規定，任何高級學位畢業，必需要通過「綜合筆試」（comprehensive examination）及格，筆者算是新規定的第一屆。

前車可鑑。今日教育界仍高舉「平等主義」（egalitarianism），誤以爲減少考試，減輕功課壓力，即可提高社會下層子弟進入大學的機會，於是貿然改變傳統課程，更改考試制度，不惜以犧性教育質素與社會公平競爭之精神爲代價。教育質素日降之社會，終必被淘汰。中國和加拿大，尙知臨崖而勒馬。

Weber筆下的「特權階級」，在今日來說，並不來自教育之「文憑」和「考試」，大部份實源自不同職業薪酬之不均。此種「不均」若強扯平之（如人民公社），歷史證明，爲害更大。中國文革給人們的啓示是：「平等主義」須以公平的自由競爭爲其基礎。在教育而言，「考試」當是自由競爭的一種較客觀較公平的方法，廢不得。

(1994-12-10)

社會階級與學校知識（一）

Jean Anyon在其《Social Class and School Knowledge》（《Curriculum Inquiry》 Toronto：OISE 1981）一文，用所謂「科學方法」，證實社會上下階層孩子所受小學教育與獲得之知識，有雲泥之別，學校教育不自覺而令不同階級世代再生（reproduction）。Anyon的觀點及其治學方法未必爲實，不過，他提出的問題若套在本港現存教育制度，卻足發人深省。

Anyon認爲，社會階級（social class）與學校知識（school kwowledge）關係密切。專收下層勞工子弟的「勞動階級學校」（working class school），所授知識乃零碎之事實與簡單的技能，教學方法著重記誦抄寫，絕少思考探索。學校培訓學生以慣性的各種機械行爲（mechanical behavior），使之日後安然仰仗主子鼻息。前景既非燦爛，行爲自然消極，而盡表現於破壞性特強的不文明行徑（vandalism）：放蕩任性，追顛阿Sir（to get the teacher mad）。家長既愛理不理，教師餘下的板斧，就僅那無奈的常常吩咐學生不停抄抄寫寫，畫畫、剪紙、做勞作，務要使彼死唔得閒（keep them busy）。索氣之餘，求神拜佛，但祈平平安安，挨過年年表面教育內裏彼此奴辱的苦日子。在本港第四、五類（Band4、5）中學教書的同工們，可有此等感受否？

Anyon氏筆下的第二類學校，是「中層階級學校」（middle class school）。這類學校著重書本知識，重視理解與認知進程。學習偏向概念通則，方法是記憶、理解、動腦三者兼善，惟欠創造新知識的大志向。努力讀書的目的，僅在他日謀取佳職，生活穩定，做個守份的凡夫。本港第二、三類（Band 2、3）中學，亦類此乎？

至於Anyon氏所述之第三類學校，即「富裕精專學校」（affluent professional school），學生來自社會中上層高薪專業家庭（約美國家庭總數的百分七）。學校對知識的態度相當開放，知識不單來自書本，還來自個人的經驗（experience）。所以，在教學上重視思考力、創造力（creativity）和個人發展（personal development）。課程設計注重知識的發掘，直接的體驗。探究（inquiry）與析討是必經之途，獨立思考靈活腦袋是必備之器。人人努力向上，敢於創新。其自重自惜，近乎自戀（narcissism）。香港大部分第一類（Band 1）中學，或能與之相比。

(1994-12-17)

社會階級與學校知識（二）

Anyon 氏談及的最後一類學校，乃爲佔美國不足百分一的年薪超越十萬美元（一九七四年計）的貴族家庭而設，名之曰「權貴精英學校」（executive elite school）。

精英學校管教至爲嚴格。拒收黑人與貧家子，以示高不可攀。其知識乃指智力進程——例如推理、紓困（problem solving）之屬。學生自覺是社會未來領袖，必須思維敏銳，運籌帷幄，具備領導和決策才幹。他們學習運用各種假設性通變（hypothetical variables）去解決難題。教學著重分析、批判、思索、理解，務要最好（being the best ）。 學生以優秀自居，以品高學富自傲。爲人點檢自律（self－discipline），惜時向學。這正是美加某幾所學費貴得驚人的名牌學校的寫照。在香港，一兩所老牌名校和近年新興的國際貴族學校，或可入流。

Anyon 用韋伯（Max Weber）和馬克思（Karl Marx）的階級觀點引證學校教育導致階級再生，其論未必確當。但，社會上不同階層對子女教育有不同看法和不同要求，而社會名流競送子女接受嚴格和學術水平高的貴族私校教育，鄙棄不重考試不談競爭只言愉快的公立學校，都是不爭的事實。上層社會鍾情管教嚴厲的傳統教育，未始無因。事實上由名校傳統教育訓練出來的人物，大多學識富，自律高，志氣大，應事力強。一般出身於標榜快樂主義的公校學生，實望塵難及。上層階級統治地位遂藉優質教育而愈固，甚至於世代相傳，極可能成爲漢代「累世經學累世公卿」（《國史大綱》頁一三二至三）復而爲魏晉「九品門弟」的現代版。

隋代廢九品而用考試，蓋以杜門閥之弊。今日香港教育制度雖無門閥，但近年中小學的分品派位制度和即將推行的課程改革，會否導致首類學校和末類學校質素和程度的進一步拉遠，進而削弱大部分下層子弟的競爭機會，確令人憂心。若他日真惡化爲中學的「上品無寒門，下品無世族」，這又豈是關懷學生鼓吹社會公平的人所願見？

廿多年來香港教育愈趨開放，階級界限日漸泯滅。公平競爭之下，人才獲用，安定昌榮。競爭既是社會現實，爲了保護在香港剛始紥根的社會公平精神，在教育建制上，就至少要保證給予來自不同階層的稚子一個真正公平的爭取接受更佳教育的機會。而決不是在電腦鍵鈕上隨意的一按，矇查查被派往程度不同知識相異的學校，就此渾渾沌沌的決定了他（她）一生的命運！

(1995-01-07)

教育與民族性格

教育不單是傳授知識的教學，還包括灌輸學生正確思想以矯正其行爲的品格培養。所謂「正確思想」，頗因不同社會不同文化而異。簡而言之，吾人所處社會道德上若認某觀念爲確當，則此觀念於此特定的社會特定的時間內，可視爲正確。至於有關「正確」兩字的形而上的學術詭辯，筆者不願在此空談。

因此，教育不但是傳授學生知識，更重要是傳授社會之思想文化，使其思想行爲不致偏離社會大衆所共宗的某些道德準繩。

社會之能凝聚而爲社會，皆因有共同信奉的價值觀念和是非標準。由於各不同社會不同民族有不同取向，因而此社會此民族之所謂是，於他社會他民族可作爲非。喜惡不同，性格各異，故而不同民族各有其「民族性格」（national character）。

一民族之性格直接支配一民族之教育。而一民族之教育，亦大多爲延續其民族性格而設計。

法國民族尙理性（ration）貴精確（precise），求真愛善。故其教育重視發展理性，講邏輯，語言唯美。英國民族追求自由、道德，故其教育看重人格培養。德國民族憧憬完美（perfection），重視經驗，追求國家民族之無瑕。故其教育充滿愛國精神、民族主義。美國民族則愛自由，追求生活的快樂。故其教育乃爲使人過愉快生活而設。凡此Friedrich Schneider,Isaac Kandel,Nicholas Hans,Vernon Mallinson,Bill Williams諸氏已有析論，不贅。至於中華民族之性格如何，則筆者未敢妄論。惟於中國傳統文化察之，或可思之過半。

中國傳統文化重視家庭。圖以合理的倫常綱紀，發展雙向的互愛互讓的仁愛關係。父慈子孝，兄友弟恭。既主紀律，復倡仁愛。冀望藉此建立一個既貴自律又講情義的溫馨社會。爲求達此，中華民族樂於刻苦耐勞，甘願爲下一代的幸福而犧牲、而努力。中國人亦因而待人以寬，律已以嚴。這與美國人只顧眼前享樂，諸事諉罪他人的個人快樂主義，恰恰相反。

在教育上事事以洋爲師的香港假洋專家，可曾注意，中華民族文化深厚，有她自己獨特優美的民族個性。她的教育，絕不應處處跟著洋人走。

(1995-01-14)

別了《華僑》

先外祖公嶺南書家謝熙老師於五十年代末嘗有法書云：「三春淑景明而媚，八載香城客亦家。」頗道出因爲避亂而流落香港的騷人墨客的出國愁酸，———無奈且作香江客。上一輩由大陸來港的高級知識分子，大概抱的都是這一種暫時僑居異域的心態：心繫神州古大地，小島焉可永爲家？《華僑日報》琴棋詩書，成了部分北來的文士以文會友，聊以抒懷亦以延續中華文化的避難所、新天地。華僑而愛《華僑》，理所當然也。

可惜時變世遷，今日香港年輕人有華僑心態者固然絕少，而「九七」之後，香港人猶自稱「華僑」亦甚不當（拿外國護照者除外）。名不正則言不順，《華僑》之末落，似亦勢所當然。

在校園，大概要到搵工時節，才會有人緊張這一份「米報」。她的「教育文化版」雖曾花了大氣力，但撐的愈來愈苦。

八十年代，筆者與《華僑》也算有過半段情緣。由於僥幸得著教育文化版編輯的賞識，膽子竟也壯了起來，陸陸續續在《華僑》發表有關教育的雜文逾六十篇。都分文不收，算爲她的濟貧助學基金略盡綿力。

九一年《華僑》易主。以西報指點中文事，總覺有些格格不入。加上人事變遷，就此分手。

九三年初，新亞同屆香樹輝兄入掌《華僑》。喜香兄曾受「新亞精神」薰陶（也許是污染），自己偶爾也愛揭她一揭，看著香兄經手的新粉黛。可惜，《華僑》精盡身亦老，數千萬元的人參，換來不過是略有起色的一年半載的殘延。對於一個老人來說，確實「總有一天會過去」！

願富有理想和魄力且四十出頭始稍有機會淺嘗「挫折」的香兄盡快復元，對社會作更大的貢獻。

願《華僑》的停刊，不過是大時代大使命的完結，是一個逾百年的動盪時代的告終。———讓她的滄桑，連同上一代的苦難和華僑的血淚，一併長眠。

別了中華苦難血淚，別了香港華僑《華僑》。(1995-01-21)

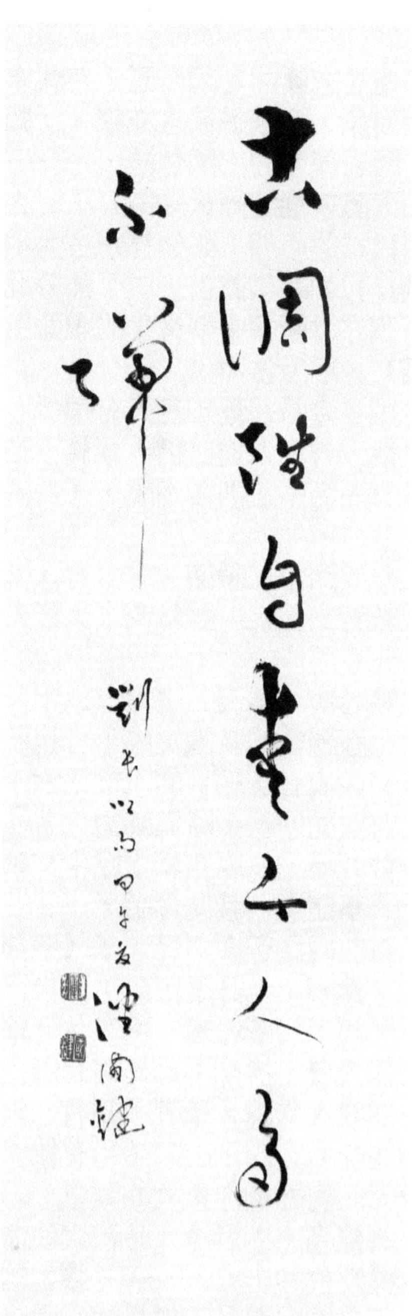

救心

今日教育的當前急務，不是改革課程，不是推行母語，而是救心，———救學子那將死的學習心，那將亡的道德心。

伏問各方專家，今者中學中文中史兩科，較諸二、三十年前，是淺是深？這都不是英語授課，何以成績卻是江河之日下？

改革課程推行母語，於救治病入膏肓之童心，果屬靈丹？潘某不信。因為，今日教師面對的，不僅是學生學業和知識水平如何如何的低降，而是一羣無心向學只管嬉戲的頑童。

社會上傳統道德價值觀念的崩潰和物質的豐裕，合力造就了童輩的不識天高地厚。在生存的意義來說，他們確是無知的。無知的人不懂知之可貴，也不知那由勤奮刻苦獲取知識之真樂。這精神的空虛，只會加速他們拚命尋求那身體官能刺激的霎時快感。加促加快，茫茫然隨著大隊，成了一羣哀莫大於心死的行屍。

心何以死？答曰：此因社會氾濫著似是實非的唯利主義、唯樂主義、抓錢主義、市儈主義、放縱主義、假人道主義、偽民主主義、反紀律主義、姑息主義……。巨浪滔天，學校水淹。學子的心，都是給充滿主義的「愛海」淹死的。

這一大堆誤人子弟的主義，乃閉門空談的所謂什麼什麼學者專家炮製出來的。他們成就了現世功名，卻糟蹋了我們下一代的福祉。搵銀乃叻仔，讀書是傻瓜；看「鹹書」是好奇，嫖妓是生理。呵呵，皆出「自然」者也！人生求快樂，吃苦幹什麼？一切屬經濟之供求，一切歸心理之順應……。

恣無忌憚，振振有理。教人縱慾，復將如何！

既是無心向學，一切免說。教師、課程、設施，不過是渡往彼岸之舟船。自己不發心去划，何來得渡？

曾有白馬寺對聯：「天雨雖寬，不潤無根之草；佛門廣大，難度不善之人。」《論語·述而》：「不憤不啓，不悱不發。」請大家先來救心吧。亂將課程開刀，輒拿教師洩憤，都沒還魂作用的！

(1995-01-28)

歷史教育與民族前途 （一）

歷史教育牽繫民族前途。只有通過歷史教育，一民族之文化，方能得以繼承延續，獲取新活力。其民族亦始得與他族並存於天地。

歷史教育絕非只講故事，又或僅是鑑古知今。它對民族至少負有兩大使命：其一乃向下一代介紹本民族固有之道德價值觀念，使之認同；其二爲引導下一代對先祖歷史文化進行反思，推陳出新，開展新生活。

沒有傳統文化，不成民族。固有文化不獲更生，不能去蕪存菁以應時，民族無以圖存。

歷史教師授課，講歷史故事，講歷史事件，其中必涉及民族社會某些共信的價值標準和道德觀念。只言故事，不談意義，講來啥用？

孔子刪《詩》《書》，寫《春秋》，賢賢賤不肖。司馬遷撰《史記》，有「太史公曰」。此後《漢書》之「贊曰」，《資治通鑑》之「臣光曰」……，無不據事而言理，是是而非非。然後中華文化精神，方因之鞏固，因之成長，因之茁壯。

中國歷史教育不單要介紹中國歷史文化，更重要的，是使學生對之熱愛，爲之認同。不認同中國文化，就是不認同中華民族。强迫他（她）做個中國人，固極痛苦；就樂意做的，也不外虛有其表。換句話說，若然抗拒或否定中國文化，那做中國人就無從說起。而中國近百年的慘變，他（她）自亦不會———也不必———同哀同哭。既不切膚，何來有痛？試問問今日的學生們吧，自視香港人的多，樂認中國人的少，———其中且多一臉的無奈。這說明了什麼？是顯示了百年殖民教育的成功？還是旁證了香港中史教育的失敗？

九七期近，作爲中國歷史教育工作者，能不引以爲憂？

當然，我們斷不能因主權回歸，就急著強迫下一代，硬要他們不經思考，毫無條件地接受他們所屬的民族文化，———例如運用高壓手段去推動空泛的「愛國主義教育」。固有文化的薪火相傳，必須經過長期不斷的理性批判和感情的激盪，如此方能生根，方可富蘊生命。否則即爲無根之苗，瞬間枯萎。

不獲下一代真心認同的歷史文化，乃不秀之禾，與衰草無別。

中國歷史教育的首務，就是要向下一代培植中國文化的根，散播傳統文化的種。

(1995-02-11)

歷史教育與民族前途（二）

歷史教育的第二個任務，是引導學生對所屬文化進行思辯，作合情合理的批判與接受。我們期望，學生對自己的民族文化，不單要認同，更要投入。爲求達此，文化的討論必須是自由開放，絕不能作由上而下的權威式輸入，又或人云亦云。

歷史教學既非複述「定論」，更非宣傳「真理」。若是「定論」、「真理」，大家記著便是，拿來論辯作啥？只要不歪曲史實，不同時代對傳統文化可有不同詮釋。同一歷史事件，在不同年代不同環境自產生不同意義。惟其如此，前人的歷史才可以活在今日，成爲新時代新文化的具體內容。

例如世有秦始皇暴君一論。在今日歷史教學裏面，始皇爲人，最好還是交由學生自己定說。何謂暴君？誰斥始皇暴虐？是他「焚書坑儒」，因招後世儒士報復詆譭？在當日法治統一的空前未有之局，面對封建反動勢力，國家旦夕可亂之際，該如何爲治始謂之當？不連接長城，匈奴的問題怎解決？始皇之罔顧民命，乃其生性兇殘，抑是急於求成，致罪犯滔天？……。

又世言秦檜「莫須有」冤殺岳飛，定論千古罪人。今日史家已疑岳飛喪命，元兇實宋代「重文輕武」嚴防武人的宋室「祖宗家法」。若是，則秦檜不過高宗執行「家法」之橫手。千年不白，應否昭雪？

又漢唐明之覆亡，世多諉罪宦官。中史堂上偶論腐缺閹人，學生輒作笑柄。然若設身處地，抱恨殘身，生理心理又怎得正常？況且閹豎流毒，禍原未必全出宦官，其中大多是君主專制、畸型政治制度下自招的果孽。

人物、制度、橫手，今日依稀重現。孰謂歷史討論不具時代意義？錢穆唐君毅諸前輩渴望的，正正是要從傳統歷史文化的反省與更新中，重建中華民族！歷史教育擔當的文化反思工作是嚴肅的，是極之重要的。它領導着下一代的成長，也主宰著民族的未來命運。只有在殖民地的社會裏面，人們才會對所屬文化蓄意踐踏，百般嘲笑。亦祇有在封閉的極權社會裏面，人們才會將傳統文化徹底「打倒」，才會將專制式的皇家「定論」，向下一代作機械式的灌輸傳授。結果是歷史教育不成教育，帶來了思想僵化，文化窒息。

文化乃民族之靈魂。離棄或扼殺自身歷史文化的民族，終必淪為行屍走肉，不配稱作「民族」。「五四」時期西學澎湃，哲人羅素（Bertrand Russell）反而主張中國年青人多習自己的文化，反對盲目抄襲。借用他的一句說話：中國人的性命雖或賴西化而得救，惟與此同時，他們卻失掉了活全的價值（not worth saving）！

(1995-02-18)

包二奶

城中熱話「二奶」。倒未知二奶淫威，餘震已屆乎學校。學子、教師，同蒙其害。近年，愈來愈多孩子因家庭而無心向學，也愈來愈多家長沒法聯絡。———原來，孩子的父母上了大陸。一說北往設廠爲搵食，豈知飽暖思淫，兼包「二奶」添「食」。食食之聲，霎時不絕於耳。一訴北往尋夫，千里踢「竇」。鎭日惶惶莫措，怨懟盈心。

如果包二奶等同食飯（如港大某精神科教授說），那爸爸原來是去了「搵飯食」。家庭之破碎，父子夫妻之分離，據謂又與此無「直接的邏輯關係」（大專某博士句），那媽媽因爸爸外出竭盡「精力」去「搵飯食」而大吵大鬧，必然是瘋婦一名，兼須負上未能餵飽爸爸之罪責。我等爲人師者，理應叫受害孩子回家，教訓媽媽之餘，順帶安慰媽媽一下，父親全是爲了食飽性，咱們是「永久性」，那二奶是「臨時性」（亦某博士語），一時滿屋性性性性。而要治好媽媽這瘋婦的心靈創傷，其實容易。就挺起胸膛，搞「獨立」「自強」便可。若仍不忿，大可照辦煮碗，以牙還牙；他船堅砲利，我門戶開放，各不拖欠。（亦引申自某教授某博士意）

對對對，學生被欺打，跑來告狀，不妨告知，這全是他／她體力羸弱之錯，怪不得人。若硬要討個說法，惟有自強，先去學好打架功夫。若再不服，大可立刻找個更羸弱的，拳打腳踢一番，那就扯平，兼合「邏輯」。

對對對，陳世美死得很冤枉。世間也沒有始亂終棄這回事，有的祇是「搵飯食」。男學生若在校園亂「X女」（語頗不雅），大可辯說：「阿 sir，唔通『搵飯食』都唔俾咩！可知某博士話，『醫學證明，男性一周，女性十天，若沒有性行爲，就會有生理和心理的某些不平衡』嗜！」厲害厲害，又捧出「科學」來了。余也識少迂腐，當即語塞。而此等學生，論理尚該記功，以褒其自飽之外，復推動時代，救人無算。至少今日校園女生不致生理心理不平衡，想皆仗賴此等無恥之徒之功德也。

人性本含善惡。合乎「性」，未必合乎「理」。理性理性，大概還是以理字行先的吧。

(1995-02-25)

剽竊

校園抄襲剽竊，固不始於今日，亦不限於學識不高的學子。

中學生抄功課，今頗成風。這是不勞而獲，兼帶欺師。惟念小子無知，有時亦有苦衷（例如放學後要幫阿媽看檔賣菜之類），情或有可原諒之處，未必次次須要嚴責記過。

在大學則不然。尤其爲人師者，學富五車，竟亦以剽竊爲業。講書不言出處，復有個別「學者」淪於盜竊他人著述爲己出，可謂厚顏之極。筆者廿多年前在大學念書時，已數曾爲之扼腕興嘆。

原以爲享盛名者皆實學，事實學術界不論大小人物，皆混雜騙棍。

古謂天下文章一大抄，不過謔語。今者關乎知識產權，這玩笑更開不得。不幸果以爲真而給人揭穿確實，在法律上是侵犯產權，在道德上是有損人格。宜否留在校園做育人工作，若閣下看重身教，自有論定。

其實，要尊重別人的知識產權，亦不太難。筆者在多倫多大學研讀教育時，教師開課之初，例必先分發「課程大要」（course outline），清楚列明各堂教學要項，並附以參考書目文獻。你上課前先要到圖書館翻閱，以備討論。什麼意見什麼理論由誰發其端，由誰延其緒，清清楚楚，講者從不掠美。

著書立說，亦慣將前人之論逐一交代。而輯錄成書叫做「編」（edit , compile ），自己創作謂之「著」（write），也是從不含糊，絕不會「側側膊」誤導大眾。

至於香港呢？說來慚愧。有上堂依書直說而人不知其書者；有將他人研究成果據爲己有者；有以「編錄」爲「著述」者；有輯集諸家文字成書，在書頭寫個序，就誇稱是自己的「學術著作」者……。此等欺世盜名之徒，爲數竟是不少。

大學不重視道德，自易藏污納垢。名利薰心，欺詐手法，可以層出不窮。最受害的，當然是那些誠實泊淡潛心治學講求良知的真學者。

尚幸蒼天未盲，上得山多終遇虎，剽竊者自招惡報。五、六年前，多倫多某西報有位日裔專欄作家，被人揭發抄襲，證據確鑿。此君沒法抵賴，武士道精神下，一死以謝天下。遺言且謂（大意）：缺德抄襲，足令大和民族蒙污；立意自戕，誠向東瀛同種贖咎！

原來剽竊事小，民族事大。此君一語而將鴻毛之死，化作泰山之重。日本仔狡獪，佩服佩服！

(1995-03-04)

再談歷史教育

日本是一個很重視歷史教育的民族。她不但重視歷史的記述，而且很重視歷史帶來的教育作用。有時爲了達到歷史教育的某些目的，不借竄改史實，避重就輕。

侵害別人國家，當然不是件光采的事，不提也罷。但是，曾給別人蹂躪的歷史災難，卻要日日提，天天講。

所以，美國佬的原子彈炸得大和民族更團結。廣島和長崎的頹垣敗瓦，變成是日本人痛定思痛全民奮鬥的標記。爲了民族利益，甘願犧牲私我。

第二次大戰期間給美加政府充公財物關進羈留營的美加日裔公民，幾十年來天天吵著，要政府賠償。現在，日本是經濟巨人，作爲巨人的兒女，其影響力自然會巨些，生命也比別的矜貴。美加政府也低頭了，對他們示歉不特已，前幾年，加拿大梅隆尼政府對國內日裔社區且贈以巨款。而美國列根總統亦宣布給每受害日人賠償三萬美元，是真金白銀。並且宣稱，這是用來結束美國歷史「哀傷的一頁」。

其實，這倒也不見得從此可耳根清淨。猶太人給德國納粹屠殺的深仇大恨在今日已經昭雪了吧，但，他們還不是一樣日日嚷著要提防納粹主義復辟嗎？

可世上只有中華民族特別些。中華民族自稱是最注重歷史的民族，但，卻最忽視歷史的教訓和教育。結果，敘述的容多，反省的絕少，甚者懶得去理。鴉片戰爭不妨改曰磕頭戰爭。南京大屠殺？日本人說沒發生過，硬把侵略說成是「進入」。炎黃子孫的憤怒抗議聲，竟是那麼的微弱！無他，因爲我們在歷史教育方面沒下工夫。我們以爲汪涵海量了，事過境遷了，不談也罷。誰不知，在別人眼裏，中國人命竟是那麼不值錢。

今日，日本人崇美，猶太人也不大仇德。但他們卻總是天天提醒自己的兒女們，自己的民族從前是怎樣的給人欺侮。這就是其中的一種歷史教育！這正是日本人和猶太人所以愈來愈團結強大的原因！

我們要記著，切不要因爲害怕引發種族主義排外情緒而摒棄歷史教育。良好的歷史教育本身不會帶來復仇性的種族屠殺。

我們現在擔心的倒還是：在我們還沒加強歷史教育而世界又未發展爲所謂大同之前，中華民族又要痛嘗另一場外來侵略的大災難，———這一回不一定是軍事上的，而極可能是文化上又或是經濟上的。

在抗日戰爭中慘死的英烈們請安息吧。我們現正積極提高歷史教育。你們的血，這一趟也許不再是白流。

(1995-03-11)

「教辱」

夫今日之所謂教育者，教你受辱也。

受辱之時，最緊要忍。我忍忍忍忍忍！百忍成金，千忍成佛。故教育也者，亦足令我成佛之大業也。

西方文化尚爭，東方文化貴忍。在教師而言，忍之涵義有三：堅忍、容忍、辱忍。堅持普度學生之心是堅忍；寬恕學生之惡是容忍；給學生侮辱淡然處之是辱忍。

三者之中，以末者最難。老師經驗不足者，誤以師道尊嚴，不可稍犯。學生蒜皮小事，也給鬧個天大。要他／她忍辱，恐怕難上加難。

殊不知要普度眾「生」（學生），得先過忍辱一關。「忍辱」乃佛家弟子修行的「六度」之一。佛成於忍，教育亦然。頑劣學生之離惡向善，大部分乃成就於老師們的忍———一種無堅不摧的感化力量。

學生遷善改過經漫長歷程，需要時間。人皆有悟，快慢不一。教育屬細水長流，不求「頓悟」，但望「漸化」。今日不悟明日悟，人總有徹悟的一天。教師要做的，是廣種善因的工作。收成如何，固看緣化。而學生之辱我，不外助我修行。既靜心說理，教學相長，何怒之有？

知易行難，且舉蘇軾（東坡）學禪故事：東坡在瓜州當官，曾渡江往鎮江金山寺跟主持佛印禪師學禪。未幾而自覺修行有成，乃作一偈云：「稽首天中天，毫光照大千。八風吹不動，端坐紫金蓮。」（陳一陽《東方妙智慧》，北岳版，頁九五。「八風」指地位、譏笑、毀謗、名譽、利害、衰病、痛苦、快樂。）然後派人往交佛印。誰知佛印卻在上面寫了「放屁」兩字送還。東坡看了光火，馬上渡江，氣責佛印「穢語相加」。佛印反哈哈大笑：「你不是『八風吹不動』麼？爲什麼被一『屁』打過江來呢？」

忍辱不易，成佛尤難。現實倒是屁來屁往，兼且愈放愈大。

唉，我們大概都要多受點「教辱」了。

（1995-03-18）

臉兒不够白

多倫多大學OISE，黃昏。

「讓我們喝杯咖啡，先休息一下吧！」教授說。給轟炸了近兩小時的腦袋，渾噩噩的一同跑上小餐室（Cafeteria），照例可樂、小曲奇，付錢，「埋堆」，坐下。室內豆燈昏黃，羅曼蒂克。同坐的同學大多任職醫學院，話匣子一開，總是天南地北。自己英語水平差，當然聽多講少，偶爾插一兩句不相關的話。

「近日我系有色族裔（visible minority ）的同學成績果真不錯，他們念書拚勁十足……。」教牙科的洋女教授漫不經心的說。

心道：「果真識貨。」滿以爲自己是中國人，叨了點光。隨口問：「在醫學院學習的華人學生多嗎？」誰知經此一問，討個沒趣。

「哦，八一年著實太多了，佔四分一，其實這等華人學生不過精於考試而已。嘿！如若是我，倒不收這類學生哩！成績好不代表他日是個好醫生吧！華人學生在中學成績雖是優異，但缺少運動，又不參加課外活動，不關心社會……。」對座的醫學院洋男生突然滔滔議論，瞪眼板臉，大有誓驅我華裔而後快。

同座都點了頭，又找其他的話題了。而我呢？一時孤獨加悽愴，是滿心的忿悁！

原來八一年多倫多某電視台也曾爲此作過專題報道，煽風點火。後來發覺醫學院的華學生絕大部分是加籍居民，反給「平權會」告了一狀，一時風風雨兩。此後，聽說醫學院果真改變了招生的準則。

成績好不一定是好醫生一論，自可成立。然而，優於課外活動又必屬良醫乎？

詭辯乃洋人之所長。一大堆理由的背後，真正的原因可能只有一個：華人的臉兒不夠白！

倒沒聽說中國的華陀和舉世知名的醫學大師阿拉伯人拉齊斯（865——925 A.D.）是熱衷課外活動的。

(1995-03-25)

社會科學萬歲？（一）

十九世紀西方工業及科學革命賜給現代知識分子兩個重要的信念：其一爲「科學方法」（scientific method）足替人類解困除憂；其二爲改造社會環境即可改良社會。茲後，人類的行爲被當作「科學」來研究。

自然科學研究要先設一個假設（hypotheses），然後拿去驗證（experimentation/investigation）。社會科學研究自亦跟隨。例如以研究比較教育飲譽的Brian Holmes，就主張先在哲學層面立一個「理想典範」（ideal typical model），然後再在人類社會各種資料（data）分析中找實據。

所謂「理想典範」，其實不過是一個哲學上的假設，不能當真。以假當真，正是今日社會科學害人最深之處。「大同社會」「共產世界」固是美好，但，它們畢竟只是一個假設，一種理想。強拿社會做實驗，其爲惡之大，有目共睹。

且以蘇聯變天爲例。變天之前，西方研究社會科學的「專家」們，包括那研究政治的、經濟的、社會的……，鎮日擾擾嚷嚷，假設連篇。一時在政治上叫蘇聯即時揚棄共產主義，一時在經濟上叫她趕快接受什麼「震盪治療」。說做了必可化險爲夷，諸事皆吉，動聽之極。蘇聯有位留學哈佛的小伙子(名字忘了)，竟信假爲真，拿著厚厚的論文，傻兮兮的回國搞「震盪」去。結果怎的？連殘喘的那口氣也給霎時震斷，堂堂一級大國，一夜之間，淪爲三等。

研究社會科學的人，大多愛在自己滿以爲「真」的假設上，盲扯瞎吹。他們的徒子徒孫，包括那些不肖的中國假洋專家，也使勁的吹捧看。愈吹愈大，成了宇宙的無限，放四海而皆準。人間的問題，眨眼間像都一一給解決了！

Hallelujah ！社會科學萬歲！

大家就拿著什麼這個那個「社會科學家」假設的大道理，夸夸其談。而我們的教育，卻是這樣的一年一年的去簡就繁，化繁爲亂。(1995-04-01)

社會科學萬歲？（二）

社會科學既自稱「科學」，自不然也要做點所謂「實驗」。可恨人類社會資料浩瀚，不同民族不同社會不同時代，思想價值文化取向又是這樣的各不相同。加上吾生也有涯，遍檢既不可能，取巧自是成風。———其合者取，不合者棄，夫之謂「受控驗證」（controlled experimentation）。驗證的條件自訂，進行亦皆「自控」。其結果必然切合其假設，又必然一躍而爲真理。然而，社會科學理論多多，此真彼真，必有一假。真假之間，關係存亡。學術論辯，有如審判生死。不幸敗陣，則神話戳破，一生信念連同餘生意義，一併活埋。甚者淪爲杏壇笑柄，怎能不兇巴巴的言詞極盡狠毒？！

學術界陰險狠毒，還算事小。那不知就裏的，竟拿去社會搞實踐，來個翻天覆地，那才事大。而受害者，往往是第三世界落後地區的貧苦大眾。

今天，研究社會科學的各類「專家」，總愛對第三世界指手劃腳。在世界銀行（World Bank）銀彈的支援下，忙著跑去那一窮二白的地方展拳腳。靈光的固威風；不靈光的，拍拍屁股溜人，管他什麼爛攤子。何況，一大堆一大堆搜集的資料，滿箱滿箱的運往他的先進國，倒算沒白幹。可憐那被人用來「實驗」的懵蛋，卻連個副本也沒有。

社會科學專家萬靈？且舉一二。Franklyn Griffiths是加拿大政府的俄國問題專家，在大學教書。坐擁逾三十年的研究，對蘇聯集團的一夜瓦解，他竟可以絲毫未能預察！堂堂「科學」，且遇考驗，即時泡湯（參University of Toronto Magazine,Spring 1994）。

Bernhard Karlgren（高本漢）乃著名漢學家，其《Philology and Ancient China》（OSLO，1926） 將中國貧困落後歸咎中國文字。尋而大聲疾呼，說要拆散古老笨純（old and idiotic）的方塊漢字， 改爲語音書寫（phonetic writing），然後中國人始 得配與西方人同稱教化（civilised）（pp.140,152）。

著名的社會學家Max Weber寫《The Chinese Literati》一文，對中國文化鬼話連篇，滿紙不屑。 Joseph Needham又責中國書法有害科技發展……。 唉，夠了夠了，不再舉了。

但，他們全都是顯赫的「專家」呀！可信嗎？可行嗎？

可憐貧苦善良的中國老百姓們，就這渾渾沌沌的做了百年實驗用的白老鼠，給「驗」個死去活來。殘弱之軀，可否賜個喘息？

(1995-04-08)

談「士」

八八年在 OISE 上 Hayhoe 教授課，論知識分子（Intellectuals）。一般而言，知識分子需具認知能力，有專業技能。Hayhoe 謂即中國之所謂「士」，筆者即時異議。

西方學者如 A·Gramsci 傾向用社會功能（SocialFunc-tion）作爲界別知識分子的標準。中國不然。傳統之「士」，不僅徜徉於四書五經六藝之業，還要講求人格，著更深層的道德意義。論認知，人皆有認知能力。Gramsci謂人皆可以爲知識分子（「all men are potentially intellectuals 」, 1971：3），實猶孟子之所謂人皆可以爲堯舜。惟前者立論於技能知識，後者立足於道德人性，二者判然有別。

筆者於學雖無所精，但數十年讀書感受，「士」者當具良知，一生延續文化，維護人性尊嚴，殺身不渝。「士可殺，不可辱」，士之爲士，豈獨「通今古辨然否」而止？

東漢「黨錮」之李膺、陳蕃和大羣受害太學生，可以爲「士」；宋文天祥、明史可法，可以爲「士」；近代革命先賢、抗日先烈可以爲「士」。總之，凡擇善而執，遇難不避，遇權姦不懼，平日不會因私心而埋沒良知以取悅當權，浩氣凛然可昭日月者，方得稱之爲士。

區區莽辯，一座不愉。九零年回港購得《九州學刊》（一九八七，二卷一期），拜讀余英時「略說中西知識分子的源流與異同」，分明點出二者相異處。忙映印一份寄予教授，以證當日非信口開河，不意教授爲之大悅。

余英時乃大學問家，他的剖析，精細入微。他提出「士」作爲「社會良心」，發人深省。不過，筆者認爲，中國傳統「士」之捨身就義精神，乃發諸個人內裏「爲天地立心，爲生民立命」的「不忍人」的道德救世心，多於外在的「社會良心」。

潘某自問沒有殺身成仁的高尚情操，從未敢以「士」自居。營營役役，與販賣知識混飯吃的現代普通知識分子，幾是一丘之貉。尚堪告慰者，未致淪落於賣靈求榮，亦因之而帶點固執迂腐而已。回顧國史，「士」，本來就是珍貴稀有。居安慣聽豪情語，臨禍罕逢守節人。時窮而「士」現，不賣友謀利求活已甚可貴。

近日《明報》專欄諸公屢興「西山薇蕨已精光」之歎，對現代中國的知識分子，未免寄望過厚。

(1995-04-29)

《岫廬文庫》王雲五序

台灣商務印書館之《岫廬文庫》，始編於一九七七，乃王雲五（岫廬）先生之門生故舊賀先生九秩壽誕而輯，迄今出書已逾百種。儒林美事，千秋佳話。近翻文庫業師嚴耕望教授《治史答問》一書，內有岫廬先生手迹遺序，偉人胸懷，朗然紙上。惟是序以草法出之，時下學子若無草書根柢者，恐未必能一一辨讀，易有所失。區區不才，稍通書道，敢敬釋之：

「序：往歲余八八初度，政大政研所諸舊游集文為壽。秀才人情，余不能卻，亦不當卻也。結果除發起諸君子人各一文外，知交聞風響應，自動參加者不下十人，咸自素稔之不同角度為余寫照。合得五十餘文，彙刊成集，顏曰：『我所認識之王雲五先生』。甫數月，即告重版，其三版亦待印矣。今歲余屆九秩，雖因心臟衰弱四載於茲，尚幸苟延殘喘。舊游諸子復以文為壽，惟稍異於前；蓋前者人各一文，彙集成書，今則人各一書，多為其心得之作，純屬學術性，足以流傳久遠者也。余初以重勞諸賢哲，為一人而耗多士精神，余何人耶？敢當此殊遇。曾力勸撤銷是議而不得。嗣思明歲余既決計擺脫本館，在卸責前，不得不作較長期之設計與努力。除延聘宏博增修或新編鉅籍外，並廣徵各科名教授，分別為撰大學叢書百數十種，約共三百冊，於三年內陸續繳稿付印。譬諸作戰，先謀充實餉械，俾立於不敗之地。余雖以衰老之身，孤軍奮鬥，率已初步達成願望；益以今歲繼續為力，則明年交卸時，業為繼起負責者籌足自保之資源，至少在相當時期得以措置裕如。今者舊游諸君子自動以心得之作，原則上為余壽者，實際上加惠於本館，此固求之而不易得者；更奚可峻拒？於是翻然改圖，一循本館徵稿通例，分別與各書作者訂約奉酬，版權共有，同時相與商定體例，以五萬字為單冊，十萬字為複冊，十五萬字為特冊；字數更多者得分上下二冊。

全書命名岫廬文庫，余在名義上拜登嘉惠，本館又得在實際上受其實益；且藉此無待督促，已承無數學者於百忙中抽暇發表其心得以造福於廣大讀者群，斯不僅為兩利之舉，縱稱爲三方兼利亦無不可。至於主編之責，則由諸同游推定陳水逢、王壽南兩博士任之。

定議甫二三月，自動參加撰稿者約當半百之數。迄今已繳稿者幾及卅種。預計今歲六七月間同時出版不少於廿種，此後逐月均有新作問世，蟬聯不斷；假以時日，不難漸臻百種或數百種，不其盛歟！中華民國六十六年六月一日王雲五識。

文庫時承政研同學以外之學者專家贊助，以其大作加入。本書即其中之一，爲本文庫增光不少。謹致無上之謝意。雲五附啓。」

(1995-05-06)

買一安身之所（一）

《明報》專欄《三言堂》兩先生述及大儒牟宗三先生臨終哀歎「一生無好運道，不能事業成功，教一輩子書，不能買一安身之所」，讀之心酸。

筆者沒修過牟先生的課，卻早仰其名，慕其爲人。在新亞念書時，曾遠遠的見過他一面。時值炎夏，他素衣輕履，閒坐農圃道新亞園亭之下。兩頰微陷，雙目炯爍，淡漠清癯，一望知乃高人。高人自不可攀，只宜遠觀，那敢接近？先生的平易近人，倒是後來讀報方知道的。

說牟先生誨人不倦，學問價值高不可量，大概沒太多人反對。今先生竟以「無好運道」「不能買一安身之所」來結平生，無乃藉己傷時，滄桑難耐。成就不朽之業，除具知仁勇外，尚要有忍受孤獨飄泊、貧困煎迫、閒言諷語的無比耐力。血淚交織，絕學得來不易。先生對社會貢獻畢生心血，而社會回報之以無一安身之所，未免寡情薄義。尤甚者有懷疑先生之高尚情操，那就更不應該了。

且不談先生有否寫這晦氣語。上一輩有志氣的文人，在物質上和精神上的生活大多歷盡悲酸，總是事實。他們都「無好運道」的，——不幸都生在一個善人沒好運道的黑暗動亂年代。比之史學大師陳寅恪，先生的遭遇其實已屬幸運。

喪亂的年代孕育了上一代吃苦奮鬥的精神，同時也塑造了他們慣於四處避難的浮萍心態。作客香江，談什麼置業？一置便是根生，故鄉情切，舊夢何圓？況且半世慘痛經歷，對房產老早失盡信心。戰火一來，必化烏有　，都帶不走的！

先外祖公謝熙先生也曾自嘲，身爲廣州余仁生藥行經理的他，一生就沒福氣住自購的房子。新屋每每還未蓋成，又得要倉皇避難去了。輾轉來到香港，一住三十年，都是租的。（他在港購物業已是暮年事，用作收租，沒住過。）

避秦而來的異客，大多沒想過要在香港買屋呆一輩子的。對，就買了又怎樣？六零年代買樓跳樓銀行倒閉，後來連「暴動」也來了，大家還不是一樣又要準備走難？

牟先生「不能買一安身之所」，恐怕不盡是「不能買」，還會是「不願買」，平白錯失了很多置業的機會。

(1995-05-13)

買一安身之所（二）

今日社會重實利，伊要生存，就得折腰。研究儒家義理心性之學希望重振中華文化的牟宗三先生睹此世變，大概不會快樂。

世道如此，爲之搖頭的恐亦不只先生一人。剛歸道山的學術巨人李約瑟（J.Needham）教授，爲了要維持他在倫敦一手創立的專門探究中國科技文明的研究所，雖年邁體衰，還不是要咬緊牙齦，奔走張羅，爲經費而賣命？

高調子如六十年代有洋人撐腰的香港管弦樂團，七十年代後尚且要向庸俗的社會低頭，要兼做「外賣」，要吹奏毫不古典的流行樂，要替流行歌星伴奏。樂團裏面力求格高調古的傳統樂師，想必擲琴而三嘆了。

就享盛名有地位者尚且屈膝如此，那讀文史哲講良知而又退了休的，遭逢能不更哀？其他讀什麼科學經濟的，退休後若命不該絕撈得個什麼顧問之類的頭銜，收入雖未必優於江湖賣藥的郎中，還頗得苟延殘軀的微效。可惜讀文史哲的大多連這丁點兒的空間也沒有，徒孤芳而自賞，等死後之憑弔。且一日不死，旁人是不大理會的。

這是個什麼年代？這是一個純以價格論價值的無靈無性的物慾時代。造成牟先生苦的，不是他沒有趕快在港置居所的高明，而是社會由義趨利的世變，是退休的人最怕遇上的通脹。身體日日羸，物價天天漲，高壽竟是上天給你開的最大玩笑。

年老而一墮貧窮，便成潦倒，萬劫不復。走筆至此，不禁懷念同屬新亞的故丁衍庸教授：晚年潦倒無人問，死後榮焉世同哀！就世所崇敬者如新亞創辦人故錢穆前輩又如何？耄老將死，標榜儒道的台灣社會對他也絕不手軟，無情攆他出寓所，一代鴻儒，倉然幾無處爲家！

世道涼薄，做教師的教一輩子書，吃一輩子清苦，勿自以爲就可享晚年福。十年前退休拿五六十萬公積金的同工，若僅靠收息度日，就算居所自購，面對今日貴昂的差餉、水電、交通、醫藥等基本開支七除八拆，若無子女接濟，看來皆去饑期不遠。就今日退休拿他百萬又怎樣？屈指一計，冷汗不禁又直冒出來了！

(1995-05-20)

買一安身之所向（三）

恩師嚴耕望教授也許是個例外，他的運道比較好。嚴師生性澹泊，熱愛家庭。對大半世共甘苦的師母更是體貼入微。師母一出聲，他大概就管聽。筆者猜想，可能是他澹泊安仁的性格，導使他在七零年竟棄大學提供的租樓津貼，以半生積蓄作訂，買下了義本道的寓所，安居至今。有所之餘，尚領台灣中研院院士的俸給。茶飯雖粗，卻可靜心完成計劃巨著——《唐代交通圖考》。師曾笑稱，這大概是他一生容易滿足從不斤斤於利的結果吧！

牟宗三先生亦澹於名利，但心境未必如嚴師般平靜。香港言利，沒有類似中研院的慷慨。對畢生治學不善理財的退休大儒來說，生活可憂。而先生哲人胸懷，救世心切，心情容易產生激盪。且沒料到這二十年來香港樓價以廿倍漲，就立志許身金股樓市的經濟「學者」，也爲之措手不及，又奚論先生鎮日沉思於儒學康德而無暇於俗務的呢？

今日香港，已退休又或行將退休卻未能或尚未曾買一安身之所的，咸呼是人生一大憾事。在這一憾來說，飲恨者眾，先生不孤。就貴爲港大校長而今年將要退休的王賡武教授，最近亦曾公開爲未及置業而悔晚。對於真正的學人來說，退休於大學，在專注學問工夫上自是求之不得。但，在物質生活上的頓時斷炊，其慘酷殊不下於車裂。

大名不是鼎鼎又或不學無術的大學教師，退休而一旦失卻大學這道靈符，謀活更屬不易。香港人不做蝕本生意，香港政府也不是善堂。今日有些大學教師不管學術不學術，只管趕及退休前刮足百年糧，實港人本色，毫不足奇。但對於昔日那全心爲學術獻身而忘己忘憂不知老之將至的真學人若牟先生來說，卻未免是回頭竟是百年身了。

牟先生濁世清流，末代道心。先生在世雖未遺後人一安身居所，辭世卻留予萬代一宏偉耀目無以量其積的學術高樓。小子無知，謬以塵世俗眼論先生，未免冒犯，有瀆先生英靈，是大大的不敬。實在慚愧，疚不可言。

（1995-05-27）

叉燒飯

港大某精神科教授前曾譬性事爲「食飯」，近又撰文喻淫刊作「叉燒」。連篇高見，大概是情陷叉飯，慾海迷途。頗味此「叉飯」——「人慾叉飯」——雖燒由人慾，卻關涉道德，若吃得不當，必與「人肉叉飽」同屬倒人胃口。

若依性事等同「吃飯」爲論，則「墮胎」信乃益身的「通便」。至如產子也者，實亦每天例行的「大解」。肚兒一疼，就趕往廁所順把缸掣一拉便是。那擠出來的連同廁水朝污渠激流而下，就此百了。善哉善哉。

至若色情刊物堪比「叉燒」「美食」如教授言，那校園鹹書處處，無知男女同學的瘋情互「嗒」（吃也），致而公園幽地平台暗格常遺血染的膠套，梯間陰角垃圾池房偶見帶臍的血嬰，斑斑血滴叉燒紅，全都是那「叉飯」「美食」後的正常產物，有啥足怪？

乖繆如斯，錯在只懂思前，不知想後。

吃普通的一頓飯，固不必談什麼道德後果。只要開懷，就多吃一點又何妨？頂多傷了腸胃，於他人絕無所害。飯後果有所謂責任，充其量不過是切勿到處胡扯亂拉，免得臭氣熏天，——這是很不道德的。

然而，小孩子看了淫書想入非非復又誤作性事若便飯而吃大了肚，招來的可不會是肚瀉或肚痛，而是害命的墮胎！又或誕下的不是叉燒而竟是胖白可愛的寶貝，直教那猶賴父母養活的乳臭未乾，即時要背上沉重得要命的兒女債，這又豈是輕鬆如吃飯解手所能比擬的呢？

關乎道德人格的飯切不可以亂吃，——伯夷叔齊恥食周粟，君子不吃嗟來食。問題不在於吃，而在於吃後會帶來德敗格喪的痛苦。

隨意擺放的叉燒也不可以亂食。特別在烏煙瘴氣的污穢環境之下，爲了公眾衛生，沒包好沒蓋好的燒臘熟食理應禁止售賣。北美唐人街的老闆往往就是因此而被票控的。今日教醫科的教授竟會驚訝於「街邊的叉燒燒鴨等等全部都應分級包膠」且嗤之以鼻，真令人費解！

教育而不談道德責任，不算是教育。「性教育促進」若不顧道德，不如正名做「性促進」。由它所提倡的「性開放」，不過是「性隨便」。後者是成年人的荒唐，與學子的教育無關，倒不便在此糾纏下去了。

(1995-06-03)

國文教學的枷鎖

今日國文老師教書，頗偏重講修辭，析句解。將一大堆西方語言學的大道理，都運用到中文教學去，幾乎無處不以作爲第二語言的英語教學爲馬首是瞻。

吾輩小時候沒讀過修辭法。國文老師也從不會像英語老師那樣天天在黑板上寫那「subject＋verb＋object=complete simple sentence」之類的程式。結果，教出來的中文程度，一般還算不錯。

現在的學生可真苦。天天去學什麼擬人法、擬物法、頂真格……，天天要分什麼副詞、介詞，原來不是學中文，是在學分析中文，學高深難明的語言學。成績如何？大家心照！

語文是長期的模仿與練習。它是活的，是變化多端的。將活的富有藝術性的語文學習變成是死板板的機械性的語言「規律」分析，是今日中國語文教學的悲劇。愈要講語法修辭，學習就愈是機械、愈是呆板。結果將有生命的語言連同學生的語言能力和創造力，一併活葬。

《阿Q正傳》屢見「她媽的」罵人語。此三字若活用起來，花式倒亦不少。將「她」、「媽」、「的」調來調去，其同義組合，起碼過十：「他的媽」、「媽他的」、「他媽媽的」、「媽他媽的」、「媽她媽媽的」……。若用語言學分析，恐怕就只剩那他媽的一個。

語文不是機械死物。它隨著時代而變，是一門高深的藝術。在富有藝術充滿生機的中國語文裏面，硬找那金科玉律，相信比登天更難。何況這所謂語言鐵律，它本身也不過是一種「假設」。這假設性的法規對專愛反傳統反規律的中國文人來說，實際也不盡合用。中國語言尙意會，重境界。就算是絲毫不合規格的「無厘頭」語言，也發揮著傳情達意的正面作用。無招勝有招，死守西洋專家什麼語言定律作啥？

語言學既自稱「科學」，就由那鍾情「科學」的好事之徒搞吧。中學的國文教學不必勉強走那「科學」的機機械路。也不必搞什麼「實驗」，拿學生的語文能力做賭注。

大家平日好好的模倣，好好的練習便是。只要言辭達意，只要思路清晰，管他規律不規律，科學不科學！

要擺脫語言學的枷鎖，中小學的國文教學才會有重見天日的希望！

(1995-06-10)

報應

去歲接Hayhoe教授信，得知她因母親不幸歸天，哀慟經月。而她父親復又不堪刺激，中風半癱，可謂禍不單行。安樂家庭，突遭巨變，頗證天道無常。教授性孝，怛怛然頗思擲筆，事父歸田。洋人而有此孝心，可謂百中無一。這可能是她深受中國文化薫陶之故。

潘某八七年遷居加國，隔籬獨住老鬼婆，子離女散，生活孤清之極。每黃昏散步，總見她獨坐階前，翹首望天。余且謂之「望歸」，———若非奢望遊子歸鄉，當屬祈望上帝賜恩，得早歸天國。斜陽冷照，秋風殘暮，八分無奈，兩分淒酸。晚景竟是悲涼至此！

《Accidental Hero》作者Leonore Fleischer筆下那中年的Bernie Laplante，行路從不望天。因爲：盯地偶拾銅錢數，瞻天決無飛錢來，————踏實到絕。但是，事事求實利的鬼佬鬼婆，晚來反好觀天，誠意料之外。也許是老了可休，飲食由政府供奉，腦袋無事，方恍然覺悟，天倫才是人生的最大慰藉！正是牛排雖美兮，何堪乎孤寂？

儒家倡父慈子孝，講善待子女，談飲水思源。重家庭，貴人倫，爲的是要建立一個合情合理的溫馨社會，使幼有所長，老有所依。此長此依，也不全在物質上的三餐溫飽立說。平日噓寒問暖，精神上的關懷，更是重要。洋人教育不知此義，謬將教育作「科學」，以精神當物質，事事謀「效能」、「質量」，處處要用數字用指標去「量度」。教育要義既失，教出來的年青人自亦有理無情，不離家出走「獨立」謂之天下至瘀事。且不單要走，還要遠走，愈遠愈叫「成長」，愈覺自豪。教育教育，知識與謀生伎倆之傳授而已，是可以用來「量化」、「量度」的。什麼恩德情義，管她屁！

難怪西方耆耄多孤獨，其仰天大概也是白望。彼固無言，天復何語？種因得果，這是西方現代教育不重家庭倫理自招的孽，與天何干？

斯俗世之所謂報應。　　　(1995-06-24)

學術寫法

秋菊打官司要討個說法。寫學術文章亦如打官司，是成是敗不在乎其真，而在乎能否弄語言花巧以折人。這當然也需先訂個寫法，否則便是不夠嚴肅，不夠謹慎。用錯了字而官司一輸，倒不是鬧著玩的。

在多大安省教育研究院進修，寫論文慣用「他」(he)。此「他」一出，女教授總愛在「他」旁加個「她」(she)。曾眉批道：有「他」無「她」，既有歧視女性之嫌，兼且不夠學術。

對，在東邊的中國，女性已頂起了半邊天。看，香港的臨立會，不是給「她」頂住了、懾住了嗎？

來到西邊的加拿大，更須入鄉隨俗。一說及性，得小心腦袋兒。嗨，女子就業易，男兒搵食難。權力從來與金錢掛鉤，不失威做小白臉已是萬幸，還寫「他」幹什麼？

此後，寫文章更要戰戰兢兢，加倍戒懼。他／她的一大堆，從不敢嫌累贅。就「他媽的」也不能妄寫了。要寫，也該作「他媽的／他爸的／媽她的／爸她的……」，否則不算正確。若保護動物權益的來抗議，當然還得加一個「牠」字。

這叫———「學術寫法」。

(1997-04-18)

了不起

董橋《英華沉浮錄》記台灣隆胸廣告「沒什麼大不了的」。復言在北京若受騙而買錯文物贗品，也是「沒什麼大不了的」。

美加市場近年患萎縮。那專攻醫萎縮症的大夫們，想必風生水起，說藥到自可春回。凡治那話兒的，登廣告無妨寫道：「沒什麼了不起的。」

中英對罵，中方悻悻然說，就另起爐灶沒大不了。來自西方的督爺彭定康，竟抿著嘴施施然笑：「沒什麼了不起的。」（no big deal!）

「沒大不了」和「沒了不起」，意思分別其實不大。然而，其目光的一上一下，卻大有雲泥之別。

中國小百姓凡事慣了向上觀，———觀主子面色；西方政客則凡事習於向下察，———察選區民情。這叫做文化差異。

文化不同，東方人因而愈來愈喜歡看大，西方人則愈來愈喜愛見起。大了大了！起了起了！彼此視線，自然就各有專注，各言其極了。

但願陰陽相調，雨潤風和。讓當大的得大，當起的得起。

(1997-05-09)

中國通

西方「中國通」多鍾情中國文化，關懷中華民族。讓他們掌管對華外交，對中國是最有利的。因爲，中國通都讀過中國近代史，對帝國主義在華的種種惡行，自然心中有數，他們總想爲中國人做點好事。是發於菩薩心也好，出於贖罪心也好，我們都感激多謝。

其中的表表者，一爲加拿大的許美德教授（Ruth Hayhoe），一爲英國的衛奕信。許教授是我在多大進修時的老師，「六四」後派駐加拿大北京大使館。衛奕信是香港八十年代末期的港督，「六四」後政治環境驟變而丟官。兩位都是出身倫敦大學的中國通博士級學人，文質彬彬，謙和有禮。

我對中國中古史還算稍有涉獵。若論對新中國的認識，可就遠不及曾經在大陸生活過、在上海復旦大學教過書的許教授。她對中國傳統文化所知不多，不時惹我坦率而近乎不敬的辯駁。但她總是不慍不火，信因她對中華文化喜好至近乎溺愛。去歲許教授新婚。年初見她明艷煥發，補祝生活愉快，白頭偕老。

至於衛督的黯退，最不幸的倒不是他，而是香港，而是中國。（脫稿日，欣悉許教授獲聘香港教育學院院長。）

(1997-05-12)

注定做牛

問成功之道，諸家大多贈你，學牛。其實，牛勤力不過是基本功，天天勤日日力，始終不外靠個力字。牛耕田確勤力了，卻未曾見過牠可以羽化爲鶴。做閒雲野鶴，決好過做日曬雨淋的牛，萬倍。

所以，若練好了基本功，快快看有沒有條件練上乘功：化力爲逸，化逸爲仙。

練上乘功的方法大概有三：讀書、淨心、離濁。一言以蔽之，求乾淨而已。

讀書所以淨心，淨心所以「除功利念世無爭」，無爭自然離濁。此濁一離，塵世痴心妄念自滅。事事求騎在別人頭上的魔心自息。

淨心離濁，當下便是淨土。「名利遠，是非絕」，眼前只見清風白雲，皎星潔月，乾淨到不得了。

學習書法練上乘功，亦在練乾淨而已。清代大書法家趙之謙評他自己：「作書大病五字，曰起訖不乾淨。」足見求乾淨之不易。因爲時代愈降而世愈濁，而名利私心的枷鎖愈重。濁染成習。要擺脫？難矣哉！

所以，愈遲出世的，愈已注定一生，———做牛。

(1997-06-13)

無串不歡

俗稱爲人師表者乃「人之患」，大有道理。蓋拆「患」字爲「串」「心」，則學校確是串心地。而「串」，實亦學校生活之主要內容。

夫教育也者，師生間心連心、心言心之串心之業也。教育不同自然學科，它浮遊於科學人文之間，大可視之爲藝術。此陳師曾（衡恪）前輩所謂以心傳心，以精神相感應者。況「串」若讀爲「慣」，則作「習慣」解。培養學生好良習慣乃教育之目標。故以「串」言教育，確甚貼切。

就教師而言之，外承官廨之「串」、議員之「串」、家長之「串」；內受校長主任之「串」、同事之「串」、學生之「串」。日常工作，竟亦無「串」而不歡。

就學生而言之，其「串」更廣。平日串校長串老師串同學已屬等閒事。至於上學堂串字；課後結黨搞「串連」；聯同少數滋事分子設詭計「屈」老師的「串騙」；恣意往別的班房搗亂的「串室」；在老師面前「玩嘢」的「串戲」；犯事齊齊編織故事的「串供」；上課私私竊語擠眉弄眼的「串話」……，日日都是家常。

噫，孰謂學校生活，可以一日無「串」耶？

(1997-06-16)

新思維（一）

在社會矇矓人道主義的催生下，我們的下一代，出現了新人種。新人種自備「新思維」。傳統文化若遇之而示怯，必被他們打個落花流水，氣爆身亡。

新思維的第一個內容，是萬事好講「新邏輯」。別小覷它「新」，它的毒足可致命。

課室內，新人種才打開剛派回來的試卷，一怔：「吓？又係蛋？答案寫錯一字啫，咁都冇分？」即時怒火中燒。衝前劈頭便問：「阿蛇，你有冇改卷呀？」

筋暴氣殺，阿蛇爲之面青，心兒盡卜卜往外跳。驚魂甫定，看真，啊，原來新人種寫的是「咱媽媽是男人」。將「女人」誤寫「男人」，怎可給分？正想解釋，而新人種已大聲搶白：「阿蛇，你有冇邏輯呀？你買六合彩中五個字都攞三獎啦！何況呢句都幾有創意啫！」班中同類霎時嘘聲震天，繼而失控。

嘔血之餘，尤須小心新人種回家告狀去，誣你教書馬虎。只要矇矓人道主義的寶劍一出鞘，可以即時斬你首。

對，沒有「新思維」的腦袋，確是斬不足惜的！

(1997-06-20)

新思維（二）

新人種新思維的第二個內容，是凡事必愛「問責」，——問你敢否負起他幹傻事的責。

上課鐘聲早響過，校園一片寧謐。突然，砰的一聲，校門推開，進來了李麗慈。麗慈例遲又施施然往校務處遲到簿胡亂一書。剛想返課室去，冷不防訓導主任吳識嚴竟站在她後面：「喲，麗慈，又遲到囉！養成習慣，他日怎生幹活呢？」

李雙眼一瞪：「密司吳，乜朝早唔使食早餐咩？吓？唔食嘢返學，暈咗嚮課室度，你孭唔孭得起先！？」

吳自度「孭唔起」，改口勸她早點睡。誰知不勸猶可，一勸卻鬧大了事。

「喂，你知唔知乜嘢叫做人權呢？吓？連我幾時瞓都冇自由要你管？吓？吓？」

吳即時做了木雞。若違反人權自由，要「早抖」的可是她自己了。其實，李麗慈用人權自由做盾牌已甚俾面，至少沒要你命。儂小姐若刁蠻起來，說說要跳樓去，那你唯一的選擇，是早她一步——跳。

她未必跳，卻已稚女無辜，賺人眼淚；你真的一跳，人們會說，定是避責自殺，死有餘辜。

(1997-06-23)

新思維（三）

新人種新思維的第三個內容，是最講「孝心」。除了天天「問候」自己的父母之外，更愛天天「問候」別人的父母。正聖人所謂「一出言不敢忘父母」，大有「爸吾爸以及人之爸，媽吾媽以及人之媽」的類似墨家的氣慨。

但凡放學時間，充塞於巴士、餐室、大街小巷的新人種們，句句總必以問候令壽堂爲始，以問候你母親爲終。此刻做老師又或是新人種的叔伯長輩，切忌外出。否則不幸遇上這等小輩，炒蝦拆蟹呼「調」喚「掉」之餘驀然回首，尊你一聲阿蛇、阿叔，——— 一街人眾隨聲不屑地瞟你一眼，看你的頭可往那處鑽！？

新思維的最後一個內容，是對「性經」無限迷戀。凡「性」皆善也。所謂鹹帶看得多，自弭性幻想。是知萬惡皆因禁淫生，社會偏要燒鹹書，真個大惑兮不解。我新思維誓要溺淫海，天天搞性關係如吃生菜，謂之「靈慾革命」。就革出人命也別怕，責任自有社會負。嬰兒誕下，看你矇矓人道主義傻兮兮的社會能敢不養？

二十一世紀是新人種的天下。凡事高舉道德理性的，都要靠邊站！

(1997-06-27)

各作各孽

爲說之難，不僅因語言文字未能完全傳情達意。更要命的，是環境不同，理解各異。

例如「澹泊」、「隱逸」之類，本是褒詞。《紅樓夢》、《老殘遊》、《金庸俠》，推重的正是這佛道靜境界。當然，想澹隱，得先有米。陶潛能夠守拙，全仗他的「方宅十餘畝，草屋八九間」。房產多如斯，何須再營營役役與市井爭蠅利？甘迺迪夫人積琦蓮，晚歲鉛華盡洗，過歸隱淡泊生活。無他，皆因她曾大富大貴過。名利嘗遍苦，頓覺紅塵破。中外皆然也。

至若升斗小民，無名無利，兩餐尚且不飽，談何澹泊？於是澹泊退隱云云，實與虛僞矯飾同等。迂腐且過時，何褒譽之有？

又如「市儈」，本指唯利是圖錢開眼。它大概不會是褒詞吧。然而，在香港人來說，卻是愈爲市儈愈率真。人性本如此，又何必弄虛而作假？

借問：市儈是人性的真？澹泊是人性的假？曹雪芹、劉鶚、查良鏞等，都在作假？都迂不可及？

同一文章，看了可各因環境各因私心各自生義。結果，誤會重重，冤案總總。——作者讀者，各作各孽。

(1997-06-30)

唯靠勤奮

去年今日，會考放榜。一家即返多城，匆爲小兒報讀十二班。想多市我之所熟，買樓入學，當閒事一樁。豈料到埗之後，大繆不然。———名校地區，租賣「乾塘」。

八月中矣，爲人父母，能不惶急？無奈投奔姨家遠地，入讀小鎮 Aurora。隨之側聞流言有三：一者非名校學生，報讀大學會遭扣分，入名大學的機會自少；二者來自香港的會考畢業生，例須多修一年十三班；三者若望名大學青睞，請多做義工。觀此，小兒今年得入大學之成數，當屬微之又微。內心日覺戚戚然。

一載煎熬，尙慶流言俱不盡實。寒風凜雪，每天挨來回兩小時的「高巴」，一學年僥湊足七科 OAC，今秋幸入多大奉陪末座。

是知選校之要，不在乎「名」，而在於校風。愈純樸愈地道愈好。至於學業成績，大學取錄，端靠個人努力，與學校的知名度，了無關係。華裔中產家庭憂患意識向來特重，勤奮素乃華裔子弟之強項。滑鐵盧大學主辦全加數學比賽，今年 OAC 組成績優異入加拿大榮譽冊者七十七人，華裔姓氏竟佔三十二，確實技驚十省，炎黃添光！

(1997-08-11)

四類父母

愛子情切，父母之常。可惜愛之若不得其法，往往變成害之。

望子得捷春闈，非華裔特有。猶太人家教甚嚴，因而人才輩出。成龍在教，但不是教以旁門左道。從來認爲，教兒先重其品。人品好，就算不成大器，也不會遺害社會。古謂養兒防老，我謂結婚而上蒼搭個生兒育女的責任，則切防老來折墮。晚年子女吃黑道，沾手鮮血，回來不敬你銀兩而孝你老拳，這叫折墮。

十優狀元的人上人是前生修的福。做人下人的人渣可又傷透爹娘心。教導兒女，最好做人中人。沒出頭不打緊，最緊要站出來是個人。

當然，近墨者黑。有怎樣的父母，就容易教出怎樣的兒女。香港人少談品德，笑貧慕娼，鋤弱扶強，瞞天過海即神仙。結果是人無實學，各走「精面」。新一代墮壞，信由家庭教育的衰敗源其始。天下父母原三類：一是自己與兒女共成全之極其幸運；一是成全自己犧牲兒女的自私不仁；一是成全兒女犧牲自己的舔犢情溫。近日，香港科舉局那父親於三類以外別出心裁，做試卷神偷，害得父囚子毀，———慘輸兩代。

(1997-08-29)

童話歸天

八月卅日晚，熒幕前。聽罷Pavarotti，轉台CNN看新聞。一看，字幕「戴妃受傷」。不到一小時，是「戴妃重傷」。再半小時，「歸天」。心情隨字而趨沉重。

童話戳破。就連這最後的一個小泡沫，也一撞而即時破滅。戴妃歸天，新舊童話，大概從此更難引人入信。童話裏面王子公主的美滿幸福，都是騙人的。

其實，童話本來就是童言，是爲潔白無邪的兒童而編造的，也只宜說給兒童聽。他們往動物園看不見籠裏的猛虎，只管天真地問：Why don't we jump into the cage to find it？（點解唔跳入籠去搵佢啫？）可不知道 ，一入樊籠，則無論籠是皇室的、是傳媒的、是「八卦」眾生的、是紅塵的，都必然是傷痕纍纍，活命不易。

現實世界的籠，邪惡盈盈，陷阱處處。戴妃當幼稚園教師時，天天講童話，聽童言，不免誤以童話世界爲真。可又沒受過牛津劍橋大學滑言狡辯人情練達的洗禮，十九歲純直善良而獨闖皇籠，一伸足而悲情文學即多添個淒愴的故事。傳世文學，畢竟都是悲情的！

(1997-09-08)

安省教育弊端 （一）

安省教師大罷工。杏壇多事，害苦大家。什麼才叫「優質教育」，爭拗經年，看亦不動武無以為判。教學要不要先定個課程綱領？具偉大情操的教育工作者老說：不——須——要。因為一有綱領，「教化」的工作便給箍死。便不能因時制宜，便不能照顧「個別需要」。之所謂「教」，也不該單指課本知識，尤須注重教之以日常生活的「技巧」，———例如學做蛋糕、做手工之類。於是，作文可以不批，數學可以不授。有些甚至天天讓小學生呆坐課室的一角看電視讀課外書。興之所至，或做個「布公仔」練針黹，或焗件蛋糕試味道。這便叫做「教學」。安省中小學的課程，一般都頗為鬆散，也欠缺有效的監督和劃一的考核機制。有良心的好教師固然多，但人性趨懶，怎能對其中的害群之馬全不防範？

活動教學者，絕非隨意教學。國鍵曾在多大教育學院與在職教師為此論辯。可歎他們大多抗拒嚴謹的課程，反對統一的測試。確菩薩心腸，度己度人。——喂，人世苦，何妨給孩子們一個輕鬆愉快不愁讀書考試的童年。國鍵登時感動到喊。

(1997-11-03)

安省教育弊端（二）

安省現行教育制度的第二個弊端，是沒有規定學生買教科書。舉高中爲例，教科書幾全由學校借給，平時大多放在學校。學生平日在家溫習功課，實際上乃無書可用。讀書而無書，自然更易滋長惰性，原諒疏懶。比對香港勤奮學生除啃教科書外還瘋狂購讀各類參考書，這邊學生的漫不經心未知先利其器，確易惹人興歎。

第三個弊端，是中學科目修習期安排的失當。據現行制度，一般在第十一班修畢二十四個普通學分（credits）之後，就可選修用作報考大學的OAC科目。採學期制（semester）的中學，每科OAC學科的修習期限定半年。取學年制（non-semester）的中學，每科修習期也不過一年。兩者都容易造成個別學科學習在中學和大學之間產生斷裂。舉個例說，若在學期制中學的第十二班上學期修畢OAC的化學科，在第十二班下學期及第十三班的全年，就與化學科絕緣。一旦升上大學念理科，才驀然驚覺，以前所修化學，竟隨時光流洗，近於空白。這種因資源局限而衍生的一曝十寒式的割裂安排，其遺害若都算到教師和學生的頭上，未免有點冤哉枉也。

(1997-11-07)

政治良心

年輕時不知地厚天高，常在報刊亂發噏風。且都用上真姓名，有點大丈夫行不改名坐不改姓的氣慨。只在一九七零年十月十五日的《新亞學生報》發表的《中國近五十年局勢概述》，用了個「喬嶽」的筆名，因爲怕死。

六十年代末，「暴動」血才乾，人們最忌講政治，尤怕「共產黨」。一近它就恐有前程斷送之虞。耳語相傳，政治部的密探隨時敲你門。唉，一介寒士，上有高堂，下須傳宗，怎得不如履薄冰，一步兩驚心。

七十年代做人之患。不明文規定，「共產黨」三字禁提。否則自吃炒魷自己埋單走。教中國歷史嘛，下限「辛亥革命」。對，既已革了命，中國人從此就生活幸福了，又怎會再有「知所鑑戒」的悲情慘事可記述？若遇上學生問起，善執生者即要出裝聾作啞的招數。嗄，乜仲有咁嘅事咩？

政治骯髒，不談爲妙。這大概是我輩香港人的共識。安省某些教師竟膽敢在課室內爲一六零法案向思想未必完全成熟的學生們散播反政府言論，華人家長反應自然強烈。安省教師爲權益而在課室搞抗爭，請多問問良心，——宜否？

(1997-12-01)

朝廷害士

學校自古乃「養士」的地方，亦即培養正直敢言的知識分子。不正直、不敢言，那就枉讀聖賢書，枉做知識分子。

大家本知道，「天子之所是，未必是；天子之所非，未必非」。因爲，天子都是個肉血之軀，不是神。只可惜，「三代以下，天子之是非，一出於朝廷。天子榮之則群趨以爲是，天子辱之則群摘以爲非」（黃宗羲《明夷待訪錄》「學校」頁九上）。知識分子，爲了科舉干祿而喪失獨立人格。學校變成培植愚忠愚孝因利害義的地方，書讀個屁用。誘之以功名富貴，威之以牢獄殺頭。黃宗羲說得好，「朝廷」不特沒好好養士，還常常在「害士」。歷史所記，東漢太學生三萬人清議，不畏豪強；宋代諸生「伏闕槌鼓，請起李綱」，例牌都鎮壓收場。

「五四」慘勝，是西學東漸學校改革的成效，有點出人意表。「六四」悲局，不外東漢「收捕黨人」的現代版本，乃中國歷史的慣常。知識分子正直敢言的朦朧燭光，通常都是一按即滅的。很快，人們又回復過醉生夢死的「正常」生活。天子說是即是，天子說非就非。孔仁孟義，早付東流。

(1997-12-15)

學者慈母

章炳麟太炎先生《國學概論》，曹聚仁編。曹於書序「小識」說：「學者是青年們底慈母，——慈母是兼任飼育和扶持兩種責任的。」書生輕狂，讀之失笑。

指望「學者」做青年們的慈母，於性別方面未必完全說得通，就事實而論，亦極不相符。真學者醉心學問，假學者迷沉聲色。對自己的親生兒女且未必能有餘力關懷照顧，遑論外邊天下間那濟濟的青年們？

「學者」偶發雅興，侃談夫婦之道，大講育子之方。雖出善意，然妻賢子孝，說到底得靠自己的努力，不能靠「學者」的「飼育」、「扶持」。有朝你且或發覺，「學者」其實也自身不保。他自己原來也在鬧離婚，他的兒女原來也頗忤逆……。所以，學者就學者算了，慈什麼母？難道沒聽過慈母多敗兒嗎？

今日，有資格做青年們底慈母的，不是學者，也不是他們的親生母，而是偶像歌星。長者肺腑語，肉麻骨痺。若出之於偶像的口，則天下莫不景從，萬眾無不歸心。還是太炎先生在《概論》說得好，不要做「道學先生」，須「知古今人情變遷」（頁廿四、廿五）。嘮啥！

(1997-12-26)

放下籐條

知識分子的天職是批評，不是讚美。批評也者，是處處找出缺點，在在反對權威。——這，才配稱科學。

Carl Sagan 在他的《The Demon-Haunted World: Science as a Candle in the Dark》一 書中說：科學的價值觀和民主的價值觀是一致的，有時甚且無以區別。證諸希臘的歷史，民主與科學同步。科學的發展，極靠賴思想的自由交流。一語而道破親愛祖國的死穴。

科學奉宗理性和證據。它和階級權威、上尊下卑的封建盲從思想背道。什麼「亞洲價值觀」，於「穩定」社會秩序或者有餘，於發展現代科學則顯然毒藥。爲什麼在北美自由民主土壤長大的華人卻可拿諾貝爾？理由簡單：東方欠缺創造現代科學知識的環境。東方文化過分強調「服從」、「唱好」。對於獨立思考而又敢言的，不是給當作異端來整治，就是給流放海外指爲叛徒。餘者雀籠之內，有粒穀吃，歌頌歌頌。

科學界沒有權威，只有挑戰。一講權威，就已經不是科學。生活在加拿大想子女成材，請先打開雀籠，放下籐條，舉起科學。

(1998-01-16)

慎選大學

一月又到選大時。做預科生的，頭痛爆裂。 應選哪間大學？該修哪門學問？確費思量。

入多倫多大學？名氣大矣。但，高手雲集，競爭烈，測驗繁，壓力比天高。萬一捱不住，給踢出校門，難免蹉跎歲月。

且，班的規模驚人大，上課猶同電影會。一兩千人擠迫在一起，遠處掛幅大銀幕。場內黑漆，抄筆記固然困難，就開口提問，也屬癡想。

一切，得靠自己想辦法。香港尚「匙餵」（spoon feed），這處講自力更生。光線不足？帶個小電筒吧。小兒曾試此法，旁座爲之哄笑。此後電筒的幽光，此起彼落。不數堂，場後亮來暗燈三兩盞，看是校方的察諒。

棄奢投儉，政府削支。大學喊窮，唯有將就一下。高等教育雖是社會優質的投資，也是延續民主和文化價值觀的基石，但國債高如此，總不能再靠借貸。自己的困難，就由自己解決吧。

寄語諸生，凡事靠自己。親朋戚友的意見，只宜作參考。先須定向：第一看自己的能力，第二看自己的志趣，第三看謀生的機會。如此而已。

(1998-01-19)

今日教育

二十世紀初，北京大學校長蔡元培先生認爲，學校教育裏面軍國民教育當佔一成、實利主義教育四成、道德教育兩成、世界觀教育半成、美感教育兩成半。若以此來衡量，則今日之所謂教育，十成係實利主義教育，屬於半殘廢。

軍國民教育在強身自衛，道德教育在灌輸自由博愛平等仁義忠恕，世界觀教育在拓闊視野，美感教育在培養美感。有愛有恨，有悲有喜。

香港教育深受功利主義的荼毒，不但處處實利，還要事事功利。腦袋裏面，盡錢碼數目。什麼平等博愛美善愛憫，可沒閒情去講究。開口埋口，有乜著數先？移民，皆因有著數。不去移民，皆因無著數。人生對錯，但憑冷冰冰的數字來定奪。實利主義只講求生，適者生存，誰輕易會替別人的「瓜直」掉眼淚？人們在戲院裏面看《鐵達尼號》而淌的那半顆熱淚，確實極之珍貴，珍貴到連報刊專欄也莫名地幾乎天天攬住條「鐵」。

(1998-04-14)

華裔佔優

三月上旬，多倫多大學維多利亞書院的校長宴請去年考獲該院「入學獎學金」的新生。小兒性素低調，沒有出席。不到一星期，而院方竟寄來該院各級獎學金的得獎者名冊。國鍵乃關心教育的好事之徒，自不然手痕痕翻閱一下。不意得著個驚喜。

獲獎的新生共七十九人，其中華裔姓氏者多達二十二人，佔百分二十七點八五，令人振奮。此外，多倫多華裔家長追捧的名校，在此七十九人中，來自 Earl Haig 者五人，Thornlea 者二人，St.Michael's、Albert Campbell 、Upper Canada 各一人。而稍感詫異的，是一般華裔不大提起的 Humberside C.I.昂然匹敵 Earl Haig，高佔五席！

維多利亞書院是組成多倫多大學的其中一個書院，在學術界早有盛名，投考的多精英分子。她所頒發的入學獎學金，其中族裔的分布，雖未必可以完全反映多倫多大學的實況。但，上述的小統計，確證了今日華裔學生在學術方面，已絕非吳下阿蒙。

(1998-04-16)

返鄉耕田

報載，香港學童勸來自大陸的同學「返鄉下耕田」，受語者氣頂。

叫別人「返鄉下耕田」，是赤裸裸城市暴發的狂易心態。中國古來以農立國，耕田有什麼不妥？鄉村生活平淡簡樸，有什麼不好？古時繁華京師那大富大貴的，老來不也油然生出歸鄉念，要「告老歸田」麼？「種豆南山下，帶月荷鋤歸」，心靈閉塞的人才會看成是一種嘲諷。所以，「返鄉下耕田」有如移民到加拿大解甲養花，多一份福氣。

清福之餘，順證一語不能片面解。國鍵昔在多大修讀語意學（semantics），曾以「返鄉下耕田」可爲敘事，可爲辱人等例，力陳研求單一「定律」用作釋解一切語言，實夸父追日。教授誤以爲「踼館」，憤然在我論文末頁批評國鍵於語言一竅不通（甚是），暗示國鍵不如返中國耕田（亦好）。國鍵可絕不自卑，且甚聽話，趕忙返港做孺子牛，去耕那香港年輕人視之爲墓地的教育瘠田。

(1998-04-23)

威嚴作啥

有些人誤信高壓式的兇相加板臉便等於威嚴。而威嚴是管治下屬的利器。

惡形惡相，確令人怯。它預示暴力凝聚，隨時發難，卻又瘋不可測。你，當真天天要提心吊膽，怕死得不明不白，兼沒仇報。————誰能向瘋子報復的呢？

就那緊繃的臉，已教人寒心。二千二百年前韓非子一句「威嚴之勢」，誤盡「人主」，禍及蒼生。二千年來做統治者、做長輩，幾乎慣都清一式面黑黑。臉色一沉，據說可以畏下。萬民腳軟，哪敢造反？

今日？恐怕沒甚市場了。若仍靠「威畏」餘風以求順敬」，睬你都傻。腳軟未必，笑你白痴倒是真。笑聲之中，兼略帶同情：唉，位高勢危壓力大。若壓爆血管而一命嗚呼，人們也許會哭。不是哭「痛失領導」，而僅是因你一生面肌抽筋而替你淒涼。

《論語·學而》：「君子不重（厚）則不威（嚴）。」要威嚴來作啥？孔夫子真害死人。

(1998-04-28)

精神文化

廿世紀初對於如何改良中國文化，筆戰連場。其精警之處，在於大多數人認同辜鴻銘等所謂我中國文化處處講求「精神」，因而在物質上遜色於西方的「物質文化」。勸人刻苦捱窮，終不敵導人努力賺錢。

將中國的落後說成是精神文化（spiritual culture）的苦果，似是而實非。論實，中國人的精神文化一般屬何級數，只要往神州大地跑一趟，有目者睹。若將舊社會「君子固窮」的道德操守看成是民族的精神，則譽之爲進步毋寧有點阿Q。

中國的政治文化，黃宗羲《明夷待訪錄》舉出孟子「民貴君輕」、《禮記》「天下爲公」的民主理想。然而，若將之與西方之自由平等相較，實蒜皮小巫。今日還硬銷中國精神文化優勝論，遲早淪爲洋人佐酒的笑話。中國的倫理思想固人類文化的瑰寶，可補西方社會之未足，不過，若天天拿五千年文化去大吹大擂企圖嚇倒「番鬼佬」，那就十足十自戀狂，到處揭自己的肚皮———獻醜。

(1998-05-14)

書生難靠

陳遇夫撰《史見》（《嶺南遺書》，道光三十年版），論及明儒章楓山謂宋元書院「無利祿之誘」，因而「作養得人才」。明代書院盛開，卻「分門別戶」、「反成黨禍」（卷二），爲之扼腕。

明代東林黨禍之成，罪確不在書院，也不在太監，而在「利祿」。古今知識分子，恆徜徉於功名利祿與道德良知之間，亦鬼亦人。良知一泯，則書院背負領導社會監察政府的責任，必然流爲鬼話。

現代書院即所謂大學，境況相同。知名學者Peter Karmel教授謂高等教育的其一功能，是批評社會（Social Criticism）（《中文大學校刊》附刊二十二）。可歎，在金錢的壓力下，現代大學連同裏面的高級知識分子，均漸被商業社會所吞葬。

政府政策就如何不公義、社會實狀就如何烏煙瘴，只要事不關己，何曾見過他們齊心爲正義而出頭？

中國老百姓企盼讀書人來相救，三千年矣，白等一場。

(1998-05-19)

得先生和菜先生

每年「五四」，人們總又將「德先生」（民主）和「賽先生」（科學）掛一次嘴。近百年了，難道不膩厭麼？

讀李約瑟（Joseph Needham）《中國之科學與文明》，中國的科學，自古就十分先進。中國人的科學頭腦，絕不遜於洋人。什麼時候由「賽先生」蛻化爲「菜先生」，不易考究。大概是中國人發現，研究吃菜比埋首科學快樂得多，特別是吃著「正菜」的時候：明娶三妻四妾，暗包五奶六娘，盡韋小寶式風流，確是羨煞旁人的。至於「德先生」嘛，中國從來沒有。就有，也是「得先生」居多，皆魚目混珠。「得先生」者，對上司、權貴，凡事皆應句「得得得」。口技一流，擦鞋無兩，升官發財較那長於搞公關的「好好先生」更快。而且，一旦當上了「得先生」，享「菜先生」之樂就易之又易。

識撈者答「得（yes）」，唔識撈者答「no」。慣於唔識撈的「德先生」和「賽先生」，何處可容身？

(1998-05-21)

人各有價？

價者，指價值，非指價錢。香港人給錢沖昏頭腦，一看見價字，就想起了錢。

於是乎，「人各有價」便給曲解爲「人各有個價錢」。例如香港大學某經濟教授且稱其靈魂可善價而沽。那末，紅塵男女慾海浮沉的臭皮囊，爲什麼不可買、不可賣？肉體買賣一下子說成是經濟活動，什麼道德心、羞恥心，自然就沾不上邊。

於是乎，人肉市場愈開愈大。共產主義用經濟發展來辯證階級鬥爭合理，資本主義拿經濟理論來詭析靈慾買賣合情。將人當貨，經濟之害人，莫甚於此。

經濟動物常問：「良知不值錢，明心幹什麼？」經濟教授首肯之餘，還多加一句「不值錢的靈魂，要它作啥」作註腳。

靈魂作古，道心歸天。生命原來只是一場買賣。人們都賺得個錢，又管他什麼你媽售六，他爸賣四？

唉！

(1998-06-04)

又係誤解？

清初因倭寇及台灣問題而採閉關政策，中國人與洋鬼子的交通，往往就只限於通商口岸。販夫走卒，耳聞口傳。洋鬼子認識的中國，多是市井流播的訛述。誤解，固然。

二十世紀九十年代，資信發達，誤解的機會理應減少。可惜，有意無意，洋鬼子總愛踩中國人一腳。投其所好，《末代皇帝》乃前科，《西藏七年》是近例。前者諷中國人愚昧，後者嘲中國人民解放軍狂莽，誇張到刺眼。四、五十年代解放軍果會如此？國鍵不大相信。

八十年代中國開放。中國留學生們在北美課堂上的言論，頗多是對共產政權的指控。一語一淚一驚心。這是知識分子的體驗，不同於商販的流言，你又怎能不信？

課堂上的我極之難過。洋鬼子對中國人的輕蔑，這回是有根有據的了。他們總會問：如此的政府，爲什麼人民還會死心塌地去擁戴？

「無情最是臺城柳」。中國人，無情柳。

(1998-06-25)

扮嘢

紅塵擾擾，光怪陸離。虛表浮言，殊喜「扮嘢」。究之兩類，一則扮高，一則扮低。

扮高者好自誇。———無才誇有才，無錢誇有錢。無而誇有，阿Q式滿足於勝人一籌優人一等的畸形心態。不過，口舌之後若真的付諸實行，謬而打腫臉皮充大頭，可小心代價。

某銀行界朋友曾以所睹多市真人真事相告誡：八七年有挾資百萬加元移民多市者，由於性好充闊，竟斥五十餘萬買豪宅，十萬買華車（兩輛）。裝修布置，七除八拆，銀行結餘不過三十萬。唉，利息高時還可，偏遇上近年息低，入少難敷支出大，瀕臨破產。

充闊，其實是一種病態。它不但害己，還會病染下一代，害人。

教孩子，要踏實，不要浮誇。在驕奢家庭中長大的孩子，多數吃不得苦，受不起挫折，唔衰得。爲孩子著想，國鍵寧願扮低，戒囂戒奢。樸儉持家，讓孩子在艱苦磨煉中長大。是謂教育。

(98-07-02)

孩子何罪

去年，安省教師因反對《一六零法案》而罷課，說要維護「教育質素」。今年，又緊隨楓航機師，再罷多一趟。據說是不滿上多一節課。

「教育質素」本來就是一個空泛的題目。各話各說，論斷不易。不過，用罷課方式來提高教育質素，卻係曠古所未有。雖則每周要授一千二百五十分鐘的課，確近乎勞役，值得向政府大張鞭撻。然而，若較之地球另一端香港教師一天連上七堂兼鯁第九節，日日面對著三、四班每班四十五人教三、四科的課，其慘切實在是小巫之見大巫。

教育的本質，是愛。投身教師行業，就得準備捱一輩子騾。要有基督精神，要背負起十字架。罷課最大的受害者，既不會是老奸巨滑的政客，也不會是滿腔鬱怨的教師，而只會是善良純真的學童。教師如屬有愛，怎忍爲之？

須知道，要對付無理的當權者，方法多著。課餘課後搞示威。星期六、日及學校假日寒假暑假，天天往國會或當權者家門前，靜坐、絕食、唾罵。拉害你的人同受煎熬，看誰更獲大眾的支持。又何必年年在開學時拿學生的學習熱誠和學業做抗爭的籌碼？

我們極同情教師的苦，也同情政府的窮。更同情的，卻還是那負債纍纍學業成績每下愈況競爭力薄弱的下一代加拿大人的前途。

(1998-09-29)

求正精神

中華民族是一個事事求正的民族。誰正誰不正，必須分清楚。君臣、父子、兄弟、夫婦，以排頭者爲「正」，其餘爲「從」。正從之分，可定尊卑。是以婦道人家，三從四德之下，也得求個誰是正室，否則絕不罷休。此種鍥而不捨的求正精神，二千年來愈煉愈勁。

洋鬼子之求正，在於求證、求真。吾民族之求正，未必著意真僞，而但求「尊卑」。一正便成尊，一尊便是正。「從」者做從，永世不正。是以「指鹿爲馬」向來不是笑話。只要在上位操大權的「正」牠一下，鹿又何妨改稱曰「馬」？別擔心，百姓都是富有「從正」精神的。

在文字界呢，近也常颳「從正」風。自從官衙欽定北京話爲國家標準正語後，一切方言如廣府話之屬，立貶爲不合法之私娼，要奉旨從良。你寫作偶一用之，罪同於嫖。嫖乃不正，不正是病，故謂之「病句」。別怕，天下間自命語言大夫的多著。他們自會天天替你把脈，逼你吃藥。目的倒不全是好心醫你的病，而大多是要證明他們「專家」才是「正嘢」。而你呢？證實「水嘢」！

如是者正音、正寫等侃論，無日而無之。所謂「學問」，全在古書堆中字字求「正」，而絕非辯義論理去求真。故今日之所謂新文化，大多仍屬考據、訓詁之舊，新他個屁！

(1998-10-27)

做牛之道

想教好自己的孩子嗎？今期加拿大版《時代周刊》（1998.10.19），就以「傑出學生怎育成」（What Makes A Great Student？）爲題，對樂於做一世兒女牛的父母家長們，提出了八項指點：（一）要以身作則；（二）要循序漸進；（三）要孩子養成讀書的習慣；（四）要參與但不過分（例如代做家課之類）；（五）要有恰當的讚賞（凡獎賞必有實指，不胡亂吹美）；（六）要容許犯錯（犯錯乃磨練人生的好機會）；（七）要尊重孩子個人的風格（有些孩子是喜歡在嘈雜環境下做家課的）；(八)要重視道德精神（可抗外來誘惑）。

「以身作則」，中國古有明訓。可惜近世家長知行合一的極少。叫孩子勤奮、誠實、儉樸，而自己卻是懶惰、吹牛、奢華；勸孩子要好好讀書，而自己卻不停炫耀自己小學沒畢業一腳牛糞發大財，——嗱，看那皓首窮經的博士，月薪才六千港元喳！在這種家庭長大的孩子，不精神分裂才怪。

望子成才（不是成「龍」），天下父母同一願。亦因此而各自千般幫、百般助。貴重如電腦的軟硬件，雖傾囊亦將何憾！但，孩子若有能力解決的，實宜讓他自己去辦，好養成獨立思考和自立精神。否則，在父母一味蔭庇代勞下就算成績怎好，一上大學便容易全軍盡墨。

做牛要學耕道。小心些，一牛腳踏斷小青苗，那就不妙。

(1998-11-10)

浮世篇（一）

國鍵上山求學的時候，常聽老師們說，做人要有立場，要講良知。在新亞書院，誠誠明明。宋明心性，對得住天地良心。下山謀生，從此棲身教育。滿以爲教育淨土，光明正大，不比商界那陰險奸詐。

殊不知，教育界的陰溝也絕不少。爲爭升職而放毒箭、說是非，爲討好上司而打小報告、做「韋小寶」，都司空見慣。正是一將功成萬骨枯。雖話春風化雨，同樣講狠。商界擺明是爾車我馬，明刀明槍，戰死商場君勿笑。教育界呢，在溫溫馨馨之中暗裏互捅血刃，——橫屍杏壇君莫弔！

「江湖險，人心更險」。商界是江湖，教育界是人心。無怪教育界挺愛將人心放諸口。教師一變而成教書先生，是 instructor，不是 teacher。它不過是謀生職業一種。若想活得好些，就必然要拿人心來邊講邊吃，先放棄立場。從正面看，這叫做「棄暗投明」、洗心革面，做「明主」的保駕，當保皇的先鋒。從側面看，這叫做長大成人懂世故。教書不外乎「搵食」，又何必「企硬唔識捞」？正所謂「退一步海闊天空」。你若能少講良心多想金，退一步之後自會論「功」行「賞」：不聽話的便要多勞少得啃豬骨，你最聽話，當然升職發財走不甩。

論前程，你實最無限。且無限到他朝一個不覺意，踐阼爲皇！

（1998-11-24）

浮世篇（二）

做人而能隨波逐流，雖庸愚而自有「福報」。只有那什麼「擇善固執」的大笨蛋，才注定要悲劇收場。在這一點來說，今日的教育界較之於商界，也是毫不遜色的。

父執輩說：「搵錢講精，剩錢講命，笨實之人包頂頸。」精人、笨人，處世工夫高下自顯。四十餘年世事浮沉，確見學校裏面那老實到笨的人，大多遇溺沒頂。前途，總是往下沉的多。那專頂校長頸的，脖子雖說夠硬，卻總還是箭痕纍纍的。

堅執己見而與上司爭拗鬥頸，就算拗贏了而獲得滿園掌聲，隨之而來的福倒未必到你享。明天，且得在萬眾歡愉下給押赴刑場——又打多一次靶。聽說，不壽終正寢的人，下世可沒資格投胎做人呢。若因拗頸而橫死，相信轉世必然做牛了。牛的頸，最硬。這一類笨蛋若想來世不做牛，就該及早謀變。若死亦不悔，則宜多儲糧餉，在未遭橫禍之前急流勇退，返鄉下稼穡：日間向禽鳥話桑麻，夜裏對月兒語無求。正是「天人好惡寧難測，世事恩仇兩不知」。既然難測，又何必要知？於是乎修仙煉道，「物我兩忘」。天下間笨實的讀書人，自魏晉南北朝隋唐以還，晚年幾無不是這樣「歸宿」的。（亦作「龜縮」。）

忘了他，還要忘了自己。掠影浮塵原一笑。貴賤賢愚，都逃不過「終須一個土饅頭」。恩恩怨怨，何妨吃盞忘塵酒？

(1998-12-01)

以俄爲鑑

麥利連（James Mclelland）的《獨裁君主與專業學 人》（ Autocrats and Academics）(University of Chicago Press,1979)一書，對十八、九世紀俄國沙皇時代高等教育的發展，有頗獨到的析解。俄國高等教育在獨裁的沙皇專制下，既要服務經濟發展而不得不功利（utiliterian），卻又因政治上的箝制而不得不非功利（non-utiliterian），矛盾得可以。

發展高等教育有利經濟建設，獨裁的沙皇們不會不知道。不過，在培育專上人才的同時，又要處處提防人才作反，確苦了當日的尼古拉一世。特別在法國大革命和拿破崙東征後，西方自由思潮湧入，古典派俄國知識分子成形的時候，要真知識分子歌頌專制獨裁而不造反，實難。

皇家政府申令，教育乃「服務國家的實際需要」。受自由思想熏染的俄國知識分子不免會問：什麼謂之「服務」（to serve）？什麼叫做「國家的實際需要」（the practical needs of the state）？

思想欠自由，學術便成吹捧托。所以，俄國沙皇時代高等教育在著名的「套死多制度」（Tolstoi System）之下，加強數學，打壓社會科學；強調希臘文拉丁文，卻只限習其文法和繙譯而禁涉古典文學。這種虛有其殼的制度結果恰如其名———套裏人才焗死多。

(1998-12-22)

余也老餅

今古有別，時代不同。曩者，雖話十年人事幾番新，但知識仍係細水長流增長慢。今者，半年人事已番新，新知識十年番一番，勢如洪水崩堤淹死人。在天天去「蒲新」的小子面前想唔認老餅，真不知死。

不知死的老餅們每效孔子喟然而嘆。老餅之嘆，蓋嘆新一代之冇文化也。實未知歷史之巨輪恆向前滾，妄圖恢復舊觀的老弱，只會因追不上而仆直。近有不識時務的傳媒老餅高扯「老子教仔」的旗幟，換來的，只會是對舊物一無所知的新小子們的揶揄和嘲笑。老餅在「常識」(common knowledge)的涓流中浸大，思想融入百川所匯的共同文化（common culture）的江海。以唐詩宋詞元曲明小說，證「存天地正氣、法古今完人」之不貳。殊不知年華已逝，昔日的共同文化，已隨知識量之急速膨脹愈益專門（specialized）而損耗乾涸。普通知識油綠之溪谷，早被專門知識的狂風砂礫所湮沒。普通文化之崩解，自非偶然。住在美國的原子物理學家J.R.Oppenheimer四十年前已爲此而興歎。（參其《Science and the Human Community》，載C·Franket 編，《Issues in University Education》。）

舉世如此，嘆息掙扎無謂。這是科學「進步」的必然代價。要檢討的，反而是自己老餅老硬化老想當年個老氣橫秋。

(1998-12-29)

唔准「駁嘴」？

好孩子唔「駁」大人「嘴」，是中國幾千年封建陳舊道德觀。「駁嘴」即係不服從「領導」，該誅！

中國舊社會，一向以「服從」爲「太平」的基石。卑服從於尊、民服從於官、官服從於皇帝、皇帝服從於天——即係皇帝自己。

在家庭裏面，子服從父、妻服從夫，謂之「倫常」。目無尊長冇大冇細亂家亂國，叫做「悖亂」。

兒子敢「駁」父親「嘴」？就有理也得先賞他一個刮耳。恰如未見官須先打屁股三十板。否則「尊嚴」何在？「威武」何存？以後何能「齊家」兼「治國」？　倒不知野蠻十足的這一巴掌，摑碎了父子的親情，也窒息了孩子的思考力。東方孩子因習慣了逆來順受，挨一記無名的耳光當作盡一下莫名的孝道。在西方長大的，卻必然質問：「點解我唔可以打番你？」這才叫做平等講理有邏輯呀。

東方孩子在講惡之中忍大，西方孩子在說理之中成長。思想文化差異大。

Robert B. Brode 認爲人都享有思考的自由（freedom to think）、工作的自由（ freedom to work）、生活的自由（freedom to live）（《The Responsibilities and Freedoms of the Scholar》）。新時代求創新。想下一代有前途，請先尊重孩子們的思考自由。

(1999-01-05)

校服

安省夏里斯政府建議學生復穿校服以重整校園秩序，即時惹來自由主義者之非議。

爭論之前，可否先想：送孩子入學的目的，是要他在學校過自由放縱的生活，還是希望他學習遵守秩序過群體生活？

自由放縱、自我中心、不尊師不敬友，便容易自我失控，傾向以暴力解決問題，將自己的快樂建築在別人的痛苦之上。

教育，是學習自控。穿校服殊非出於壓制，而意在培養學生尊重社會、認同群體。教師其實大可以身作則，同穿制服。在香港，某些學校對老師的服式一樣有所規定。國鍵服務的「名校」，要求男教師上課時一定要結領帶。一結十五年，竟也從中悟出不少自控的道理。領呔一打，猶如軍服一穿，可即時提醒自己：

（一）現正處身戰場打緊仗，要言行謹慎，不爆粗、不罵人、炮不亂發。揸頸領帶，好好歹歹。

（二）若然教得頂氣，切莫拿學生來出氣。要發洩，最好善用自己的領帶，例如上吊。

（三）上吊時，可順道教埋「懸樑刺股」的故事，既逼真又感人。

老師打呔，未必壞事，何況尚可藉以向愛護動物協會的善士們證明，箍住條頸不一定有虐待之意。

(1999-03-02)

壞鬼書生

中國文字之音義，每隨年代而轉變。文字之所謂「正音」、「正寫」，代有賢德。惟文字乃富有生命力之活體，絕不會因一兩家之正見而絕育。拘執於古，害多益少。國鍵讀書，向不求甚解。性情疏惰，沒有字字求證字典的毅力。讀錯音、寫錯字，自知難免。在文字學家跟前，殊覺慚穢。今日若真要我筆筆從本、音音求正，無異於攞我老命。

文字，最好從俗。文字學的第一要義不是說要遵從「約定俗成」嗎？沒有俗成，何來傳情達意之實效？文字乃爲群眾而生，不因什麼文字訓詁的學究而設。你發音雖甚「正確」，但一般人都聽不懂，啥用！變，是文字的特質，也是文字新陳的方法。做文字工夫，勿墮沈兼士所言「近代學者復拘泥於本字本義之說，而不知所以通之」的無水古井。蓋中國文字本就「音不固定」、「本字本義不易斷定」（楊樹達《積微小學金石論叢》沈序，上海商務，一九三七）。又何必一部字書睇到老？

十年前，多城有人致電番鬼電台，呼籲大家講純正英語。北美居民固嗤之以鼻。誠趙武靈王引諺語云：「以書爲御者不盡馬之情，以古制今者不達事之變。」（楊慎《古今諺》卷一。）爲求一兩字之「正」而費一生精力，正中國壞鬼書生之大毛病。

(1999-07-06)

若有良心何忍刮

近日，加拿大颳起斂財風。油價猛升，大口咬向小市民。車可以少用，水電煤氣之類的費用，卻不能不付。往滿地可銀行交十元八塊電話費，櫃枱職員冷然說，銀行要收「手續費」一元二毛五，就存戶也不能免。唉，貸存之間坐賺三、四釐的息差，尚未能飽足大鱷的胃口，小家到天天盤算，向小存戶東刮西削。紅簿仔儲蓄除了沒利息外，動不動就扣「手續費」，叫做收回「成本」、又或「用者自付」。他日閣下若存二三千塊往銀行，大概會因錢額太少反要月付利息給銀行作「寄存費」也說不定。

飛擒大咬的不單是市儈的商界。教育界望重者如多倫多大學，除狂加學費之外，今年更獻刮削的新猷。開課後若一星期內退修，原本是學費雜費百分百奉還的。今年暑期課，卻陰陰濕濕的在退修者的退款內私扣一百五十九元的「行政費」。鬼祟到連名目也不敢在賬單中列出來。而事前，學生們卻是毫不知情的。

一百五十九元，對清貧的學生來說，不是小數目。他們爲了應付狂漲的學費，日捱夜捱，時薪才八塊。而選科退科，且也是學生在自付費用的多大 ROSI 電腦系統中親手按鈕完成的。今秋竟明文規定開學後無論何時退修都收「行政費」，不是暴斂是什麼？

(1999-09-07)

興學救國?

文人辦學救國之論，高唱千年。殊未知有教育而無正確目標，雖可稍啓民智掃除文盲，卻未必可以救國。

漢代「讀書仕宦幾爲世族之特權」，唐代中葉後「學官日衰」，讀書山林寺院，「蔚爲風尙」（參先師嚴耕望教授《唐史研究叢稿》頁三六八至三七零，新亞研究所一九六九年版）。文人創辦書院以教育救國，宋代以降趨盛。只可嘆，平民受教育之機會愈多而政治卻愈見黑暗。何以故？

只因教育空談義理，缺乏民主內容。教育目標，往往不離朱元晦所謂「莫非使之講明義理」、陳白沙所謂「文章功業氣節」、孫逸仙所謂「學問志願」……（請讀王雲五《中國歷代教學思想綜合研究》第四章，台灣商務一九七一年版）。政治？唉，免談。

要談，就只能談「忠君愛主」，陳腐封建。何謂忠君？取義狹隘；何謂平等？立論模糊。受過教育的人，雖或滿腹經綸，在政治上卻大多是奉承權勢的廢柴。於是書院愈多，奴才愈眾，君權愈張。

捐錢祖國興學，理先過問一下教學的內容。如果仍舊是「要做乖孩子、聽xxx的話」的老套，那閣下之解囊，未必可救中華民族當前之難。

(1999-10-05)

又到學生頭大時

每年秋冬之交，預科生便要報選大學。來年升乜，費煞思量。特別是華人新移民，對下一代的學業，加倍緊張關切。事因移民抉擇之對錯，多少以兒女的前途來衡量。若成績優異升上名大學，拿獎學金讀不愁搵工的學系，呵呵，守得雲開見月明，自是老懷大慰，不枉拔根。反之，唉，恐怕就鬱致捶心搲肺，悔當初太糊塗錯走西向。

做兒女的，承著重重壓力。既要仰承親顏，而在加拿大呢，作爲少數族裔，確亦要拚死爭入名大學的熱門學系，例如電腦、預醫（premed.,即「生命科學」之類）、工程之類，他日生活才較有保障。至於能力如何、興趣如何，竟都其次。

且勸閣下三思，一子都不能錯。選大選科和選擇移民一樣，是一家人的一次大賭博，魯莽不得。論電腦，一年科技百番新，尤苦了近視眼。論預醫，三年後能否過關斬將考入醫科，機會不足百分五。就打生打死入了醫科，再挨五、六年而鑽不上專科，出來面對家庭醫生人才過剩，一樣難快樂。屆時方激氣於收入與付出遠不相稱，就悔之太晚。論工程，除個別特殊科目之外，今日名大學工程系畢業生望能學以致用的，大多已得個望字。

填表之前，宜先開家庭會議。

(1999-11-16)

研醫習理須優文

某些華裔子弟，以爲升大學選讀理科醫科，便可棄文。錯之極。

大學教育，首重通識。理不廢文，文不棄理。工程系某些必修科，實際屬文。而理學士（B.Sc.）之頒授，文科學分乃條件之一。以多倫多大學爲例，理學院想畢業，請先具備社會科學和人文學科各一年學分，否則免問。

華人子弟，理科向優。在人文方面，卻往往是虎落平陽。文學失守，「平均積點」（ＧＰＡ）拉低，千百個爭入醫科的宏圖偉志，就此破滅。

申請入醫學院呢，不但要理科成績稱雄，就英文的聽讀講寫，也需了得。文學藝術，都出口成文。若無此種本領而寄望入醫，只會蹉跎歲月。北美著名醫學院如多倫多大學哈佛之屬，投考前宜先修得兩個以寫作（writing）爲主的年計學分。至於指定要考的「醫學院入學試」（MCAT），分考四大項———「文字推理」、「自然科學」、「依題寫作」、「生物科學」，文字測試居半。很多理科尖子，就因栽在篇章多、內容艱、解讀要準、答題要快的「文字推理」的陰溝裏，失一分成千古恨。

醫學院選取的，不是那些在化學成績破舊紀錄的奇才，而是能理能文能忍能捱能靜能動能吃虧能不睡覺能不計報酬能善於與人溝通的————十項全能。

(1999-11-23)

博士淒涼又一章

讀香港中文大學九九年九月號《中大校友》黃耀炯博士「匆匆不覺六十年」，鼻爲之酸。誠繼《中大校友》九七年特大號陳耀南博士「雪梨興嘆記」後，又一飄移海外有血有肉之感人佳作。

治學有成，世不乏人。但是，能夠言出真心，語表愫意的，可世間少有。同修文史之學，陳博士得成正果，供職港大教授，可謂名重祿厚，羨煞後輩陋學如國鍵者。今復棄烏紗移居雪梨而爲名士，名士風流，一嘆而四海更服其真。肺腑文章，必可流遠。

然而，有博士之才而無福星之遇者，恆河沙數。黃博士乃大儒唐君毅之高足，新亞書院中文系第二屆畢業生，留學美國獲博士學位。旋應聘新加坡大學。七四年申請新亞教席不果。三年後離新大，浪迹花旗國。「生活跌宕」，妻子「下堂求去」。且要轉行中醫，兼教武術爲生。六十歲匆匆，今雖子女成才得享清福殊不負錢穆老師那句「作個像樣的中國人」，然回首前塵，終不免介懷於學術「無甚建樹」而「愧對死生師友」。國鍵忝廁博士林，讀之慘同身受。

唉，文化大業、博士銜譽，白盡幾許少年頭，餓腸準多青衿瘦。結果呢？大多是虛夢一場。

國鍵較功利，恆先溫飽而後學文。

(1999-11-30)

不讀《毛選》是痴儒（一）

翻天覆地的二十世紀終於熬了過去。在中國而言，二十世紀裏最具爆炸力的思想，不是孔子的學說，也不是孫文的三民主義，而是戰無不勝的偉大的毛澤東思想。

毛澤東思想最偉大的地方，是對傳統知識分子的猜疑和否定。如果知識分子的專責是繼承知識和擴拓知識的話，對知識分子的輕蔑，很容易會演變成反知識的局面。二十世紀新中國，當然就輕易地造就了中國史上其中一個最歪曲理性的時代。

毛澤東說得好，「知識分子是最無知識的」（「打退資產階級右派的進攻」，《毛澤東選集》卷五頁四五二；「整頓學風黨風文風」，卷八頁六八）。知識都從勞動中來，知識分子沒勞動，又何來知識呢？知識分子自稱有知識，實在笑死人。

笑死人的也不僅是他們冇料，而尤在於要求什麼「兩黨制」，都「不過是維護資產階級專政的一種方法」（「關於正確處理人民內部矛盾的問題」，《毛選》卷五頁三六七）。結論是，無知的大學教授和學生這類知識分子，若不是「反革命」，就屬於對革命取了「矛盾」或「懷疑」的態度（「中國社會各階級的分析」，《毛選》卷一頁一六一至 一六七」）。你說，他們該死不該死？

(2000-02-01)

不讀《毛選》是痴儒（二）

兩黨制民主，是沒知識的知識分子的囈語。「國會制度」、「新聞自由」、「言論自由」，同樣是知識分子「缺乏馬克思主義觀點」，缺乏「階級觀點」的謬見（在中共八屆中委會二次全體會議的「講話」，《毛選》卷五頁三二三）。

若用毛澤東思想去探討「六四風波」，不難發現，「六四」無知識的知識分子學生們提出的西式民主和價值觀，確實是值得用武力來鎮壓的。要罵鄧小平，不若先罵毛澤東。

罵，共產黨是不怕的。無知的知識分子臭老九，最大的本事，「無非是罵人」。罵累了若想跑，「就讓他跑」，「對我們有什麼壞處呢」？（同見上引。）況且事實證明，跑了出去的，還不是都恭恭敬敬地高舉著毛澤東思想又跑了回來？

看，什麼傳媒大亨、什麼文藝驕子，結果還不是擁護毛語投身人民政府在抵抗資產階級帝國主義「奴隸文藝」的前提下搞「革命文藝」麼？（參考「在延安文藝座談會上的講話」，《毛選》卷八頁一二零。）

民大於國，是知識分子幼稚的想法。須知先要「有了人民的國家」，人民才可以「教育自己和改造自己」，才可以「脫離內外反動派的影響」（「論人民民主專政」，《毛語錄》頁二一五）。勁哉毛思想，你讀通了未？

(2000-02-08)

都走哪！

美國國力有今日之強大，非因炒賣房產股票，也不在投機倒把，靠的只是培育人才、招攬天下俊秀。名曰招攬，實則用銀彈來掠奪。也難怪，美國有較完善的政治制度，有頗豐裕的經濟環境。人望高處，年年自動投誠又或在銀彈下給俘虜而來的精英極眾。就加拿大這類政治安定物質不匱的發達國，近年也因人才紛紛南徙而皺眉。加國大學每年悉心炮製出來的限量忌廉，還未推出市場，就幾乎給美國統吃光。年年給老虎餵美點，養胖後反噬你一口，落得砍肉遺虎添虎患。網上讀「安省心臟及中風基金會(Heart and Stroke Foundation of Ontario)」，一九九八年的《年報》第三段引蘇米高醫生（Michale Sole）之言曰：美國並沒撬取我們次優的科學家，只專挖走加拿大所培植的精華。焦慮之情，溢於言表。作為加拿大人，怎不憂心？

要留住人才，須先令其歸心，好凝塑民族骨氣。世間有骨氣的民族不多見。在中國，共產褪色，經濟勝昔，民心卻還舊是向外的。「中國人蛇」湧來加拿大，隔一兩月就上演著「諾曼第」式鬼號神哭的搶灘。當然，美麗的溫哥華海灘，也不過是一塊沙綿泥軟的跳板，能夠他媽的彈往美國才算棒。唉，同樣共產主義幻滅且窮得要命的俄羅斯人，卻極少參與這等亡命的活動，why?

(2000-02-22)

遞表之前先搭路

大學聘用教師，自有一套「制度」：名曰公開，實多私定。早在登報之前，已備人選。面試篩選，不過循例，好掩人耳目。內中準則，天曉得。

香港中文大學徵聘教授，近年用上「有權邀聘」字眼。將暗存的事實隱晦地公諸於世，兼中要義。你沒有受「邀」而自以爲才高八斗不打探一下就遞表格，陪跑受辱，可怪誰？

徵得位思想相同取向相合的，他日工作自如魚得水，有福同享。若不慎請了個反對派，那將怎辦？大機構聘請要員向來講人脈，大學又豈會例外？三唔識七，又或人事關係欠佳，想入職升職都難。

所以，多倫多大學秦建業教授的憾事，不一定純粹是種族歧視的問題。天下烏鴉一樣黑。況且，大學重視「大學自主權」，據美國法官Felix Frankfurte判定，大學享有之四大自由，其首即爲聘用教師之自由（可參Ian Winchester《The Concept of University Autonomy —— An Anachronism?》,載『The Professoriate —— Occupation in Crisis』,OISE,1985, p.33 ）。某某人落選，大學未必要向公眾交代。我們固可要求大學還秦教授一個公道，有錯須道歉賠償。至若公然責令多大重新禮聘秦教授，一不小心踩著大學自主權的神經線，反會害事。

(2000-02-29)

老外果然勝一籌

一九八九年初，西安省大學的心理學教授路殊鈍（Phillipe Rushton），發表了他的「學術研究」：因爲自然進化的關係，東方人（Orientals，特指中國人、日本人）確較白人爲優，黑人則較白人爲差。（參八九年二月三日《多倫多星報》。）

此論一出，全省嘩然。震驚的原因，一在於路氏自稱這經縝密的研究，二在於此與白人至上的根深舊念不符。在白人跟前恆自覺不如的國鍵之流，或即時有投靠路氏門下的衝動。然而，作爲鼓吹眾生平等各族和諧的加拿大人的一分子，對於容易挑撥膚色仇恨的一切言論，姑無論其學術不學術，都得反對。

斥之者眾。其中以倫敦市的「都市種族關係聯盟」罵得最勁，誓要炒路氏的魷。群情洶湧，嚇得省長彼得遜（David Peterson）急搖電話給西安省大學校長裴德森(George Pederson)。談話內容雖不得而知，但從省長吹鬚碌眼、話有權就即炒路氏的態度來看，裴校長必然承受著來自政府和輿論的巨大壓力。

還幸，省長在這事情上處理得極有分寸。在聲色俱厲之際，復又坦言，他支持學術自由，在調查甚或打垮路氏的事情上，恕他無能爲力。而裴校長呢，也沒懾服於權貴的震怒。爲維護路氏的學術自由權，他甘冒天下之大不韙。

大家也明白，這問題只能交由學術社會（academic community）自己解決。今有雞毛蒜皮的港大「民意調查」涉嫌抹黑長官而竟足爆大鑊爲舉世醜聞，不是有點兒低B麼？

(2000-08-16)

學術自由

在封建或殖民地的年代，「自由」固是禁忌，至於「學術自由」，更屬前所未聞。國鍵十多年前在《華僑日報》撰文介紹「學術自由」的概念，豈料新世紀的今日，猶要知新而溫故。

夫「學術自由（Academic freedom）」也者，乃大學各系及個別研究人員，在選擇研究對象與研究方法，在發表研究成果與提出見解，均享不受外間任何干預之權利。換句話說，研究人員不一定須向社會負責，也毋須看政府面色。唯如是，而大學研究人員才可以放膽研究，創造新知。他們在「公民自由（Civil liberty）」之外多享的這一種特權，是要保他們的命。

大學的「學術自由」有沒有受到侵犯，裁決者（Arbiter）當然不會是大學以外的局外人（例如什麼大法官、立法會議員等等），而只會是大學自己。這也是大學「學術自治權」的其中重要部分（可參考J. S.Brubacher，《On the Philosophy of Higher Education》, San Francisco：Jossey-Bass,1977, p.27）。保護「學術自由」，是大學人員的神聖責任。一九八九年加拿大西安省大學教授路殊鈍（Phillips Rushton）發表種族言論，引起公憤，西安省大學校長裴德森（George Paderson）和安省大學教職會聯盟（Ontario Confederation of University Faculty Association）的主席史達基教授(John Starky)，雖非路氏之同道，卻仍要硬著頭皮，爲挺路而站台。香港大學校長和那些什麼高層人士如副校長經濟系名教授之類，在「打鍾」事件上反而請纓做差衙，能不汗顏？

(2000-08-17)

校園陰乾術

在溫柔爾雅的教育界裏面，虐殺故事何其多。在商界，只要你替老闆賺錢，頂上級一兩句沒相干。在教育界可不是，後頭有你好看的。

有計劃地陰陰濕濕地慢慢將你玩乾玩殘玩謝，俗謂「陰乾」，在精神上甚類古代之「凌遲」。

在中小學，要陰乾一個不聽話的教員，易如反掌。只要在你的上課時間表上動點手腳，足夠你受：編你天天一口氣上七節課，中間小息還要去站崗，看你氣絕否。又或：天天叫你上第九節，別人在下午四時放學了，你則天天要挨到五時，兼要在學校巡察一趟，看沒有異樣方得走。須知道，學校當局分配教師工作有絕對權，只要沒違反「教育則例」，陰乾伎倆大可施於光天化日，稱之「陽乾」亦無不可。

你若仍未醒水，陰乾的行動自會升級：同事告假，他的堂全歸你代；又藉口為學生好而故意將考試測驗安排在假期中舉行，你咁唔聽話，就放少幾天假來監考啦。公報私仇之外，實大有儆猴的作用。縮骨仔且會多踩一腳，讚你甚獲高層「器重」哩。

陰到你半死你還不屈服，陰乾絕技將施出。高層經常來突襲，「查簿觀課」。左挑右剔，極盡虐待之能事。你若仍舊寒梅傲雪，得，明年開始，全校最頑劣的班級，將由你包教。全校最難啃的雜務，——例如做「鐵甲威龍」（Robocop）專責去打機中心捉反斗學生之類，都由你一個人擔……。

「天意從來高難問」。若非傷天害理，最好上頭話乜，就乜。

(2000-08-23)

大學？唉！

在大學裏面，陰乾術可更耍得出神入化。茲舉一事：一九九三年，在多倫多大學的教學醫院——病童醫院——當兒科血病研究中心主管的女教授 N，簽約接受 A 藥廠的資助，研究血液遺傳的疾病。九六年，N 發現 A 藥廠的其中一隻藥物對某些病童有嚴重副作用。她通知藥廠，謂將告知病人。藥廠即時反臉，威脅告她毀約。約，確是訂明不容許她這樣做的。事情若鬧上法庭，對多倫多大學的聲譽和來日獲取大藥廠注資合作的機會，肯定都大打折扣。N 確屬於唔識捞，沒理會藥廠的恐嚇，照爆如儀，氣得大學高層生蝦跳。大學校長爲保住 A 藥廠那二三百萬加元的銀票，管他什麼學術自由醫學倫理，只顧幫著藥廠懲斥N，免了她主管的職務（事載美國大學教授聯會 aaup BEAT 之有關文章，www. udel. edu/AAUP/December 99 . htm ）。

在學術社會的強烈反彈下，N 雖然很快便復職，然而，於不知不覺間，她卻已給陰化成一縷實驗無定所的無廟芳魂。作爲醫學研究的科學家而沒有了自己的實驗室，猶如將軍沒有了戰場，駐守廟街的捉雞幹探給調往水塘睇野猴，真個英雄無用武之地。九六年迄今，N 的學術著作，果僅得三幾篇 Review 而已。她的學術生命，實際已被陰乾至得番棚骨。

「道德良知」？「學術自由」？喂，係邊個話事先？

(2000-08-24)

理科生的出路

大學理科畢業，較佳出路，大概有三：一爲搞電腦軟件；二爲入醫科懸壺；三爲研究生物科技，專攻DNA或蛋白質（protein）。

電腦行業職位空缺之多，不用細說。只要打開招聘的相關網頁，準嚇你一大跳。今日確是不愁失業的。

入醫科呢，除了GPA和MCAT成績優異、課外活動了得、義工多做之外，最重要的還是看教授們寫推薦書對你的評價。一般華人子弟不知其中關鍵，只知死讀爛讀，就考第一也未必考得入。

想得到教授垂青，擦鞋不管用，要靠真材實料。每年的暑假，宜往教授的實驗室做研究助理，爭取與教授們共事的機會。他們一旦賞識你，你便前途無限。大學每年都設有「暑期學生研究計劃」（Summer Student Research Programm），華人子弟矇查查，不識門路去 參與。沒有研究經驗，不但入醫科不易，就申請讀研究院亦難。

就搵快錢來說，如果學業成績好，入讀研究院也未嘗不是佳選擇。今天，DNA和蛋白質的研究正鬧人才荒，拿這兩門碩士學位，可不愁兩餐。只要你在大學最後的兩年平均成績達八十分或A-讀研究院還可申領NSERC或安省OGS等獎學金，每年可得一萬五千元以上，分分鐘勝過出來打廉價工。這，當然又要看教授們收不收你做研究生，推不推薦你拿獎學金了。NSERC和OGS，文理科俱可申請，詳情見www.nserc.ca及http：//osap.gov.on.ca 。

(2000-10-18)

迷途知返

二十世紀平等主義高漲，普及教育取代精英教育，勢不可擋。中國文革時期，平等被理解爲均等，均等主義壓倒一切。十年之間，初中學位激增四倍，高中學額暴增十倍（參《中國教育成就，統計資料 1949－1983》，北京：人民教育出版社，1985)，不可謂不驚人。由精而粗，當然是爲著替農工兵子弟度身。爲了粗下去，當然也要廢除由知產階級設計的精挑細選的考試。

無產子弟大翻身，入學有優先權。知產和資產階級黑五類的子弟想入學讀書？請先照鏡子，看紅了沒有。至於所謂學校教育，自然也須要照顧知識低水平，由從前的書中自有黃金屋，給無產化地重新釐定爲到農村和工廠勞動，到處去搞政治運動紅色革命，徹頭徹尾的——生活就是教育。

中國這一代人，心術壞、學識薄。靠整死人就可富強起來了嗎？沒有。國家扼殺了專才，不但科技和軍事的發展立響警號，就民族的前途亦瞬敲喪鐘（參 J. Unger,Education under Mao,NY：Columbia University Press,1982,p.200）。一九七八年恢復全國大學入學試，實撥亂返正。

在加拿大，這幾十年，國家也同樣受著教育均等主義的苦楚。試愈考愈少，課愈教愈淺。又用盡各種方法，炮製學生成績爆燈的假象。一入大學，書到用時方恨少。今日安省夏里斯政府才拚死執行教育改革，可謂後知後覺。上學閒遊將不再，爲逃避精英教育而移民加拿大的華人家長們，看來又要準備走難。

(2000-10-19)

父母心

教育乃投資(investment)乎？抑消費(consumption)乎？若屬前者，請仔細計量成本利潤，免日後擔心。

在教育投資上計數最精的，當推農業社會的中產階級。在中國，人們在兒女教育花的每一分錢，都付託著望子成龍的盤算。車出車入，做近身侍婢，只圖兒女他日飛上枝頭。就不爬上上流，也得保住中產。左派學者譏之爲 class reproduction。

香港雖話西化，但黃土觀念向甚濃厚。沒有回報價值的書——例如中文，讀來何用？要做中產階級，首先得學好英文。若千方百計也入不到優秀的英文中學，那就放洋留學去。政府呢，同樣是中產階級教育唯利觀，處處用成本收益來衡量教育。沒有經濟效益的，斬；有利搵銀的，加。在投資角度來看，正確得很。故此，所謂母語教學，只不過做給北大人看。今日香港眾大學，還不是鬼話連篇洋依舊？

在加拿大，教育只算是一種消費。但謀開心，考不考第一沒關係。學琴，在乎養性；習泳，望能強身。父母送子女上學，只求他們快快活活在學校多交幾個朋友，玩他十年廿載。教育不是戰爭，學校亦非商場。教育就是教育，決不是提心吊膽計較回報的股票買賣。

在多市，華人補習社開得特別多，皆因市場需求大。從中港台來的，一時擺脫不了投資兒女這心態，就死慳也迫令兒女去，補補補補……。

(2000-10-25)

慎防忍到爆

工業社會和農業社會思想文化的差異，其一在於前者努力克服自然，後者致力順應自然。既然要克服，一切得攤開來講。若然想順應，默默忍受便是。

在多倫多，事事須公開聆訊，目的在於大吵一番。近日「卻蘭湖」的某些居民在多市議會上抗議多市垃圾北運，激烈到勞動警察。議案修改後通過，正反兩派各言獲勝，沒流半滴血。抗爭，是社會克服困難的文明手段。

在農業思想濃厚的社會裏面，卻是沉默是金，百忍成鐵，最宜殖民或高壓統治。逆來順受，對一切不合理的措施，僅知用緘默來回應。統治者也許不知道，沉默和冷漠，對新政策的推行，甚具破壞力。Hans Werdmolder 在其《Apathy or Resistance? How Indians in Zinacantan (Mexico) react towards primary education》一文，就析述了務農的墨西哥 Zinacantan 印第安人面對殖民統治者橫加的教育改革，如何以無聲作抵抗。結論是，無抵抗（passivity）和冷淡（apathy），其實是反抗（resistance）的別一種形式。這種情況，在香港九十年代推行各種什麼教育改革例如 TOC 之類，也曾經發生過。結果，改革當以失敗而收場，可幸沒爆發流血的革命。

《毛語錄》，革命「是暴烈的行動」。東方農業社會無聲的壓力煲突然爆將起來，其威力必猛過西方社會 BB 水煲天天噴幾縷水蒸煙萬倍。由百年忍辱引爆的文革，確是暴戾到沒法形容的。

(2000-10-26)

多大，請收手吧

多倫多大學新任校長羅拔白垂鳥（Robert Birgeneau）經已履新。多大《University of Toronto》二千年秋刊，對白校長有專文介紹。新官上任，例牌大談抱負。白校長矢志，要將多大發展成一所公立而富有競爭力的世界頂級學府。他面對的基本難題，是加國各大學獲得的經費，較世上其對手爲少。

國鍵假假地多大校友（M.Ed,1990），對多大的發展，向來經心。經費短缺，諸事不行。上一任校長用工商管理手法拓展大學，帶領學校走向市儈化，是好是壞，見仁見智。

不過，多大近十年頻頻向窮苦的學生開刀，除了年年狂加學費之外，陰陰濕濕的又開徵各種雜費，巧立名目，細眉細眼，確甚有商人本色。對於收入微薄靠兼職打廉價工來支撐學業的苦學生來說，實近乎橫徵暴斂。白校長盛讚加拿大遠較美國人道，未知他會否秉承加拿大這優良的傳統，對無助的學生人道一點。

在學費來說，多大學費未見得比美國例如加州幾所著名的公立大學少。加國的稅率，也絕不低於加州。爲什麼別人的大學卻辦得有聲有色，經常奪得諾貝爾獎？只知加重學生的負擔，可以解決問題麼？

白校長說得好，大學是去教育（to educate）人，不是去訓練（to train）人。所以，大學應先講人道精神，堂堂正正。若真遇上困難，望勿像三十三年前校長在美國爲免越戰徵召入伍，溜往英國以大吉（秋刊頁十九）。

(2000-11-01)

慘遭強暴

「人類基因（Human Genome）圖譜」的併成，是自然科學界的一大成就。公布當日，克林頓總統發表談話，將之媲美伽俐略之以數學和力學去探悉天體運行，學習了上帝創造宇宙的語言。這一趟，倒是關於上帝創造生命的。

美國信奉基督教，一切榮耀，歸於上帝。然而，克林頓將生物科學研究硬與上帝掛勾，極易觸動宗教界的神經，認真靠害。

想認識上帝？多往教堂聽牧師神父讀經講道便是，可關自然科學啥事？自然科學本無宗教之目的，它也不會以找尋上帝爲務。

克林頓之言，無疑是對自然科學家們的公然強暴。蒙玷之身，復遭社會上的什麼道德家、宗教家等等的莫名鞭撻，幾乎要捉去「浸豬籠」。

都不過圖譜一個而已。其何來、其何解，茫無頭緒。今將它捧成是上可通神，下療百病，未免講得太誇太早。鏡頭面前各方神聖爲此神經兮兮的大吵一番，確實莫名其妙。未知圖譜講乜，吵些什麼？

二十世紀中葉西方爆發的「反科學運動」（Anti Scientific Movement），例如Theodore Roszak 及青年群眾，均相信現代科學有著極權與不人道之惡果（ J .Needham’s Address, HKU Gazette, May 74）。此種由美國佬擲原子彈而引發的盲動，迄今未息。傻呼呼的，死纏在一個老掉牙的問題，諸如：「廣島原爆」是日本仔錯？是杜魯門錯？抑還是發現核能的科學家錯？

(2000-11-09)

為了家人須學醫？

加拿大的亞裔家庭，頗多望子成醫 。大概因為傳統相信當醫生的錢財滾滾地位高。小兒在多大有個印裔同學，就為此而飽受家長的折磨。讀不讀得成醫，竟話關及一家貴賤存亡。是以明明不是念醫的料子，為了一家人的面子和幸福，也得苦撐下去。

可沒弄清楚，醫生之在北美，頗成厭惡行業。這年頭亞裔子弟還瞎爭著入，拿了碩士甚或博士學位照樣申請，想來實在奇怪。

一講到考醫，已夠亞裔子弟高血壓。其中「個性評估」和「面試得分」兩項，且最攞人命。就一切條件都極其標青，卻不幸遇上個骨子裏有種族或性別偏見的面試大員，可祝君好運。

有志者事竟成？在投考醫科的事情上用不著。若還犯險屢敗屢報年年死纏不休，其結局恐必是歲月蹉跎，志氣消磨而斃。

就二十二歲考上醫科又如何。在漫長的醫生生涯中，包管可讀你想讀的專科嗎？你有足夠的體力去應付慣常三十六小時不眠不休的當值工作嗎？若稍有差池，又或遇上無理病人，你頂得住給告上法庭的沉重精神壓力嗎？你能忍受一年幾乎三百六十五日晝夜全天候待命，一個急 call 就酣睡著也得即時彈起撲往醫院診症嗎？你樂意過那天倫難敘、大假缺如的寡情乏趣的生活嗎？你天天挨更抵夜對住生老病死，還能開懷大笑無動於中嗎？……。

醫生之所以令人崇敬，皆因肯犧牲自己，活命救人。至若搵錢多，唉，下文再談吧。

(2000-11-15)

若想致富莫懸壺

世謂醫生搵銀多，這當然只是大英帝國亞洲舊殖民地遺傳下來的不合時宜的見解。今天新社會新經濟，新科技將吞併一切。舊日的天之驕子乜師物師，今日都已淪爲高級手作仔。什麼醫師工程師，俱成明日黃花。若論身家身分，唉，確真係滄海桑田，今非昔比。

華裔新醫生可更慘。在加拿大，華人子弟一窩蜂念醫，又因爲膚色的關係極難有白人幫襯，結果是供過於求，塘水滾塘魚。新診所一開，唐人區又添新恨。番鬼不看唐醫生，猶如唐人之不請印大夫。這不是一個種族歧視的問題，而是一個溝通和心理的問題，可怪得誰？

要怪便得怪自己報醫之前沒先調查清楚。既是沒有白求恩的胸懷，何解跑去讀醫科？抱名利心態人讀我讀，枉花十年青春和十萬八萬的學費，換得個午夜夢迴空悲嘆，真活該。

據加拿大政府網頁有關各行各業收入的統計，年近五十歲的資深醫生，平均年薪不過七萬六。同年紀的巴士司機，年薪五萬。拿理學士的生物科學從業員，亦四萬八。醫生的收入，扣稅之後計埋每日工作的時間和承受的壓力，實在得啖笑。何況華人醫生競爭大，賺不賺到七萬六還成疑問。走筆至此，不能不對任怨任勞做到殘卻只惹人同情不教人羨慕的醫生們肅然起敬。政府竟又在大削醫療撥款，欺壓醫生。前景灰暗，你還會迫兒女念醫麼？

(2000-11-16)

斬老師

香港近日有訓導主任挨斬，社會大爲驚震。教育墮落至此，再多訂幾條「學規」，也是枉然。大學課堂變作休憩場所，中學如「職業先修」與第三級別(Band 3)以下的「文法中學」，十年前亦早已淪陷爲「積孽天收」、「流氓充學」。在裏面打滾的師生，若不學曉一兩門拳腿功夫，很容易就成爲別人用以樹威的「沙包」。在蠻荒世界裏面，有的只是拳頭。

老師同學都係搵食，也一視同仁地各自搵命搏。教育署頒的，是虛詞假意的「指引」；學校「高層」賣的，是功勞我攬、黑鍋你揹的花招。爆大鑊時，都側側膊了。在前線的你，給學生戳了一刀，只怪你未夠「專業」。上頭不過叫你沒收學生用來打架的尖戒指，你反給她突來的一巴掌連指帶尖的刮破了頰，兩道深紅色的血痕在臉上刻出了「二五仔」的那個二字，惹得哄堂大笑。明天教署高官立會議員和他媽媽一道前來，你還得要應付公審哩。

教師，是沒有十架的神父，是沒有警棍的警察。既無法力亦無槍，輔導訓導，唬誰？除了東幫幫西勸勸，定期向校方「報串」做二五仔外，確實是百無一用是書生。學生上學，想學的只是「財技」、「溝女／仔技」、「出貓技」、「考試必殺技」……。要他們都乖乖的坐著聽？拿點薪水出來吧，learning by playing，堂堂去玩「掌門人」一類的有獎遊戲，保必人人專心，課課爆庭。若然吝嗇，可索性噗聲跪地，哀求黑學生們大發慈悲，手下留情，從此便自單起隻眼。救救孩子？唉，先救救自己吧。

(2001-01-31)

情鍾多大，why？

據多倫多《明報》報道，今年「安省二十三萬學子爭升大學，首選多大」。多倫多大學果真是一所理想的大學麼？

多大，就名字已經有著兩個多字，一個大字，且確也名副其實的學生多、班級大、淘汰壓力更加大。一二年級上課，一班動輒上千人。而低年級由講師（lecturer)、助教(teaching assistant)等新丁授課的也甚多。對學生的照顧已見吃力，完人教育？唉，不談也罷。

考試和測驗次數之多，也絕不下於中學的 OAC 班。試題且多而奸險，很能代表大學知識分子陰森的性格。在多大讀多幾年書，你必能學曉什麼叫做「賤」。不知其「賤」，就很難在多大熬出頭來。

想活下去，須先明白「課情」莫測，切忌將雞蛋都放在同一籃。基金經理話齋，要分散風險。

那些將注意力全擺在報讀醫科的叻仔叻女，爲了爭高分，竟集中選修那容易得分又或程度較淺的科目。結果 MCAT 不幸失了手，又或教授們在你申請醫科的「機密評估表格(Confidential Assessment Form)」裏面英語能力和能否做個好醫生等其中一個問題欄內胡亂圈個 NO，你就平均分(GPA）高到上天，仍足以臨門飲恨。屆時才想起改投研究院做科學研究，卻由於先前所修學科未合要求，急去補票固是費時失事，就能否被取錄亦很成疑問。端的兩頭唔到岸，白白辜負了才華。

所以，選校選科如同做人，作決定前都須冷靜。世事如棋，後路當然是愈多愈好。

(2001-03-08)

中國教育的困局

何謂教育？東西方各有陳義。在中國，道德上的意義蓋過一切。許慎《說文解字》，教也者，「上所施下所效也」（三篇下），育也者，「養子使作善也」（十四篇下）。上施下效使人作善，是謂教育。然而，在上者若是爲惡不德，那在下者又何以效學向善？所以，僅靠大人「以身作則」之所謂教育，結果只能得個講字。讀過聖賢書的大人固未必行善，就善了也往往因要自保而泯滅天良。「黃金屋、顏如玉」，畢竟不是來自書本，而多源自舐痔阿承。什麼善良溫淳，於今只能見諸鄉僻沒受過正規教育的田夫農婦。儒林軒冕？哈哈哈！

至若西方之所謂教育，則多以傳授謀生技能爲主，故此無時不講配合「社會需要」。仁義道德，還是教堂出力比較多。星期日都去「守禮拜」，對個人則增善除惡，對社群則凝聚宗教道德力量，又何勞學校天天喊德育？

反觀中國之學校教育，謀生技能固然闕如，就良知品格，多亦空論一場。一九二七年國民黨囫圇吞棗地將美式「農業延展教育」的模式引進中國，意圖改善農村的落後情況，豈知中西教育文化觀念迥異，中國有的是官吏無恥，上下講貪；而破舊鄉落，多的是戶無耕地，滿屋文盲。結果當然是爛額焦頭（參R.S. Newman, A Fatal History of Agricultural Extension Education,載 Canadian & International Education,1981,pp.21-38）。

硬件易得，軟件難求。中國現代教育的主要難題，一乃上樑不正待矯枉，二是社會欠缺類似基督教的精神力量。唉，路漫漫兮悃遠！

（2001-03-15）

向江西的學童致敬

江西某小學著學生在課堂內搓捲爆竹，賺錢幫補經費，不幸發生巨爆，炸死師生數十人。聞之莫不心傷流淚。在新中國，無論老師學生，都不單要自吃其腦，更還要「自食其力」。唉，不這樣，又叫什麼「共產主義革命」？

共產主義「教育革命」的一個基本原則，叫做「教育與勞動生產相結合」。因此，新中國的學校，向來是教師則「半工半教」，學生則「半工半讀」。書本知識要與實際生產相配合，「實踐是檢驗真理的唯一方法」（《毛語錄》二二節）。將學校和工廠結合起來，校中有廠，廠中有校，自是共產主義辦學的至佳模式。這一種教育思想，哪怕左傾「四人幫」或右傾劉鄧幫，都同樣牢牢地緊抓著的。（參 Michael YL Luk, Education In China After The Fall of The Gang of Four，載 The Gang of Four, HKU, 1977。）

故此，江西學童在校搓爆竹幹活，在共產黨員的眼中，不一定叫做「剝削」，而只會叫做「教育」。學校教育的目的，是培養「有覺悟的勞動者」，不是培養「之乎者也」搖頭擺腦的書蟲。它的任務，是生產忠黨愛國永遠跟隨黨領導的無產階級革命接班人，不是生產好名愛利事事問 Why 的資產階級知識分子。

在工廠搞生產，少不免會發生意外。這是一個廠安全的問題，不是一個童工的問題；是一個革命的問題，不是一個教育的問題。給炸掉了外牆的課室黑板頭頂那面偌大的五星旗，迎著一地稚子鮮血爆竹紙屑三映紅，都光榮地爲黨捐了軀，革命得令人無話可說。

（2001-03-21）

有乜唔妥？

江西某小學師生在校內生產爆竹，不幸遇上意外，炸掉了幾十條寶貴的人命，也爆出了一個新中國剝削童工的大問題。《明報》載，聯合國兒童基金會對此表示「憤怒」。這也是很不了解中國文化的。

中國文化，向來重視「子孝」多於「父慈」。社會追求的是上尊下卑、上命下從的「穩定壓倒一切」的封建秩序。小人事養大人，固屬天經地義。犧牲小人以成全大人，更係理所當然。「一將功成萬骨枯」，枯了的小人賤骨不足惜，唯有為主而死始稱貴；「趙氏孤兒」，親兒替死未言哀，保全了主子的血脈方是珍。在國講忠，在家言孝。無良官吏與無情父母把百姓和兒女當牛馬看，實尋常不過。況且「治人者食於人」，他大人既然是管治你小人的，勞役你剝削你，又有何不妥？

長官父母搵你笨，你當然要忍。不忍便成「不孝」，罪名未必揹得起。今回沒叫你捱更抵夜磨米斬柴，只不過叫你在課堂上捲捲爆竹，還怨什麼來呢？須知小孩子要幫手搵食，實咱三千年社會文化的優良傳統。讀書事小，幹活事大。農忙之際，小孩一樣得輟學下田。在港澳特區，那五十來歲的人呀，小時候不大都有過在家幫手「穿膠花」、「搓炮仗」的生產經驗嗎？他們竟如此便富貴起來啦！

所以，就移民來了北美，雖已腰纏萬貫一賭千金，心裏還是痕癢癢的硬要年紀小小的兒女去餐館「捧餐」，往鄰舍「剪草」以「自食其力」。據稱這是出於「教育心」，———真的？

（2001-03-22）

益了老美

加國聯邦政府宣布，撥款七億五千萬給各大學以加強基礎科學研究。多大校長白瑞鳥(R.J. Birgeneau)博士爲之開心雀躍，在三月十九日的加版《時代周刊》撰文，讚渥京做得好。從大學角度看，錢當然係愈拿得多而愈佳。從科學家的立場看，科學研究建益社會，賣花自然讚花香。事實確亦如此，例如白文指出美國之有今天，全拜二十年前美國聯邦政府已開始向基礎科研注巨資所賜。然後麻省理工、哈佛、史丹福和加州等名大學在分子生物學(molecular biology)的研究，才得爲今日的生物科技革命(biotechnology revolution)奠立基礎。這等研究雖或多由私人企業肇其始，但卻因時間短促而俱未善得其終。而只有大學，才有能耐支撐數十寒暑，有足夠的時間容許研究人員搞革命性的研究。由是，渥京今番解慳囊，他日定必有善報，可趕歐兮超美。

不過，學者論事，多少有點 too simple。大學加了銀兩，留住了優秀的研究人員和高材生，他日或真可與美國頂尖大學爭一日之長短了。然而，由大學悉心培養出來的人才，卻必還會是悄悄地忙著溜往美國去的。大量的投資，結果不外乎替美國佬多作幾件嫁衣裳。就以今年來說，據聞，多倫多病童醫院出薪高達八萬五，也留不住一位在多大剛獲博士銜的生物資訊(bio-informatic)的專才。此無他，美國佬出到美金十萬塊，折合加幣再加稅率的計算，薪水逾倍多，不走才怪哩！

想培育人才留己用，乾向大學擲銀彈，夠麼？

（2001-03-28）

為什麼你阿爸不來？

中國古代教育，官學之外，尚有私學。窮家子弟，如果連私塾的學費也交不起，就只能呆在家裏，跟媽媽學寫字。為什麼是跟媽媽而不是跟爸爸呢？這是因為「男的主外，女的主內」。孩子在家裏的一切事，都順理成章的由媽媽一手包辦。《三字經》話「養不教，父之過」，只是父權社會的浮辭。實情總是，「養不教，母之過」，亦即市井那一句「有爺生，冇乸教」才算罵得貼當。在中國這封建社會，媽媽除了做一切的家務外，還要充當孩子的老師，只可惜都沒受過師範的教育。

沒受過教育而能懂得教育的，大概只有「孟母三遷」那孟母一個。其他的，唉，正所謂「女子無才便是德」，盲字唔識多一個，教出來的自然學識有限。中國社會草根階層，因此而注定與牛屎為伍。亦因此而在中國人社會例如香港，當教師的很慘。

遇上學生犯事要見家長，你只能柔聲一句：請你老媽來。因為，經驗告知，大多只有他媽媽才肯來。就來了，一開口也大多會是：「阿 sir，我讀得書少，唔識點教……。」「他爸爸呢？」「喂，唔使搵食咩！」

在加拿大的華人，負責送子女上學，所見亦以媽媽多。至如督促功課、搵補習、學琴習畫，幾乎也傳統地全是媽媽的責任。爸爸呢？

爸爸的責任，原來只在「以身作則」——抽煙、劈酒、睇電視……，間中還會發點牢騷怨家人。可不知時代進步，教育孩子，父母都有責任。學校家長日，看見洋孩子父母兄弟闔府來，自己做父親的竟推說沒空，不覺得面紅麼？

（2001-03-29）

無話可說

香港在殖民地時期，教育十足殖民化。除了將大英帝國的教育制度全搬過來之外，還很巧妙地把中國傳統那被扭曲了的儒家忠孝觀念，揉化成向英女王效忠的道德基礎。五十年代欣逢新中國忙於「破舊立新」，也給了港英一個「拒新納舊」的契機。南逃的中國舊知識分子有了這避難所，傳統的中國思想文化就無心插柳的在此落地成蔭。港英殖民政府因時際會，無端做了保護中國文化的大英雄，把住在香港的守舊頑民，治理得心服口服。

香港，就如此陰差陽錯地成了二十世紀台灣以外一處中國文化最能枝繁葉茂的地方。中國文化在異族統治下得以欣欣向榮，在中國歷史上，這也不是第一趟。早在公元第五世紀的北魏，在胡族拓跋鮮卑的統治下，就已曾開花結果。其時中原士族不但「盡了教導開化北方蠻族的功能」，且也是「中國傳統文化之承繼人與保護人」（錢穆《中國文化史導論》，七章）。從史實論，拓跋之「孝文漢化」固是轟烈，就教育建置，成績也確甚驕人。鴻儒有徐遵明、熊安生、劉獻之。道武世在平城設立太學。獻文帝廣設鄉學。孝文之世，官學之外，由儒生開設之私學尤盛（范文瀾《中國通史簡編》二編六章三節）。至如敦煌千佛洞、雲崗石窟、龍門石窟等之修建，更是文化瑰寶了。

香港這鬼地方，雖無石窟，卻有大儒錢穆、唐君毅、牟宗三，六零年代高中生必修「國學」，讀《四書》。難怪「九七回歸」問題一出，有大學學者私語國鍵，他情願活在北魏的年代。唉！

（2001-04-12）

中計

菲力霍士達(Philip Forster)於一九八二年發表了一篇叫做《The Education of Postcolonial States》的文章，慨歎著各脫離殖民統治的新國，由於都急著要與殖民歷史劃清界線，新制定的教育政策往往因此犯了大錯。結果，前殖民地的舊教育固是昏蒙，新的卻也不見得就叫高明。九七後的香港，不幸亦難逃這「後殖民」(postcolonial)的宿命。

洗擦殖民茶漬，是一項神聖的政治任務。由二等公民變了當家作主，民族情緒即時高漲，平等主義掩蓋一切。一大籮新政策，政治考慮第一，實際環境第二。九七回歸後特區政府匆匆在教學語言上搞大動作，幾乎要將香港的英文中學一夜間都全改爲中文，竟重蹈了霍士達筆下大戰後東南亞殖民地獨立國在五十年代教育發展急於求成的錯失。米字旗才落，就一頭栽進那吵得聒耳的「叻，我至叻」的淺薄浮囂的歌樂聲中了。

今天香港教育制度要面臨崩潰了，說明了「至叻」的不是大有理想的特區政府，而實是老謀深算對南亞殖民地獨立後教育觸礁瞭如指掌的大英帝國。九七前十年，她早在替你在教育上搞「非殖民化」(decolonization)了：大學急漲中學化，中小學則撤掉道德品格的關防，縱容學生在一知半解的民主人權下拉屎撒尿的幼稚園化。還暗地裏慫恿你更重視「母語教學」，她其實知道，「母語」獨尊，香港便自完蛋。這一步，她巧妙地留給董建華來操刀。因爲她相信，董先生讀的不會是霍士達，而只會是《鄧小平語錄》。

（2001-04-19）

請讓我唉

國鍵爲文，自覺「唉」字太多。有前輩說，唉字莫用，感歎號不宜。可恨世上可唉可歎之事天天見，愚也忍功淺，不唉不舒服。

就牛仔小布殊上台後的蠻撞，已夠我唉。「撞機事件」後，未來幾年的中美關係必日趨惡劣，身在北美的華人，美耶華耶能不唉？住在加拿大還好，民間向有反美潮，對美國佬可破口大罵。住在紐約的「維園阿伯」，私下必然唉得最大聲。表態和不表態，都成賣國賊。賣美國還是賣祖國，想起頭都大。若有兒女名登美國兵役冊，仗真一旦打起來，不就是中國人打中國人了麼？愚非「阿伯」，卻也曾爲此而替小兒長唉了一聲。嗚呼！屆時若爲逃役而潛返香港，則又隨時給打成美帝間諜而枉受牢獄之災。長嗟之際，豈能不多加兩個感歎！

敝加國，感歎之事近亦多。安省保守黨政府施政報告，醫療水電擬私營，又容許學生越區選校，似足小布殊，政府只供教育券(education voucher)，入乜學校聽君便。學校則變相是自行收生私校化。若然落實，名校、半名校和非名校的距離將更遠。先天不足的貧區學校，由於資源被削，又或要留住「客仔」事事遷就，遲早淪爲「野雞校」。這對流動力弱、名校冇佢份卻又有志於學的籮底校窮學生，最不公平。對教師而言，無良者以討好學生爲名大可繼續躲懶；盡心卻須面對教學從嚴還是爲保飯碗而從寬之兩難，真慘。

私立名校學費貴設備優，家長有錢管教嚴，自成一種貴族式的精英文化。今欲強迫公校而爲之，哎，我又要唉啦！

（2001-05-02）

變啦！

安省省長夏理斯近日說話多，在醫療和教育的問題上，頗有不破樓蘭誓不還。醫療將會私營化，政府財政負擔快甩難。有錢佬叫好，窮鬼請多祈禱。

教育方面，招式亦多。重訂新課程，精神係「復歸基礎(back-to-basics)。而所謂基礎也者，相信是要加強語文和數學的訓練。記憶中，「復歸基礎」的口號，八十年代中已在安省高喊。喊到二十一世紀才落實推行，加拿大做事，真個烏龜慢。

慢吞吞的加拿大人最怕是考試。因爲考試成績大多取決於鬥好鬥快。夏理斯今謂學生要考標準升級試，的確是攞膽。以往散漫的學校生活，突然給「成績」兩字繃緊，相信很快便得向大學看齊，設個什麼「考試恐懼心理輔導組」之類，救救那嬌生慣養的學生。

其他的人又怕什麼呢？OISE的教育專家說怕考試會扯高「肥佬率」（failure rate），因而減少高中畢業生；安省中學教師聯會的頭頭話，怕那分數見紅成極刑，只會打擊眾學生……。 前者理論家之言，大多砌自象牙塔，國鍵向視之爲漠視現實社會的仁愚之談。殊未知人生波折多，未必日日笑呵呵。在學校裏面多點學習接受「肥佬」失敗，有什麼大不好呢？若不如此，他日在社會上又何能面對人生悲苦的百般無奈、事業浮沉的千種變化？

後者乃個別教師之怕，背後也許另有解畫：是怕趕課程？怕出試題？怕改卷？……。唉，爲了下一代的前途，可否多辛苦一下？

（2001-05-09）

考試有助掃文盲

國鍵之所以贊成安省公校學生恢復考標準試，皆因標準考試有助監察課程進度，讓學生在學術水平上有個較客觀的準繩。

這十幾年來，安省小學和初中課程相當鬆散。程度之深淺和進度之快慢，幾全取決於教師個人之喜惡和教學的態度。結果當然是參差不一，相距極大。

小兒念小學三年級時，就曾遇上班老師不喜歡數學，結果一年教數少。平日上課，做勞作、看電視、閱故事書則甚多。年來究竟學了些什麼？作爲家長沒法知。間中只見小兒拿篇堂上作的短文回來，又或一個縫好的布公仔。沒家課，沒考試，回家但看卡通G.I. Joe。成績單派來，哈哈，人人升級，個個拿A。皆大歡喜之餘，順贈閣下一種放心去玩的浮誇。學生一上OAC，一進大學，始嘗連考皆北。以前的所謂A，原來是糖衣毒藥。吃了羽化登仙，醒來卻知衰恨晚。

二十一世紀了，生存競爭更激烈。沒有知識，沒有品質控制，就沒有希望。學校教育，已經不能純粹是玩唱遊講童話的游閒，而必須顧及語文和數學等他日賴以求生的艱苦訓練。現實的世界本來就不是一個童話。經濟全球自由化之後，它更會是一個魍魎處處各以吞併爲樂之生死戰場。學校今若還在大量製造文盲數盲的話，對下一代就是不負責任。

安省乃文盲之地。八十年代中，據G.Radwanski 調查，安省高中輟學率高達三成，其中大都是文盲。就畢業了的，也多虛有其表，缺乏與其他先進國學生競爭的能力。唉，快點恢復統一考試吧！

(2001-05-10)

考試壓力齊來減

考試對學子構成的身心壓力，相當巨大。對自信心不足，又或對自己要求過高而父母又望龍心切的學生來說，考試確係追魂奪魄，妨害寢食，因之甚易患上神經病。

然而，人生遇上的壓力，又何只考試。生老病死的精神壓力更大。所以，良好的教育該是鼓勵人們面對壓力，而不是選擇逃跑。承受壓力既是人生過程的必經部分，你所能做的，就只有設法子去減壓。

減考試之壓，方法倒很多。在學校方面，可採「多測累計」的方法。亦即將考試分拆成幾個小測試，每個只佔十分八分，期考則佔二、三十分。若能如此，昔日「一鋪定生死」的沉重心理壓力，自然爲之消弭。此外，每次測試都有指定的範圍，評分又有透明而客觀的標準，這對紓減學生考試的壓力，也是很有幫助的。

而在學生方面，則須養成一種善於分配時間的習慣。作息固要定時，如何妥善計劃溫習時間而不致於臨急抱佛腳，更是考試壓力能否紓解的關鍵所在。若都有備而戰，壓力必不會太大。況且既已盡力，敗亦無愧。

只要不存心要「打低」別人，不事事與人比較，而只將考試的得失看作是人生的一種經歷和磨鍊，那區區分數，又怎值得朝陽似錦的年輕人叫生喊死？

在家長方面，則千祈勿寄子女以不切實際的期望。望子成龍這個望字，最好還是藏諸內勿露諸外。子女成績，內心緊張便是，外表卻是笑嬉嬉的爲好，否則對子女必添加精神的壓力。兒女既盡了所能亦不過是豹，又何必迫他做龍？

(2001-05-16)

好幫唔幫

安省政府宣布，讀私校將獲退稅高達三千五。區區小數，富裕的家長未必有太大的驚喜。對私校的經營者來說，卻自興奮如吃偉哥。

一稅而知秋。安省政府的右傾政策，已達損害加拿大教育制度講求社會公義(social justice)和教育平等(education equality)的地步。

政府的責任，本是扶貧助弱，竭力使貧苦學生在教育上獲得更公平的對待。安省政府今年在公校撥款上左砍右劈，對私校卻間接大開水喉，一擲三億，不是欺貧怕富是什麼？

政府是擺明鼓勵人們讀私校了。長此下去，學校制度勢必嚴分爲公私兩大階層：上層私校無貧家，下層公校無富戶。在教育上淡化階級，本是民主政府要做的工作。今安省政府倒行逆施，在意識形態上走十八世紀英國私校教育的舊路，實在叫人心痛。

私校有錢，學生家長一般較富裕，不用政府幫忙也自成強勢社群。他們既擔負得起高昂的學費，當然有權選擇讓他們的子女在貴族化的學校長大，學英國富裕人家講上流社會的英語，熏染點獨特的精英主義(elitism)和門第主義(nepotism)的色彩（參 Bill Williamson, Education, Social Structure And Development, NY: Holmes & Meier, 1979, P.60)。

加拿大人不是患了紅眼症的共產中國促狹鬼，可不會爲此而搞抄家的什麼革命。然而，若讀讀英國在十九世紀中葉後傾力發展公校的歷史(Williamson, pp. 50-72)，不難發現，英國經濟的飛躍和社會的進步，是來自於對公校和普及教育的大量投資，而絕不是對私校無端端的伸出援手。

（2001-05-31）

搵鬼教啦！

今之爲人師表，遠比上一輩的艱難。國鍵七一年出道，之夫者也地去教文史，其時學生乖巧，課室內外甚少公然打架爆粗辱罵師長等紀律的問題。只要自己交足「功課」，一切便是風平浪靜。朝八晚三，如果沒染上「打雀」的陋習，必可優哉悠哉去進修，既可充實自己，亦可遣興消閒。教育文憑、文學碩士、哲學博士，國鍵都是在日間努力教學、晚間在大學學堂竟仍有餘力聽書而弄得了手。斯時教師地位高薪酬厚，工作相對安逸。只要肯上進，做學問工夫並不太難。

九十年代呢，情況可就大不同了。教學之外，還要花氣力於要命的課室秩序。六十年代國鍵做學生時，對老師們是必恭必敬的。老師稍稍哼一聲，即時便是心顫。三十年後的今日，老師遇見學生固要先 say hello，「米飯班主」稍唔高興玩吓嘢，做老師的即時便自腳軟。日間在隨時「爆大鑊」的課室傾力搏鬥，朝八晚五。到夜幕低垂，還正帶著學生進行課外活動，又或開著多到莫名其妙的什麼校務科務諸色會議。吃過晚飯想休息？這當然也是奢望。桌上是堆積及眉永改不完的學生作業，你還會有精力去進修讀書？神仙咩！

今日做教師是很值得同情的。新人肯入行已是不易，學富品優的資深教師更屬稀品。在校園以外不知其苦的所謂有識之士，竟還在嫌三嫌四，強令教師五年一考。香港如此，安省如此，都將教育失敗的責任一股腦幾全推往教師身上。無視其他因素而單靠「師考」謀改善教師質素，竊意以爲，其效果將必適得其反。

(2001-06-20)

不進則退

國家領導人有沒有遠見，有沒有國家長遠發展的炯炯目光，關係著千千萬萬百姓的福祉。「九七」在政治上短視的喋喋爭拗，香港的政經和社會發展，就如此的虛度了整整八年。長遠的大計固然沒有，「假大空」的虛火卻燒得旺盛。今想翻身？唉，憑乜嘢先？　政府制定政策，必先深思熟慮，須目標正確，推動得宜，在確當之時做確當之事(do the right thing at the right time)。

加國政府雖在社會福利和藥療方面計錯數最爲人詬病，但在推動國家經濟長遠發展的策略上，卻是甚具章法的。經濟增長，決不能單靠售賣原料和電腦科技。除了多元化之外，還須洞察世界經濟這火車頭，下一站將改用什麼做它的燃料。

科網爆破，新燃料將會是由生化新科技帶來的醫藥革命。爲了保持加國生物科技的領先地位和培育人才，三級政府在撥款投資和政策配合上，多高瞻遠矚地做了確當的事。

今年，多倫多大學醫學院生化系因之得以大展拳腳。除新增聘了六位教授外，又新設了尖端科技蛋白質工程(protein engineering)與生物資訊 (bioinformatics)的實驗所，並成功向德國慕尼克大學(University of Munich)挖角，請來了一流的科學家史泰比(Boris Steipe)教授主其事。史教授來頭甚猛，哈佛醫學博士（ＭＤ）、慕尼克大學哲學博士(PhD)，曾與八八年諾貝爾化學獎得主胡伯(Robert Huber)共事，是業界響噹噹的人物。

在香港呢，教育崩潰，人才凋零。科技發展得個噏字。靠官家浮誇的口號來養命，成麼？

(2001-06-21)

教育是民主的基石

任何改革，都受著社會環境的局限。中國共產主義革命，面對的正正是革命野心受著農業落後社會的牽肘。要質樸卻甚愚昧的農民去投票選舉，盲字唔識個，能說不艱難？

中國人口九成農民。不搞好農民教育，民主便是無望。須知問題在於農村，不在於教育水平較高的城市。多搞幾個大城市，大到像廣州（番禺）成都二千年前便長期的富了起來，中國的民主也未必會進步。就讀過書的，也必還是一心向著繁鬧的京師，又或那富裕的揚州。只有那失意落拓的，才會他媽的呆在鄉間教幾個蒙童。

三千年來習慣了城貴鄉賤，鄉下佬天生一副粗賤相，憑他們決定誰個當總統，不是有點癡的麼。農村長期失教的結果，是農民愈多、文盲愈眾而民愈昧。

中國政治到了明清之際而民主徹底死亡，殆非偶然。共產黨要打破這種格局，目標正確。只可惜以殘害城市士商謀提高城鄉工農的地位，卻是方法錯誤，用心非善。結果共產民主當然落空，因爲群眾的愚昧依舊。

在中國推動民主，積極的方法是大量投資農民教育，要讓農村先富起來。唯有農村和城市的貧富和教育水平拉近，才可以打破往日土地和教育由官商士紳壟斷的局面。只要人們視教育是一種不分貧富的平等權利，而不再是窮苦人家用作擺脫低賤勞工（Manual Work）的手段，則階級性的獨裁自會消亡。

所以，鄧小平的城市先富論，對中國民主的整體發展並無大助。而安省夏理斯之抑公校而揚私，則更是民主的蟊賊。

（2001-06-27）

白老鼠

毛主席將中國變作共產主義的實驗所。中國的老百姓，自然也做了實驗室裏面的白老鼠。「大躍進」、「人民公社」實驗失敗，餓死的白老鼠無數。「文化大革命」，給鬥死、玩死的白老鼠更是難計，且都是不大講人道的。

問題在於：他有權把國民當作白老鼠麼？

這一個權，做父母的對孩子也絕不該有。吾友夫婦生了個白胖的女兒，喜上眉梢，從此有了個可供試驗的實驗品。才兩歲，就硬施之以自創的什麼「新教育法」。國鍵固爲之搖頭，因爲萬一失敗，豈不毀了女兒的一生？雖則中國人確係天生的孝順，視領導人作父母而甘願做其白老鼠者多的是，且實驗失敗身受其害也還是熱淚盈眶地說——子不談父過。

拿子女來做實驗這不單是過，而且是孽，除非預先得到子女的同意。中國的問題正正在於，領導人自視爲民之父母，一切可代拿主意。子女沒有拒絕權，且以順大人意爲孝道。倒是國鍵自幼便有點失常，向不輕易低頭。此生要做白老鼠，也只能做兒子的，這是老來殘剩的價值。所以，近日小兒學寫「網頁」，要徵用國鍵那不大見得人的書畫作品爲素材，好實驗一下他粗淺的功夫，雖係迫老竇去野人獻曝，必招有識者譏，然而爲了多盡一點做父親的責任，也爲了稍解居港老友們來電索料郵遞之勞，竟甘心答應。網址爲 http://ca.geocities.com/kwokinpoon@rogers.com/。其中以新近的佛經書法或稍可觀。若閣下一打開而果笑掉了牙，國鍵只能卑學阿Q——自覺因伊之開懷而積了些福。

（2001-07-18）

大學之道

大學教育是什麼？這恐怕寫本厚書也未易說得清楚。多倫多大學校長白瑞爹博士說得好，大學教育是「教育」人，不是「訓練」人。隱隱然已將品格培養放在技能訓練之上。大學教育，品德才是主題。

有德必有鄰。香港大學前校長黃麗松博士近日在某專訪中也坦然說，港大的教育，技能之外，更須培養「社會意識」。大學教育若只談「生產」，大學生豈不都成了「機械人」？

在中國共產革命火紅的年代，教育也是以「社會意識（social consciousness）」爲主導的。而所謂「社會意識」，且更進一步義解爲毛主席所談的「社會主義覺悟」，即鬼文之所謂 socialist consciousness 是也。一九五七年，偉大的毛主席嚴肅地指出，黨的教育方針，是「使受教育者在德育智育體育幾方面都得到發展，成爲有社會主義覺悟的有文化的勞動者」（《毛選》卷五，北京人民出版社，七七年，頁三八五）。

只可歎，人世怪事多，愈窮而愈望發達卻總而愈見鬼。毛主席愈要將人們教育成品格火紅、共產無私的有覺悟性的無產階級勞動者，人們的真實內心可偏就是愈煉而愈私愈黑。

什麼道德良知、社會意識、主義覺悟云云，不過與宋明書院高舉的「存天地正氣，法古今完人」一脈相承，結局必還是千百年來正氣愈喊而愈少，完人愈叫而愈亡。

做社會主義完人？辦大學搞完人教育？在二十一世紀的中國，這早都已由遠大理想降格爲表面工夫再淪落爲大眾笑話。是以西方大學生常爲社會公義參與示威，中國人總覺得有點奇怪。

（2001-08-01）

唔用方言？

文言白話之爭，擾攘了半世紀。今天大概明白，文言白話並非水火不容。只要能夠表情達意，語言的目的和功能既達，又管啥白話不白話、文言不文言？

即是之故，近年在語文上的別一大爭議——方言該不該用——也就更見無聊。中國的語言，本來就是方言大雜燴。先秦時代，南方楚語和北方中原的語言，「不但詞滙不同，連語法也有所不同」。就北方秦之與晉，「方言也是有差別的」（並見王力《中國語言學史》，香港三聯書店，八一年，頁二十）。語言歷史的發展是，方言可以成爲共同語。例如「曉」、「襤褸 J、「慫恿」，原都是楚語（王力，頁二十五）。所以，今天鄙文題目就用了個「唔」字，錯的實在唔係我，而係一看見唔字就唔高興的老八股。

語言是有生命的活體，不停的變化乃生命之必然。沒有新陳代謝的進化，語言就要死亡。這一種生命的振動和延續，天天在民俗間細水長流地默默進行，決不因一兩個語言專家的意見而轉移。

中國的老百姓，除了精於錘鑄方言而爲共同語之外，更是善於吸收外來語言文化轉爲己用的能手。南北朝後在中國流行的「切韵」，不就是西域的外來之物麼（王力，頁五十八）？

國鍵不免要問，連舶來品也可併合漢語，爲什麼自己的廣府話就是不行？

是因爲語言的沙文主義作祟？是因爲華人偏好窩鬥？是現代的中國人容外拒內，對粵語要猛打，以 ABC 入文卻聲也不敢哼了？

（2001-08-15）

大學非文藝之地

王了一先生認爲，「大學裏面能造成學者，不能造成文學家」，因爲「有價值的純文學作品不是由傳授得來的」（《大學中文系和新文藝的創造》，載《國文月刊》，開明書店，四六年六月，四十三、四期，頁七）。這當然對得很。因爲，純文學本身是一種藝術，藝術是不能用科學方法去解剖、去教授的。

故此，讀不讀大學和做不做文學家，並無直接的關係。李廣田先生認爲「雖然有少許作家出自大學，但多少最好的作家卻是與大學無緣的」（《文學與文化》，載《國文月刊》，仝上，頁一）。正正指出，讀得成大學也未必就是與文藝有好姻緣。

所以，在大學中文系裏面教書的學者或讀書的學生，充其量也不外是在做點文學的「研究」。聞一多先生就直截了當說清華大學中文系「是談考據的」、「如果不喜歡，請不要進中文系來」（見王了一上引文）。

聞先生其實也只說對了一半。今之大學，不但大多和文藝創作全沾不上邊，就連考據研究這一項也是不太喜歡的。例如在香港，大學教師俸高祿厚，固要爲教學和年趕論文交貨而耗竭精力，有些更因要樂應酬之勞而磨盡意氣，在狹隘的小圈子裏面是是非非，談的多是升唔到職又或做不成系主任之類的牢騷，都不知人間何世。大學生呢，當然又係忙著兼職、炒股、擦鞋……，也滿腦子不文藝。

文藝創作？恐怕更要留給大學以外窮愁失意的人去投身。查良鏞跑去大學教書，大學生話要跟查先生學寫小說，國鍵有點不明白。

（2001-08-16）

揚棄文言殊不智

不白即黑，非友即敵，是近代中國文人常有的謬思。二十世紀初期文學界在文言白話誰該絕種的論戰，正反映了中國文人這種凡事偏向一刀切的德性。「新文學運動」對中國傳統文化的破壞，不僅在於打倒孔家店，而尤在於活生生的將文言文和白話文之間的臍帶一剪鉸斷，並囂然宣布舊文學和文言文都已「走到了末路」，情願學習西洋文學搞「歐化」，也容不了古文（請讀《國文月刊》四六年六月第四十三期王了一和李廣田兩先生的大文，前文曾引述，不贅）。新文學和舊文學、白話文和文言文，忽地成了勢不兩立互無關連的敵體。

語言是文化的載體。斬了文言，實際上也就是斬了舊文學，絕了舊文化。王力先生曾引蘇聯作家高爾基的話說：「語言是文學的第一要素。」（王文載王培光編《中學中文教學論集》，香港中國語文學會，八四年，頁七。）沒有文言文的要素，年輕人讀不成古典文學，舊文化也許就此絕嗣。問題是，沒了古典文學和文言文作基礎，新文學和白話文又憑什麼建築起來呢？難道都是石爆出來的？

舊之與新、文之與白，本同母子，血脈相連。漢文化的本質古今無異，文字的書寫亦無劇變，百變的祇是文學的表達方式和語言形式。而這種演變，不經長時間的琢磨難成其事，一朝的變天「革命」休望可竟其功。所以，現代的「語言革命」和「文學革命」，就「革命」兩字已悉其荒天下之大謬。

（2001-08-22）

白話文言本相親

陳原先生說，「語言是信息的載體」，而其構成部分，則有「語音、語義、語形、語法」（《信息和語言——社會語言學扎記》，載北京市語言學會《語言學和語言教學》，安徽教育出版社，八四年，頁二十一）。國鍵相信，語言和信息，都和文化一樣，經歷悠長的歷史而不斷演進。其間的過程，容或因學術論述之便而粗分階段，但階段與階段之間，卻不易斷然予以一刀而分得清楚。

且以語音為例，周祖謨先生在《魏晉音與齊梁音》一文中指出，漢語從周秦古音發展為兩漢音，魏晉後再因「字音的內部結構聲、韻、調三方面的互相影響而逐漸產生變化」，加上「由於人民的遷徙，方音的融合」，語音變化加劇。足見漢語語音流變點滴累積若歷史長河，又豈易抽刀斷流，割分幾截？

明乎此，益證把文言白話隔離為互不相涉的兩種語言形式，實為謬論。歷史說明，就南北之間的不同語言和文學形式，亦只能「融合」，未聞相斥。即漢賦唐詩宋詞元曲，也只是文學的順時發展，而非必由你死而後我生。須知曲有詞韻，詞具詩風。此中各自優勝，向無高低。其語言或稍稍不同，傳遞的信息卻實無別。如是中國之語言文學，始歷三千年而不衰。

「五四」推動「新文化」，一刀插往舊文學，一劍砍向古文言，今天弄了些什麼成績來？務要打垮舊文化的魯迅先生呀，若翻他的《中國小說史略》和《漢文學史綱要》，還不是一樣國學文言為其根，是頁頁的之乎者也？

（2001-08-29）

如此教育如此國

西人萬寧鈉殊(Manning Nash)對南亞緬甸(Burma)的教育，頗有研究。他在《比較教育》(Comparative Education) (Boston: Allyn & Bacon，1968)發表了一篇名爲《文化與經濟現代化進程裏面鄉村學校的角色》(The Role of Village Schools in the Process of Cultural and Economic Modernization）的文章，對緬甸此一曾受中國儒家文化洗禮和印度佛教文明熏染的小國的教育，作了頗透徹的論析。讀之而隱隱然看見俺中國這古老文化大國的封建教育的影子。

緬甸和中國一樣，佛教是辦學的要角，教師地位尊崇，教學法靠訓練死記(rote)、背「標準答案」，以能夠毫無錯漏地記串長長的生字斯謂之最棒。教學的內容，則注重傳授佛教宇宙觀(Buddist Cosmology）。歷史、算術和普通科學，僅能在知識本體固定的框框內探覽。作爲學生，你只能全盤接受以往之所知，而絕不能挑戰或質疑教師之所教。什麼推陳出新搞創意，俱屬離經叛道。教育的任務，是保持社會的延續(social continuity)和穩定(stability)。民主人權？這當然是次要的。故其教育精神，亦以尊敬權威(a reverence for authority)爲至上。嗚呼哀哉，有如此之亞洲教育觀而可以搞現代化，不爛額者幾稀矣！

都廿一世紀了，在亞洲教育裏面，「聽XX的話」、「念標準答案」、「穩定壓倒一切」、「黨具絕對權威」……仍聲聲入耳。加國華人向下一代衷心推介「亞洲價值觀」之前，該否先自反省一下？

（2001-08-30）

拼佢條命

除了舊文學和文言文之外，中國的方塊漢字，同樣也成了二十世紀文壇改革派的眼中釘。

例如呂叔湘先生，就大力鼓吹要把漢字改革，由筆劃變爲「拼音」。理由有二：第一，漢文字已「不能好好地代表語言」，「用它寫本地話就有許多字眼寫不出」；第二，中國語文有「三難」——「寫文章難，認字寫字難，不同地區的人說話難」，外國人的拼音語文，則反之而爲「三易」。爲了「人民大眾的利益」，語文改革要辦到「用白話文代替文言，用拼音字代替漢字，推行一種普通話」（《語文常談》，香港三聯書店，八五年，頁九五至九八）。

呂先生認爲，只要大家寫的都是白話文，講的都是一種（注意，只限一種）普通話，用拼音字去代替漢字就不成問題。一旦都用了拼音，打字、排版、電報、查字典……，一切都甚快捷方便。至於下一代怎樣讀懂古籍呢？呂先生說：「讀古書總是比較少數的人的事情（拙案，文革時，且無人敢讀哩），古書的精華總是要翻譯成現代語的（拙案，洋鬼子翻譯的也很不錯呢，有機會再談）」（仝上，頁一零二）。

若依斯理，那索性改用英文豈不更見徹底，更能與西方文明「接軌」？又何勞花這麼大的氣力，改這改那，拿洋鬼子現成的不更方便麼？當然，中國人沒有了方塊漢字之後還配不配叫做中國人，可另一回事。

改革至上，寧冒亡中國文化之大險。國鍵看過一本叫「官話和合譯本」的《新約聖書》（上海大英聖書公會，一九二零年），全書四卷，皆國語（官話）標音，無一漢字，唸之甚覺頭痛。今更倡用鬼腸拼，老天爺啊，想取我命麼？

（2001-09-06）

俯首甘爲孺子擒

論學生自由，加拿大遠不及香港。在咱加國安省，自今秋起，學生在校園凡攜帶武器、傷人、性侵犯、買賣毒品、搶劫、飲酒……，一經證實，都可以趕出校。毆打老師？想給轉介往特殊學校接受紀律改造麼？頑皮學生在校內的自由，就這樣的給新實施的「學校安全法（The Safe Schools Act）」剝削掉。

在香港，這樣剝削學生自由的舉措，凡富有愛心而又極之維護「童益」的社會人士，必嗤之以鼻。特別那些從來沒在Band 5 學校生活過的人，必認定這是大人打壓小孩子的無良技。

學生的自由和權利，是最神聖的。有學生拿氣槍返學，只因校園環境差、教師教學欠趣味。搜書包？想侵犯學生的人權和私隱權麼？黑學生若成功誘小朋友入黑幫，又或帶個他爸用過的避孕套回來，在生物堂上突然掏出來給大家研究一下，你沒能力及時制止，皆因閣下「唔醒目」，教書未夠班。若搞事學生堂上頻出頻入往解手，間中碰上責任心重的年輕 Miss 話唔准，他竟就跑出來當她面拉開褲鍊，作非禮狀。全班「幫拖」，鬧上校長室，問過話後，Memo 傳來：老師衣著宜密實。

在堂上寫黑板字呀，也該面向學生，背著手寫，否則屁股忽吃氣槍丸，也算是自招的咎。若因此而責罵一班正抿著嘴陰陰笑的好小子，那未免道行太淺。因爲事情若然鬧大，定案也必然是教師失職，未能秒秒睇住學生，槍開得甚是有理。何況吃一槍就這樣兇，又怎生叫教育理念在「自由」、爲人師表當「德化」？

爲了保障孩子的自由，爲了保護學校的聲譽，閣下還是投降了吧。

（2001-09-21）

教師生涯極可憐

香港六十年代的教師，位高薪厚職閒，也沒甚人事鬥爭，課餘很有閒情和學生談宇宙人生。教育，是這樣閒出來的。

七十年代，校園引入「職級制」，自此波濤暗湧。八十年代，又鼓吹個什麼「行政管理新概念」，事事求「高指標」：測驗考試、作文默書、功課作業...，無一不講「次數」。師與師比，生與生比，科與科比，校與校比.....，「圖表」一出，暗寓褒貶。從此一切也機械冰冷如「物」，都要「盡其用」，即今之所謂不斷「增值」、發揮最高效能。結果小學由四十人一班遞加至四十五人，中學由三十五而增至四十三。中學國文教師，由批改四班一百四十人的作文，漸擴爲四班一百七十二人。名雖仍舊四班，實則工作量狂加百分之二十三。最遺憾的是，當局還俏皮地說：不過在課室多擺張凳啫！

其後政治開放，官恤民艱。可惜政府在教育上每推一德，教師便要多啃一骨。學生申請學費津貼、書簿津貼、交通津貼，你得派表收表，追齊例如家長收入證明、銀行存摺和身分證副本、相片等一大堆文件，然後要一字不漏的小心核實，確定學生的住址和所屬區域，做家訪……。至如收飯盒錢、校服錢、書簿費……就收錢追數點算也夠你「歎」。教書？有足夠時間麼？開學才一個月，大籮雜務還未清理，而學科測驗又迫近眉睫，你說該怎麼辦？

九十年代教育假民主化，天天更是開不完的會，停不了的「革」，身心勞累至超極限。今天竟還有人獻計，教科書全由學校買，分借予學生。喂，過萬本書，誰來負責管理呢？能不跳樓耶？

（2001-09-27）

敬師節？

自從中國有了「革命」之後，教師的地位便一落千丈。從昔日的騎在農民頭上的猛虎，變成是社會發洩不滿用以代罪的羔羊。由猛虎而爲羔羊，的的確確是一場大革命。

在舊社會，窮教學雖則略嫌寒酸，但總算讀過幾本聖賢書，多明白點事理。平日大家有什麼爭拗，又或要寫封家書，書呆子都能幫點忙。況且讀書人也不可輕易得罪，難保一天飛上枝頭作鳳凰，撈了個什麼三省巡按之類，冏撞大人的夙怨，甚易招來屁股兒開花的惡果。是以病虎之鬚，還以不捋爲妙。

自從新社會廢科舉興學校之後，功名之路一斷，教師即時由虎降格爲「苦」，到處慘遭白眼。貧賤教師百事哀，賸得個羸弱之軀，空喊報國。發大財？此生休想；揚名聲？此身無望。只成了名利心重的女孩子擇偶的下下選。

爲了打救教師，二十世紀三十年代，有心人如教育家邵爽秋等，曾倡議在每年六月六日搞個「教師節」，且大聲疾呼，要改良教師待遇。可惜邵氏大概不是基督徒，不知道「66」很易講成「666」，是魔鬼的記號。難怪文革時期，直把教師當鬼辦。

在新中國，教師是鬼，沒資格分配房子，乃臭老九中之最臭。在新香港，殖民地時代殘留的萬般皆下品唯有讀書高的封建思想，在撤退前的港英政府和九七後的特區政府的大力掃蕩下，亦已洗滌殆盡，眾教師終淪落爲祭旗之羊。學校風氣壞？師之過。學生知識水平低？師之惰。社會語文能力差？師之錯。……

九月十日「教師節」？領導人在台上笑嘻嘻的乾杯談敬師，台下的教師，卻都清楚知道，這不是「節」，而實是——「折」。

（2001-10-19）

唯友愛是寶

十月二十五日的早上，小布殊以和善而誠懇的語調，勉勵華盛頓的一大群小學生：當以友愛(friendship)戰勝惶情(fear)。

一語而自己擊中自己外交政策之大弊。弊在不知大美國主義之忽視國際友情，乃死路一條；不知霸權獨尊唯我是大，是自掘墳地。

獨行獨斷，妄自尊大，惹人反感，亦易削弱友誼，滋長仇恨。上台才不過半年，便亂打亂撞，處處點火，把世界原已危危乎的和平秩序，搞個亂七八糟。恰如《水滸傳》那狂妄自大的洪信太尉，恃權勢而亂掘那鎮鎖著一百零八個大魔君的巨石龜，害得從此群魔亂舞。今日搞恐怖活動的，固不僅是中東魔界的頭目，還會是美國境內土生反政府的癲佬。美語有云：「伊能做的，我必更棒。」拉丹吃了頭啖湯，美國的恐怖分子兄弟們，又怎能嚥得下這口氣？

恐怖之亂局已成，才猛然想起，繁榮安定，唯賴世界各族通力合作。若仍一味靠惡，吃虧的必還是自己。

現代文明的教育，正正要教導下一代，多講友道，少談霸道。要增進友誼，自先學曉互相尊重、互相關懷，凡事多替別人想一想。要平等公平，不要自恃大隻便任意妄爲。此亦所以美國這幾十年來大灑公帑傾力發展公校，在校內強調平等(equality)公平(equity)，讓所有孩子能有平等機會去接受質素相若的基礎教育（參 Joseph P. Farrell,《Educational Expansion & the Drive for Social Equality》，in《Comparative Education》，NY: MacMillan, 1982, p.41）。

因爲教育上的平等和公平，是學生發展友誼的基石，是社會消滅階級仇恨共臻樂境的良方。國鍵反對安省夏里斯的明打公校暗助私校的右傾教育政策，其理亦在於此。

（2001-11-07）

獨立思考常存辯

西方教育，最重個人的獨立思考力和創造力。投考大學，申請獎學金，推薦書中，肯定備此兩欄。

對在東方文化下長大的人來說，這當然是大惑不解。爸媽和老師都叫我們聽大人的話，要依照指示做事，否則不是乖孩子。

殊不知不懂拗頸的孩子，在北美洲叻極有限。在大學在社會裏面，只會是二流貨色。

要孩子有獨立思想和創造力，自幼得培養他以好辯的精神。除了道德關防例如不該做失德敗行之事乃無可拗之外，日常生活的一切，都可以拿來論辯一下。做父母，要多扮反對派。他要吃漢堡包嗎，我偏說是吃茶好；到他要去吃茶了，我卻又大談吃漢堡包妙。使知世間事物，可從千百個角度看，而不該死板板的老共說乜就乜，又或老美話物就物。自己連腦都冇，又何能獨立思考去創新？

在北美洲，論勤力資質，華裔子弟稱第一。論思考創造，卻頗遜於洋人。在大學裏面拿獎學金的，低班多以華裔鼇頭獨佔。高班呢，卻是後勁不繼。若打開多倫多大學維多利亞學院近年頒獎禮的小冊子一看，你總會為此而吁歎。

就看全加國精英引以為傲的「加拿大自然科學與工程學研究議會獎學金（Natural Sciences and Engineering Research Council of Canada Scholarship）」，在多倫多大學，今年有九十位碩士生獲此殊榮，華裔仍高佔十八人，達二十巴仙。只可惜得獎的八十位博士生中，華裔僅得四個，不過五巴仙。在以創新力論英雄的博士級科研裏面，我們的子弟，緣可失色若此？

（2001-11-15）

相形見絀

作爲領袖，要坐言起行，不能光說不做。

在加國，政治人物若得講字，大選時必被唾棄，慘淡收場。

是以做領導人物，要有視野，也要有實幹的膽色和魄力。例如敝加國爲了國家經濟的長遠發展，爲了要在全球競爭激烈的新科技研究分一杯羹，早就立定決心，預作籌謀。

據今年六月廿一日的《多倫多星報》報道，過去幾年，聯邦政府和安省政府在多倫多投入的生物科技研究基礎建設的款項，已高達五億加元之巨。此後以百萬計的撥款，陸續有來。將多倫多大學區建作北美首屈一指的生物科學(bioscience)研究中心，相信指日可待。

這，才叫視野，才叫高瞻遠矚。對加國和多倫多來說，他日在經濟上所得的利益，必遠較取得什麼二零零八年奧運主辦權爲多。

立竿見影，肯付錢自然有飯吃。據七月十日「加拿大衛生研究所(Canadian Institutes of Health Research)」發表的新聞稿，研究所和多倫多大學及葛蘭素大藥廠（Glaxo Smith Kline Inc.）將攜手合作，兩年內投資共一百五十萬，用作蛋白質藥用方面的研究。葛蘭素且譽多大爲當今北美其一頂尖且又最具創造力的高等研究學府。多大是否當之無愧可不得而知，但多大在文理等各個領域的學術研究能夠日耗銀兩二百萬，因而果豐實茂，政府過往在政策上和財政上的支援，實在功不可沒。

在香港呢？「視野」，原來是去旅行攀山；「科研」，不過是閃閃縮縮的撥兩塊地。大學的科技研究？今天請勒緊褲頭，一切要縮縮縮。目豆財主空講研，拿幅蒼白寒酸的藍圖出來，啥用？

（2001-11-16）

亂上加亂

五十多年前，即大戰剛結束之後，百廢待舉，對於教育，簡德爾(I. L .Handel)先生頗有獨到的見解。人們要面對的，將會是個危機四伏的年代——AnEra of Crisis。

前景未易樂觀。在科學進步之下，傳統價值觀念解體，向權威說不的個人主義(individualism)抬頭，世界在極權與民主之間掙扎（《The New Era in Education》，Mass. : Houghton & Mifflin Inc.,1955，P.3—5）。

由於各民族的性格(character)不同，思想和價值觀各異，一下子要擾擾塵世清靜下來，無乃妙想天開。世界，恐還是要繼續紛亂下去的。

意大利人崇尚滔滔雄辯(eloquence)，德國人愛好抽象思維(abstractthought)，法國人喜澄澈精確(clarity and precision)，英國人喜好真實感覺（a sense of actual）（同上，p.8），想統一歐 洲思想文化，已甚不易，遑論歐美亞？

在亞洲，中國人最喜歡什麼呢？說來慚愧，國鍵枉讀了幾十年書，也沒弄得清楚。唯一大概不會說錯的，是最喜歡——食。

中國五千年文化發展到於今日，難道僅剩番個食字麼？事實頗亦如此。中國人如國鍵之流，在外邊講仁講義，老外教授聞之，不乏嗤之以鼻。至如吾族最喜歡的「孝道」，據《天主教十六世紀在華傳教誌》，已有教士諷之曰「如此消極，如此虛偽，如此欺人」（下編一章p.197）。這又怪不得人，因爲中國人的仁義孝悌，今日確淨得個講字。

簡德爾謂一民族之教育制度乃反映一民族之文化精神(ethos)。在此中港高喊教育改革之際，人們卻總忘了先問：今之中國文化是什麼？

（2001-11-28）

何必苛責

自「五四運動」後，儒道釋的中國舊文化，給閹殺個奄奄半死。代之而來的，是囫圇吞棗臨急搬來聊以填補真空的「新文化」。

這一種並非發育自中國本土，全由外國抄襲而來駁雜不堪的「新文化」，可以代替中國的固有文化麼？答案是——不！

夫文化(culture)也者，據馬憐臣(Vernon Mallinson)的講法，一是人們所習、賴以立足所屬社會的能力，二是該社會生活方式之全部（《An Introduction to the Study of Comparative Education》, London: Routledge&Kegan Paul,1971,P.7）。

煎牛排吃漢堡包，是西方文化；炆狗肉食叉燒包，是中國文化。西方的文化是咖啡，中國的文化是清茶。叫你天天吃餛飩麵倒還易過，迫你天天吃芝士肉醬意粉那就難捱。這就是生活方式不同，文化和口味相異之故。

自從中國人打倒中國文化之後，從外邊折枝帶回來的西土文物固未見養得出芽，空洞的腦袋裏面，真正還留點根的，大概只餘下那千年沉積的食之文化。且由於「時代進步」、「唔想執輸」，食的閒情也早已蛻成吃的拚搏。星期天上館子「爭位」「搶點心」，喧嘩震耳，大家卻還是樂此不疲的。隔籬幽雅清靜的Second Cup，偏就冇乜人去。

馬憐臣認爲，教育乃爲延續社會之傳統和文化而設（同上，P.8）。若是，則中國文化今既剩番飲食，學校裏面除了教授烹飪和搵食方法之外，確又係苦無可教；教出來的學生，腦袋空空僅知美食美色，確又係怪不得誰。學校所展現的，往往是國民之特性(national characteristics)。在今日中國文化空白全民虛躁的年代，你何能奢望「受過教育」的下一代都文質彬彬知書識禮呢？

（2001-12-06）

還是誠實一點好

讀書「作弊」，咱中國人最拿手。據《明報》，每逢中國考試高峰期，高校經常可見貼有「急需槍手」的小廣告。有「需求」自然有「供應」，在有中國人的地方，「槍手」不難成爲既打救庸愚又可討口飯吃的偏門行業。

「槍手」分兩種：一爲替人考試之「頂包」；一爲替人撰寫作業的「代庖」。頂包費因試而異，托福之類，價達萬元。「代庖」大概由於不需露面，故而市場「競爭激烈」，碩士論文不過一篇二十元，博士論文據報亦賤至三十塊。

在多倫多呢，由於中國學生多，「當槍手」或「請槍手」早已不是新聞。記憶所及，十年前多倫多大學校園區就發生過警察搗破販賣論文私竇的事情。但掃蕩大多只是一種打假的姿態，真想杜絕，難乎其難。年前往多大士嘉堡分校一行，校園牆角暗處，便赫然發現貼了幾張代寫論文的小街招。這種違法活動在校園內竟還半公開著的，可真豹子膽。

人性糅雜醜惡，沒有了如來佛祖，有破法傾向的心猿便自蠢蠢欲動。廢考試改用論文來評等的教育大理想，恰如共產主義，實行起來都成了萬惡。學業成績的優良在論文買賣的風氣下固變得假大空，而畢業文憑在現實社會也成了一紙僞鈔，毫無價值。在人類社會，單靠良心自律未必都能解決難題。結果，九零年多大恢復畢業試，國鍵慘成第一屆受害人。當屆吾所屬學部敢參加綜合考試的，唉，亦僅得兩人而已。

大學校規，抄襲功課(plagiarism)一經查實，後果極之嚴重。就日後教授在推薦書上稍稍提及，伊一生的大好前途，已足盡毀。加拿大不是假貨氾濫的中國，失手機會甚高，實在博唔過。

（2001-12-13）

余常有錯

文人大多小心眼，有錯不認，怕傷顏面。

這，是讀書人普遍的一種心障。結果始而論事，終必議人。本來是客觀冷靜的學術討論，很多時就演變爲針鋒相對。

寫錯字、讀錯音、搞錯資料、發錯議論，其實沒甚大不了。

殿堂級的大師，一樣犯錯。先師嚴耕望教授曾私語國鍵，錢穆大師的史論間亦不確。文字工夫深厚的故書法大家陳荆鴻老前輩，在八六年香港菩提學社出版的《般若心經的智慧》封面他那幀心經書法大作，「空中無色」錯寫成「空中無識」。文史譽滿儒林的羅香林教授，錯將釋玄奘的生辰定爲開皇十六年；大史家陳垣，錯謂玄奘西行出發於貞觀三年（詳參拙著《玄奘西征年代考》，七二年中文大學《新亞書院歷史學系系刊》）。清代史地大師楊守敬的《隋書地理志考證》乃權威之作，然經國鍵再三考證，舛誤之處亦甚多，因之寫成《周隋地理史料漏誤舉隅》一文。凡此種種，卻是絲毫無損諸學人的崇高地位，蓋瑕不掩瑜也。

學海無涯，人的精力有限。就怎小心謹慎，也少不免記錯漏眼。須知以宋朝司馬光編撰《資治通鑑》動用人力物力之多，規模之大，方法之精，而誌事年代尚且屢見錯失（可參拙著《北魏與蠕蠕關係研究》，台商務，八八年），況那身孤力薄的現代窮書生乎？

國鍵呢，偶亦寫錯字、讀錯音的。就近日與友人茶敘，也曾口快快把「巽」錯唸爲「撰」。雖則《康熙字典》「巽」可「音撰（雛睆切），持也」，但自己一時沒記得「巽」「遜」相通，「巽」當讀作「遜」，你說抵打不抵打！

（2001-12-14）

吐蕃的煩

友人游「絲路」歸，問以西藏吐蕃「蕃」字當讀何音。國鍵應之曰「鄱」。友即好奇追問，何故吐魯番的「番」卻又念作「煩」？

問得好，此正道出中亞草原民族語言文字昔日譯之為漢文，由於時代遷移，語音迭轉，當日真正的讀音，今實未易追尋也。

國鍵在大學念書時，對此頗生興趣。惟每讀到中譯之人名地名，便覺一頭煙。吾偶像史地大師岑仲勉老前輩，對吐蕃一名亦有研究。據他所得，則吐蕃之名「至今未能還原」，舊日歐美學者以為「蕃」讀若「波」，因西藏人自稱本土曰 Bad。漢學大家伯希和（P・Pelliot）則認為讀曰「鄱」，蓋「溫昆河諸碑稱西藏曰 Tuput」。岑老則據柔克義氏謂八二二年（長慶二年）《吐蕃會盟碑》藏文稱其國曰 Bod Chen－po，「猶云大 Bod 也」，蕃字當讀作 Bod，而由於「我國上古收 d 之音尾，至隋、唐均已失落」，遂引《切韻》「附」字讀作 biu（故唐世 Kabul 譯作「高附」），旁証了吐蕃即《隋書》所記之附國（見岑氏「《隋書》之吐蕃——附國」，載其《中外史地考証》，香港太平書局，六六年，頁二六八至二六九）。是則吐蕃之蕃讀近「鄱」聲而非讀「煩」，絕非無所據也。

至若吐魯番則係地名，而非國名，位處天山北道。其音本亦讀為 Turpan，歐文則率拼之作 Turfan。此一番字，岑老謂據《侍行記》「纏回呼若潘」，亦「圖爾璠」璠之對音也。其與吐蕃扯上關係，或因「西州（案即高昌，今新疆吐魯番）於晚唐為吐蕃人所據，疑其時呼為吐蕃城，音轉為吐魯番耳」（「吐魯番一帶漢回地名對證」，仝上引，頁七一七）。

約定俗成。「蕃」讀「煩」或讀「鄱」，都好。

(2001-12-19)

「平等」「精英」不相違

近日，董特首在教育上提出了「新精英主義」，痛陳「八十年代『平等主義』抬頭」、「『精英主義』居然受到質疑」、「教育水準因此下降」、「人們爲了『公平』接受『平庸』」（見《明報》零一年十二月十九日港聞版）。只可惜言詞乖亂，讀之益令人心憂。

平等主義並非均等主義，它沒有反精英主義的內涵。「做又三十六，唔做又三十六」的共產式均等主義，在香港也從沒實踐過。把年來香港教育的錯失都算住平等主義的頭上，甚覺荒誕。

香港七十年代全面推行「九年免費教育」，增加中學和大學學位，向貧家子弟提供多種教育津貼包括大學獎助學金和免息貸款，教育邁向了平等化。之所以平等，因爲新的教育政策講一視同仁。學子無論富或貧，都有一個公平競爭的機會。不像五十年代，讀大學幾乎是富家子弟的專利。

然而，在平等主義下就如何大量擴充學額，事實卻從沒改變過香港精英教育的本質。名校學位的競爭，依然慘烈。今天中學生入大學的比率，也不過僅百分之十八。較之歐美，十分小巫。而在今天大學教育普及之歐美，所見亦仍舊是精英主義得很。想入名牌大學名學系？一樣爭到頭崩額裂，考試考到你暈。

所以，奉宗平等主義，不一定就是反精英而造成「平庸」。美加教育講平等，平等的只是受教育的機會。只要你肯讀肯搏，一樣有機會考上哈佛。其中甜酸苦辣，你當然也嘗盡了汰弱留強的精英教育的苦楚。

今日香港教育之戕害人才，禍首並非平等或精英，而實係八十年代末港英謬設之「Band」。唯特區政府今猶懵然不察耳。

(2002-01-09)

Band 殺人才

香港的當權者把今日港人的平庸，說成是八十年代香港教育搞「平等主義」求「公平」的苦果。不說猶自可，一說反而揭了自己亦屬濫竽的庸才。

今天香港教育的崩潰，問題不出在平等主義，也不在九十年代大學的急劇擴展。罪魁禍首，是八十年代末為了廢升中試而強替全港小學生和中學分級定品，即所謂「Band」。這種分 Band 的標籤制度，對不了解個中竅門的貧家尤最不利，也是六十年代以來推動教育平等主義的大倒退。

未曾分 Band 之前，住在徙置區的窮孩子，還可以靠挑燈夜讀，憑升中試考進皇仁。今者，大多數讀書唔多的父母，蒙查查便把兒女送往就近一所升中派位極差的小學，卻不知稚子一生的升學前途，從此斷喪。因為，這等學校的學生，就怎的聰明敏睿、發憤向上，也註定了與拔萃這等頂尖的中學無緣。且他日不幸給電腦「隨機派位」，派進了間 Band 5 的中學，你便更須認命，從此天天呆在課室做「三陪」：——陪同學給老師責罵、陪同學睇搞破壞、陪同學讀低 B 的課程。你本立志在會考吐氣揚眉，在此環境下，當然也就成了泡影。可原校的一個預科學位，也未必夠與外來高 Band 學校的學生爭，遑論大學？

大好的人才，在他剛入小學的一刻，就這樣給劃 Band 派位扼殺掉。而香港的教育，便如此罪孽深重地步向死亡。

想起死回生？得先幹掉那個 Band，即時復考升中試。中學會考制度宜分初中三和高中三兩考。讓學生在人人機會平等的平等精神下，由考試成績和師長推薦決定前途。而決不是喝董特首那碗來歷不明的什麼「新精英主義」的江湖佬壯陽湯。

(2002-01-10)

良知重擔未易挑

《大學》除了認定治國須先正心修身之外，還提出了若要端正良心，當先要「誠意」、「致知」和「格物」。

「致知」，是推極所知的知識。「格物」，是研究事物的道理，與「明德」合爲香港大學校訓。至於「誠意」，則爲中文大學新亞書院校訓「誠明」之所本也。誠意者，乃誠實於自己心內所發之真意，亦即不欺騙自己，不蒙昧良心。新亞之誠明，同係以誠實之真心，去擦亮本存於內心的「明德」，俱宋明以來書院教育的一貫宗旨。任重道遠，真錢穆夫子筆下《新亞校歌》的——「千斤擔子兩肩挑」。

讀書人誠意正心，能否救這濁世渾渾，國鍵不敢論。但觀半生經歷，卻見誠意正心淡薄名利的誠實老友們，在事業上都吃盡了虧。自己的飯碗也未必保得住，救國濟民的大志，無乃空虛的幻影。「誠意、正心、修身、齊家、治國、平天下」這種《大學》式的晉級模式，在現實世界裡面，顯然並非真確。

先知先覺，昔日新亞眾小子如國鍵之徒，逢集會唱《校歌》，每至激昂處，「兩肩挑」最末的一個字，定必拼力唱個聲震寰宇。農圃道外，清徹可聞。

學了「誠明」往社會打滾，凡事講道德良知，不虞間中總有人背裡也敬你一個「挑」字，諷你「唔識做人」，「誠實」等如「笨實」。遇上不平事，最好還是先掩住良心，堅定不移的站在當權者的那一邊。

榮華富貴？清風明月？這當然是個人的選擇。但作爲父母教育下一代，叫兒女他日處世待人該圓滑機巧還是率直坦誠，每每便陷於兩難。

(2002-01-17)

孩子屁股別亂打

去周，安省上訴法庭定讞，教導兒童，只要「合理」，屁股可以照打。

判得好。玉不琢，不成器。要成大器，不免要動點斧力。

人性有劣根，若不稍施刑罰阻嚇，破壞力非比尋常。受害不但別人，最終且必包括他自己。

只不過，合理體罰和盲目虐打，終究有仁與不仁之別。打者愛也，但在什麼情況下才可以施之夏楚呢？中國人倒不甚了了。嚴棒之下出狀元，籐條沾滿著父母私慾的發泄。

為了成才，打佢何妨。中國的父母，頗多有暴力傾向的。為要兒女出人頭地，打罵成了理所當然。不學「懸樑刺股」，又何足名留青史？

戰國時代，蘇秦為了要做大官，天天捱通宵苦讀。若稍打盹，便一錐子往大腿刺，肉破血流，歷史譽之曰「刺股」。漢代孫敬，勤讀詩書，為免夜晚瞌睡，就把頭髮束掛屋樑上，頭稍前仆，定必連皮帶髮扯甩，痛入心脾。如此血腥，也入了「先賢傳」。

恨鐵不成鋼。用傷害身體的方法來鞭撻上進心，在中國人心目中，竟是很值得景仰的。望子成龍而流行拳打腳踢，又何足怪耶？

然而，讀不讀得成書，卻要看點天份。僕向認為，勤奮兒女學業欠佳仍施以棍棒，甚乖天理。須知讀不成書，不代表做不成人。遺傳基因欠了讀書緣，首要棒打的，應該是父母自己。

國鍵從不會為兒子的考試成績而喊打喊殺的。只有品格出了問題，才會決不留情。但頂多也是以手掌打屁股，讓大家一齊叫痛，且一年亦只限算一次帳。上了中學後，大個仔了，品性已定，打都無謂。孩子既懂了事理，講手不如講口。

故此，教育兒女若動真氣而至於打他屁股的，都應在他們念小學的時候。 (2002-01-30)

大學選才

在自然科學研究的圈子裡面，爭奪人才，向都不遺餘力。不同膚色，不同性別，只要你真是個可造之才，必然炙手可熱。

大學研究院，教授爲了羅致頂尖學生，暗地裡也都各出奇謀。若能收得一個天才級，他日研究獲取突破的機會便大增。一旦有了好成果，名之與利（例如 funding）滾滾來。

正因如此，大學教授對優異學生，定虎視眈眈。你若真個出類拔萃，在考試成績和研究能力卓越非凡，可不愁沒出路。因爲畢業禮還未舉行，已有名教授向你發信，又或已給了你一個電郵，誠邀你投他門下，參與他的研究。各種獎學金，又自源源不絕。水漲船高，你也因此而有了揀選教授的自主權，不似得其他成績平平的同學，爲求升讀研究院而到處求教授收留，冇料的也要接受。

你也許會問，你怎知自己的等第是同儕之冠呢？其實想知也不大難。臨畢業時而能有教授主動和你聯絡，殷問你的去向，那你便極可能是品學俱優的三甲。因爲，教授和你聯絡之前，定必看過你在學系裡面的紀錄。其實，大學頗多學系，爲求公正，總會客觀地將學生評等（ranking），製成一個保密的排名表。排名表除了紀錄各學生的學業成績之外，還附有教授以至助教對學生的品格和能力等各方面的評核。是龍是蛇，打開電腦有關檔庫，一目瞭然。替學生寫推薦，也多以此爲準。

所以，在大學生活，切忌行差踏錯，惹事生非。硬銷自己固無不可，但拿捏失准而變得自矜自是，大言欺人，不自覺地做了「過街老鼠」，也破壞了教授對自己的印象。現代科研講求合作，講求 teamwork，搞不好人際關係，成績再好，也是徒然。

(2002-02-06)

美屁香

富裕國家透過世界銀行去援助窮國改善教育，打從二十世紀六十年代始，已浸浸然成了新風氣。資助的背後，既帶有點西方國家的人道主義精神，也摻糅些西方帝國殖民主義的贖罪悔疚感。內中感情複雜，當然也少不了富有人家藉派錢來安撫窮人，養肥了又可再加剝削的暗著。人道和贖罪，也可能只是一道幌子，實質是以商言商講求利益的一盤生意。

將貧富兩者階級性地對立起來，是馬克思的一大貢獻。對中國來說，影響尤大。人們一舉起馬列毛，便不貧即富。然後，大家又都興奮地欣賞街頭的敵我困獸鬥。貧富之間，沒有一類屬於不貧不富、亦貧亦富的中產階級。

但在國與國而言，加拿大正正就屬於這個中產階級。這幾十年來，她在教育上對貧窮中國的幫忙，倒還是出於善意不論階級的為多。

美國可有點不同。這一個資本主義的超級大富豪，她沒有加拿大這婆婆媽媽的人道，她不會做白蝕的生意。她的銀彈，大多裝上了美國文化帝國主義（CulturalImperial-ism）的彈頭。在她的「援助」（aid ）之下，第三世界的窮鬼甚至第二世界的小康之國（包括加拿大），在教育和文化上大多相繼淪亡。大家以後都吃漢堡包喝可樂看荷李活，從此在經濟和文化上都成了美國的附庸，要忍受她的頤指氣使。

然而，若不接受美國佬的「幫忙」，則又怕犯了閉塞之罪，惹來未肯與世界「接軌」之譏。收了錢，自可多建幾幢學校。搞好了教育，又可全面實踐民主選舉。賣身為奴掙他一分錢，當比自鳴清高餓死好。是知今日美國佬放個屁而有盛讚其香的，當中大有善心人。

(2002-02-14)

史學無奇但論真

治史的人，大多修過「史學方法」這一門功課。史學精神，在於客觀，在於尊重證據。研究歷史，絕不應先有定見。因爲一旦有了定見，對眼前的各種史料，便容易會依自己的心意來取捨。其下者甚或不惜僞造資料，纂改史實，存心舛釋文章，曲解字義，圖瞞天過海。

沒有證據，又或證據不足（例如孤證），又或所得證據互相矛盾，那就存疑便是。存疑，是一種客觀的治學態度。

歷史研究，除了憑藉書本上的文字史料之外，若有可能，實物和實地的攷察也甚重要。想多了解中國現代史麼? 往中國旅行是個很好的主意。想弄清楚外國的地名、人名麼? 最好還是找相關的外國人問一問，總勝過聽國鍵在這裡瞎扯。

司馬遷之所以偉大，之所以成爲史學上的萬世宗師，皆因他治史嚴謹，努力蒐求證據，「網羅天下放失舊聞」。《史記》成書，徵引《詩》、《書》等先秦典籍的史料固然多，取用他旅遊時採錄的各種民間遺聞逸事亦甚廣。「游江淮，上會稽，探禹穴，窺九疑…」（並見《漢書》卷六二），虛懷若谷，求真若渴。他知道，若連資料也弄不清楚，又如何用之以「賢賢賤不肖」? 東漢的班固，雖瞧不起司馬遷，但對他的「涉獵者廣博，貫穿經傳，馳騁古今」的孜孜態度（仝上引），還是佩服得很的。

資料蒐集，要愈多而愈好；分析史料，要愈仔細而愈靠得住。這不但是治史的基本要求，且也是做人的一種負責任的態度。意見可以不同，史料卻須求實。文革時代那種以歪曲歷史作爲政治鬥爭策略的所謂「歷史研究」，在學術上只是一堆垃圾。

(2002-02-15)

進退之間

二十世紀中葉後，教育的發展，開始注意到要與就業市場相配合。否則教出來的，畢業等如失業。這不但浪費資源，且也虛耗了年輕人寶貴的生命。有見及此，大家便漸漸形成了一種以市場爲主導的教育理念：課程與工種掛勾，選科與職業相纏。年輕人爲謀職業（不一定是事業）而讀書，個人的志趣尚在其次。

六十年代物理吃香，大家便一窩蜂去讀物理；七十年代工商管理盛行，又一道去念工管；八十年代經濟易討飯吃，又一同爭入經濟系；到九十年代電腦獨霸，又一併去修電腦了。爲的當然是那一紙文憑。文憑與就業、薪金，緊緊地結合交織成爲今日年輕人大多染有的「學歷症候」（qualification syndrome）。

踏入二十一世紀，學歷症候不但沒見消退，且愈發有了病入膏肓的勢頭。「文憑」之外，還要進一步檢視成績單，看你有沒有修讀僱主要求的科目，成績是否優良。影響所及，在美加凡讀十一班以上的，大都爲來日的學歷而忡忡。入大學？上社區學院？文科？理科？難揀難揀，晚晚豎起床板。

入了大學，更要看就業市場做人，提心吊膽。電腦？工程？生化？教師？會計？律師？醫生？.......，真個躊躇莫決，進退維艱。一旦扑了槌，男兒最怕入錯行，這一鋪賭得大。

正是能知三日事，富貴萬千年。人，就是沒了水晶球，是以陰溝翻船者多。去年，電腦不還打得火熱麼？大家正爲爭得個電腦學位而劏雞還神之際，萬料不到今年就已冷凍成灰，嘔血者眾。未來？天曉得。

結果當然是，社會患「學歷病」愈深，病發而飲恨的年輕人必愈多。前塵回首，還是先志向而後市場的，活得更健康。

(2002-02-20)

文須有益於天下

唐代韓愈倡議「文以載道」。寫文章，要載述儒家之道，要把儒學發揚光大。

以儒學爲依歸，在今天來說，未免過於陳腐。因爲，儒家倫理思想講孝悌恭信雖好，但政治理念的階級服從，始終是今日民主的蠹賊。

所以，與其說要文以載道，毋寧望能言而有物。文章要有個主題，要有理有據，好讓人看了有所得著，那稿費便不算白拿。而這一個物，當然也該是真物，而不是杜撰僞作的「流嘢」。弄虛作假，把自己的說話強放諸別人的口裡，從而誤導讀者，於世何益?

物不離真。求真，是作爲知識分子的先決條件，也是從事寫作的基本態度。爲了求名逐利而揑造事實，對得住天地良心麼?

清代大儒顧炎武認爲，一篇好的文章，應該是明辨道理、記述政事、窺察民隱、樂於說出人之善德美行。這等好文章，既「有益於天下」，亦「有益於將來」。能夠讀「多一篇」，就「多一篇之益」。至若那些講的是「怪力亂神之事」，談的是「無稽之言」，巧言諂媚，全都是「有損於己，無益於人」的文字，讀者看「多一篇」，便是「多一篇之損」（《日知錄》，黃汝成集釋，台北世界書局，一九七一，卷十九，頁四四五）。

寫文章，須多談有益，少及私怨；樂稱人之有善，厭談無關痛癢的微疵。金庸小說之流行，皆因講的都是大仁大義，觸動人心；昔日《明報》之一紙風行，相信亦全憑報道從實、議論循真的高尚報格。有知識的讀者，對專欄文章的內容及其確實性，要求必更高。是以在下一執起支筆，定誠惶誠懼，深恐蕪文亦染時下煽情「老作」之卑風，令讀者看了受損，那就罪孽。

(2002-03-07)

提防學術界的盜賊

近日報章，頻爆中國學術界盜抄文章，偷取別人知識資產（Intellectual property）的穢事，讀之固令人扼腕。然而，學術界的邪惡和腐敗，也不一定僅限中國。自稱挺講道德良知的加拿大，學術機關裡面教授之壓榨研究生的血汗、明呑暗竊研究生的研究成果，特別在尖端科技和工程學的圈子之中，常有所聞。

受害人呢，相信又每多是習慣於敢怒而不敢言的華裔學者和學生。特別是那剛從中國來的，一方面由於中國傳統文化害怕「犯上」和怕事的心態，另方面又擔心居留簽證，爲保護自己的知識財產而得罪了教授，來日可就麻煩。結果唯有啞忍，任人魚肉。殊不知，啞忍死忍不但壯大了無良教授的膽子，漸將剝削華人知產看成是理所當然的「習慣」，而自己且也觸犯了大學規條而不自知，害人害己，後果恐會更慘。

不信？姑以多倫多大學爲例。在多大的《研究院手冊》（Handbook，SGS）「一般規條」（General Regulation）裡面，其中就有一條叫「於學術事情品行的規定」（Code of Behaviour on Academic Matters），洋洋灑灑十大頁，嚴格規定在大學從事學術研究的一切人等，無論教授、學生、博士後研究生，都絕對不容盜竊別人的知產。那怕是一種意圖（intent），一樣罪大。若東窗事發，上至主謀、同謀，下至知情不報（例如華裔學生之啞忍），同樣要依法論處。輕則譴責，重則炒魷。大學要維護大學的聲譽，而高級知識分子的害群之馬確亦不少，實不能不嚴防也。華裔學生和學者們，請好好的保護自己吧。若覺「被劫」，宜即依規申訴，這絕不是「攪事」，而是自衛的唯一方法。

(2002-03-08)

科研道路苦難行

近年科技日新月異，進步奇速。由於華裔子弟數理佳，倒成了北美科研界的寵兒。讀個碩士學位，往大型電腦公司、藥廠、實驗所又或政府機構，謀個小職位，勤勤力力地技術技術一番，拿他年薪三、四萬，應該不會太困難。然而，若真個投身去讀「博士」，則風險卻實太大。三思之後，猶請三思。

因爲，現時在大學裡頭，拿著博士學位年近四十做了十年八年的「博士後研究」而仍在乾急著等機會「上位」的，爲數頗眾。頭都白了，年薪才不過四萬。且「博士後研究」的合約，大多以兩年爲限。是以此約才剛開始，又要爲找下一站的新合約而張羅。無怪有口痕友譏之爲「以流浪爲生之遊牧民族」也。這等博士級的人物，年年在學術圈子裡白呆。由於所專長的只是科技某範疇裡面其中的一點，要想在大學和大機構找一份切合自己研究範圍的工作，恐必甚有大海撈針之嘆。就算一年而可逢一潤，唉，競爭對手也多著呢。

歲月磋跎，年年就只能往這個或那個實驗室掛單討口飯吃，變相做大學各實驗研究室的廉價勞工。在兩年的合約內而奢望能弄出個什麼名堂來，這和期待金錢掛帥的北美女仔肯下嫁兩袖清風的准科學家一樣，是個不折不扣的大笑話。

肚子不飽，愛情無著，甘於淡薄個性樂觀的人大概還頂得住。但是，在科研界裡面那無時無刻須步步爲營提防有賊的無形壓力和恐懼感，心地良善的人就未必能捱。同事之間，上至地位崇高貌甚君子的教授，下至普通的一個研究生，難保絕無專竊別人研究成果的狗偷。唉，如此生活，還剩些什麼樂趣呢?

(2002-03-13)

學士一躍成博士

多倫多大學的法律學院（Faculty of Law） 去年有個新搞作，正式把該院的法律學士（Bachelor of Laws， LL.B.），正名爲法學博士（Juris Doctor，J．D．），跳升兩級。課程不殊，何以有名稱之別?

這恐怕是，近年入讀法學院的，絕大多數已具學士學位。猶如今之醫學院，大學未畢業而能躋身者幾稀。舊日牙醫、醫科、法律，大學二三年級便可投考。故而所頒「篤徒」（Doctor）學位，例如「牙醫篤徒」（Doctor Of Dental Surgery，D．D．S．）， 「醫學篤徒」（Doctor of Medicine，M．D．）， 一般只視作爲一種專業資格，地位僅類大學本科學位，不能拿來與研究院（Graduate School）那篤於學術的「哲學篤徒」（Doctor of Philosophy，Ph.D.）相比。因此在華人社會裏面，習慣上亦只能尊稱醫科和牙科畢業的爲「醫生」，沒聽過稱之曰「博士」。稱曰「博士」者，還是以「哲學篤徒」居多。

時移世易，今日法、醫兩院，事實上既成了大學畢業後升學深造的地方，在教育上已具研究院的意味。 論理，兩院頒授的學位，當然也不該視之與學士同級，而實該與碩士、博士同等。法學院那一個「法律學士」的銜稱，自然頗有問題。況且美國法律畢業亦多已改稱叫「法學博士」（J.D.），而北美醫科之稱曰「醫學博士」（M．D．），亦歷史悠長。那多大法學出身的，爲什麼就不該是「博士」了?

法律講公平。去年一月，多大法學院去函院友，大學經已批准，「法律學士」一概改稱「法學博士」。

別的法律學院，想必踵隨。以後呢，醫生律師這對冤家在法庭過招，彼此可都要「篤徒」前「篤徒」後了。沒像以前，律師只稱蜜司、蜜司脫，身份聽來矮了一大截。

(2002-03-15)

發緊夢

繼承五四運動新思維的新中國的語言學家，對中國的一切舊東西，幾乎都採取了敵視的態度。就千百年用之以恆的漢字，也看得很不順眼，趕忙要幹她的老命，主張改作「拼音字」。然而，使用拼音字的先決條件，是呂叔湘先生所言，中國人須講「一種普通話」（《語文常談》，前引，頁九八）。但如何能令十億人講「一種」普通語，這卻是社會上一個很現實的難題。在極權的統治下或可勉強得成其事，然若依照語言本身在不同地區的多變性，則呂先生的美夢恐怕永難實現。

就拿今天的普通話來說，國鍵念大學的時候，發覺錢穆、唐君毅、嚴耕望、潘重規、孫國棟諸位老師，都各有各的「國語」（普通話）。錢與唐不同，嚴與潘有別。其中錢唐嚴三大師都極難聽得懂。孫老師是廣東人，粵式國語，最易明白。可見在新亞書院裡面，彈丸之地，語音已聞數種，鄉聲各自不同，遑論疆土遼闊的新中國?

香港英帝殖民之地也許不足爲論，但新中國之內 ，最高領導人若毛澤東、鄧小平、胡耀邦、趙紫陽，鄉音各殊，他們的普通話也很不一樣。今竟有提議強令中國人都講一種普通話，這回文人在象牙塔內作的夢，實在造得太荒唐。

在歐洲，所知英語口音也絕非一種。歐洲和北美洲的英語發音，亦頗不同。就加拿大境內，來自南亞、意大利、俄國、香港等地區的移民講的英語，也多是各有各講，自成一格。強迫加拿大人都講「一種」英語，不是太異想天開了麼?

十年前多市有人投訴電臺節目主持人英語講得唔純正，實不知若然滿口英國音，搵工未必有著數，倒還是學足北美口音較爲好。

(2002-03-20)

約定未必能俗成

在中國語言文字的歷史長河裡面，一個新詞的誕生，既可以是出於約定，亦可以是出於俗成。不過，國鍵相信，如果過不了俗成這一關，亦即在民間未獲廣泛使用，則由約定而來的新詞新字就如何的合理，也是徒然。

中國在二十世紀大搞「漢語拼音」，結果徒勞無功，正因爲跨不過俗成這道門檻。所以，語言學者如周有光之輩對漢語「拼音正詞法」就怎的努力（文載《語言學和語言教學》，北京語言學會編，安徽教育出版社，八四年，頁二四至三八），幾十年工夫今得個枉費。周先生提出的各種拼音法則都甚有見地，只可惜約定雖好，群眾卻未必廣予接受和應用，錯在難以俗成。

周先生犯的毛病，是太相信語言專家的能力，誤以爲語言可由上面的專家製造，然後交由下面教育推廣，「從小學開始培養詞兒的概念，養成拼寫規範的習慣」（頁三七），於是沿用了幾千年的舊象形文字，就一下子可如此這般的改成了新拼音字。殊不知中國語言文字的發展，上行下效的少，下行上效的多。新詞新字，往往由平民百姓們在日常生活中有意無意之間自行創造，經歷過時間的百般磨煉，或得保留，或被篩汰，此中純任自然，非統治者又或什麼專家所能操控。唐朝武則天自創的那些古怪新字，不就是個失敗的好例子麼?

(2002-03-21)

拼音漢字真失敗

新中國自五十年代以來大力推動拼音字，至今卻是「革命尚未成功」，惟幸同志無須努力。原因是，以拼音字代替漢字，根本是此路不通，得個「戇」字。

何解？皆因中國語言文字本身實在不易單靠拼音來解讀。西方的拼音文字體系和中國的表形文字體系，本來就難相雜混。

拼音文字體系的創造者，是「自發的音位學家」，而表形文字體系的創造者，是「自發的表意書法家」（蘇俄宋採夫等《論東方語言研究對發展普通語言學的意義》，曹靜譯，南開大學中文系編，《語言研究譯叢》，頁四二）。一個講音，一個講形，走的早已異路。硬要把表形文字化作表音，頗同強將男兒之身動大手術變作女人，成麼？可以哺育兒女麼？

更何況，「語言事實的觀念要依據語言事實的特點」（頁二六），幾千年世代相傳的中國文字本身所展示的語言觀念，自有其獨特的語言事實作背景。方塊的象形文字，一望而可思其形。它未必都如拼音字嚴講語序排列，「去吃茶」大可寫成「吃茶去」，「他媽的」大可寫作「媽他的」。根深蒂固的語文習慣，焉可話改就改？

就借用主張拼音字的周有光先生所舉之例吧。北京北海公園對面曾經豎起一張巨大的衛生宣傳畫，畫上寫了漢字：「隨地吐痰不衛生不文明」，也寫了漢語拼音：suiditutanbuweishengbuwenming。天呀！如果沒有漢字，這一大串鬼腸真個唔知講乜。周先生說可以改善爲「suiditu-tan，bu weisheng，buwenming」，國鍵不肖，竟仍念成「隋帝兔彈，不遺聲，不聞嗚」，還以爲是公園裡有個真人「秀」看呢。

難怪公園內外，痰，大家還是照吐如儀的。

(2002-03-22)

慎選學校

二十年前，安揚氏(Jean Anyon)寫了一篇 文章，叫《社會階級與學校知識》（Social Class and School Knowledge）（載《Curriculum Inquiry》，11：1，Toronto：OISE，1981），以美國新澤西的小學爲觀察對象，把它們分作四大類：

第一類是社會低層勞工子弟入讀的「勞工階層學校」。在這等學校裏面，所謂「知識」（knowledge），不外是「事實」（fact）和「技術」（skills）而止。由於學生大多頑皮好動，教學方法就著重死抄死記，務使其忙到無暇搞破壞。至於「創造」和「思考」的課題，既是出身低微，不談也罷。

第二類，是層次稍高的中階層學校。知識源自明解，數學在乎認知，社會科目也講點概念。人只要努力，成績自是可期。

第三類，是夾於上層與中層之間的富裕專業階層學校（Affluent Professional School）。 這類學校 著重身體力行，訓練思考，鼓勵學生對事物探究討論，對時事注意關懷。做人最緊要「夠醒」（smart），要「食腦」。書固是愈讀得多而愈好，配備（例如參考書、電腦之屬）以愈精良而愈佳。溫文爾雅，在某程度上，「招積」得有點自戀（narcissism）。

第四類，是階級最高的管理階層精英學校（Executive Elite School）。家長非富則貴，大多是政經界手執大權的人物。他們要求學校管教嚴、紀律佳、成績優。知識，是思考的一種過程，是紓解困難的一種方法。一切講理性邏輯，講自律和獨立應變力。孩子們他日一出來社會，便是優秀的統治者。

安揚深受馬克思荼毒，所論未必正確。然而，他筆下的四類教育傾向，對緊張子女前途的華人來說，卻甚具參考價值。

(2002-03-27)

志氣可否大一些?

前文介紹安揚氏（Jean Anyon）把美國新澤西的小學粗分爲四大等類，即下層的勞工階層學校、稍高的中階層學校、較高的富裕專業階層學校、最高的管理階層精英學校。這一種以階級觀點品評教育機構的方式，雖是不盡不實，然而，安揚氏在裡面提及的四種教育取向，卻甚值得華人家長們好好思考。

在加國，華人每爲替子女選校而煩惱。公校？私校？名校？走讀？寄宿？清一色白？華洋混雜？…， 人云亦云，心態羊群。殊未知影響子女前途最大的，倒還是那學校本身辦學的精神和宗旨。兒女所入讀的學府，是天天叫人「抄抄寫寫」操練「技能」，抑還是著重「思考」激發「創造力」？是日日訓練學生盲從附和絕對聽話，抑還是鍛煉獨立思考培養排憂解困的能力？想學生他日出來做個安分守己的白領藍領、專業人士，抑還是望他在社會上創番豐功偉業，做國家的領袖人物?

家庭教育和學校教育，直接影響兒女的人生觀。在北美的華人家長，由於頗受中國傳統文化的熏染，往往持著一種能夠安安穩穩有餐飯吃便自滿足的心態。求神拜佛，兒女考個 MD，做個不憂柴米的醫生，已足「光宗耀祖」。結果呢，學醫念工讀法律搵餐「晏仔」，竟成了華人優秀子弟集體的終極心願。問題卻是，華人之中，縱有萬個醫生、工程師、律師等專業人士，卻沒幾個具備帶領族群與老外在政治上爭一日長短的領袖人才，亦即安揚氏所言由管理階層精英學校磨煉出來的領導精英，華人在加國的前途，依然暗淡。

因爲，在主流社會裡面，人們只會繼續把華人看成是給他一口飯吃便可肆意搓圓捏扁的專業技術勞工，永遠只配做中下層的「被統治者」。

(2002-03-28)

咪呃細路

錢鍾書《讀伊索寓言》，勸人不要讓小孩子讀「寓言」，讀多了而誤以爲人世間報應不爽，他日在社會走動，必處處吃虧。善有善報？惡有惡報？這極可能只是文人講故的一廂情願。文人多閉門造車，很多時患上脫離現實或閱世不深的幼稚病。

成年人的世界，爾虞我詐。爲了一己之私利而出賣朋友、典押良心，社會階層愈高而愈見其狠。人，確是有「原罪」的。犯罪的心，隨時可生。只要有著可以令人犯罪的足夠誘因，正人君子也會「落踏」。成年人在小孩子面前，把現實社會描繪爲潔白溫馨，把人性描述成好善嫉惡，其實在喂孩子以蒙藥，讓他們夜裡睡得好些，揭穿了是瞎講大話。

世事難料。無常的不全是花開花謝的四時之序，也不是日出日落的晝夜之規。宇宙無常，更無常的是人性、是世情。世事由人而起，非由大自然而生。是以雲譎波詭的不盡是自然之道，而往往是活在塵世之人。

人事既是難測，何必執著什麼報應因果？多勞未必多得，當領導的未必叻人。閣下硬要兒女出人頭地？可知學業成績絕優，科科分數「爆燈」，卻未必代表來日肯定便是事業有成。能否飛黃騰達，還要看跨不跨得過「人」的這一關，能不能處處「取悅」於人。但如何才能「取悅」衆人呢？這當然是個主觀到無法透析的問題。

以大學爲例，學生平日爲博盡教授們的歡心，希望「推薦書」能寫得好，因而強忍某些無良教授的欺壓，此中所受的委屈，情緒的抑壓，辛酸之處已不足與外人道。然而，歷盡艱辛之後，教授的推薦書果真會推薦你麼？這永遠是一個謎。

唉，人心叵測，寓言故事，還是少讀較好。

(2002-03-29)

真個站起來了?

加拿大的大學研究實驗室，是挺喜歡僱用中國人的。技術員（Laboratory technician）、 博士後研究生（Post-doctoral），黃面孔幾佔一半。此無他，因為中國人科學頭腦佳，加上擔屎唔偷食、遇事唔敢逆等溫馴如羊的民族性格，最為老外所喜。

在加拿大，華人給公然剝削，也沒多敢吭一聲的。因為，「容忍」是咱中國人的美德。況且「槍打出頭鳥」乃咱族的明訓，做「出頭鳥」呢，盡是不知世故的傻瓜。在中國歷史裡面，傻瓜的收場，也只會係「壯烈犧牲」四字，垂為精叻者戒。是以大家都各練忍功，且看誰家傻仔最後忍不住，失了常性，敢跑出來講句人話，捐條人命，讓當權者拿來「祭旗」，也算是各自出了一口烏氣。出頭鳥受靶之時，大家且還搖頭嘆息——「煩惱皆因強出頭」。言下之意，死是自招的。

在多倫多大學裡面，中國人全都是精英，所以沒一個肯做傻瓜。而結果呢，給教授欺負的，也往往以華人居多。在洋鬼子心目中，中國人也實在「叻」得太可愛。既怕事，又有一種「事不關己，己不勞心」的「明哲」心態。不在他們身上搵甜頭，豈非笨賊?

久而久之，不難發覺，在大學裡面，最好使好用，莫如華裔。那微賤辛勞的，當然由華人用牛力去擔。至若有什麼肥缺，哈哈，卻勿指望你有份兒了。

看，就多大「東亞學系」二十八位教授，華裔亦僅得其三。開設的中國語言、藝術、哲學、宗教、歷史、翻譯等各門功課，卻是林林總總，凡二十八項，佔該系課程總數的百分之三十六。

無怪中國現代史由洋教授講，連導修課也由洋博士生教。華裔的年輕學者們，可去了哪?

(2002-04-04)

校長，無謂撐囉

近日，香港的大學教育資助委員會，發表了《香港高等教育》，建議引入「市場機制」，「增強院校間的競爭」。薪酬固然要與公僕的鐵飯票脫鉤，就他日對大學的撥款，也依據學生的流向而走。亦即主張採用「學分累積及轉移的制度」，讓學生帶著政府對大學所撥的銀兩，自由轉校。這個提議，即時把嶺南大學陳校長坤耀教授氣得動了真火，痛陳若此落實，嶺大必被「一筆勾銷」。成績優異的學生，勢都過檔往中大、港大。人去財空，很有「執笠」之憂。

唉，校長養尊處優，大概還未完全了解今日高等教育新面貌。半世紀前的殖民地時代，教育上「官」的味道十分濃厚。有地位的學校如港大、英皇、皇仁之屬，全都叫做「官校」（Government School），無一 稱之 曰「公校」（Public School）的。因爲，統治 奴性深重的中國人，實也是無官字而不行。只要官威一 發，刁民便自腳軟。而一朝做了官大人的，亦無不油然有了一種駕馭小民的操控慾。今天呢，香港人當家作主了，就往日官威甚盛的警察大爺，竟也給乳臭未乾的染毛小子當眾掌摑，兼「問候媽娘」。陳校長可不知好歹，去年且在校園內訂了些什麼「學規」，意欲「官管」。今又公然反對大學改革，圖削大學生自由轉校的權利，真不知時代之變。

大學由學生做主導，已是世界潮流所共趨。在加國，大學管束學生的能力早被閹掉。政府按學生人頭撥款，亦行之經年。二流大學和社區學院高材生跳槽一流大學做插班生，在美加尤其普遍。大家都向錢看啦，能有工做的便是好科，出來易搵食的即是良校。大學堅持「博雅教育」完人理想而關門大吉，who cares?

(2002-04-11)

EQ第一

一般家長都相信，孩子若是沉默寡言，不善交際的話，最宜去做科學家。整天就關在實驗室裡，試東驗西，自得真樂。正是無庸費神搞應酬，莫理人間是非多。

這一種觀點，於今實大錯特錯。今之科學家若不善酬酢，何來銀兩續研究？在這生存競爭十分慘烈的「分餅仔」年代，想多分一塊「分錠」（funding）的餅，就須要多下一點「工夫」，多耍一點手段，否則徒陷餓鬼道。

須知今時唔同往日，閣下所獲研究經費的是多或少，再非取決於閣下的學問，亦難單憑閣下的IQ，而實須仰仗閣下與掌握分配「分錠」大權的政要巨賈和他們的代理人（Agencies）的私人關係。

想要錢？彼此關係務先要好。想搞好關係？IQ沒啥用，EQ才最「殺食」。夫EQ也者，情緒智能（EmotionalIntelligence）也。它是善於處理人際關係的一種智慧和能力，亦可謂之交際智能（Social Intelligence），乃道德家心中所鄙之——「擦鞋」、奉承、投人所好、討人歡心、舐人XX……，實八面玲瓏之「韋小寶」也。

要想活得好，先做韋小寶。科學家清高？與世無爭？淡名薄利？唉，俱往矣。木口木面連實驗室也沒錢保得住，研究無從，還能叫自己做「科學家」麼？

所以，今天若立志此生要做科學家的，首要具備的條件，不是伊科學天才是如何的橫溢，不是伊在大學裡面拿過了些什麼鰲頭大獎，也不是伊在科學研究中有過什麼新發現，最重要的，是伊能不能拋開自尊，先磨好EQ的本事，先煉好在弱肉強食的禽獸森林中覓食的工夫和本領，能掩住良心，——「寧我負天下人，莫教天下人負我」。

(2002-04-19)

祝福

才寫了幾篇有關加國科研之路不易行的小文，不意消息傳來，徐立之教授今年將往香港大學領導剛成立的「人類基因研究中心」，並獲荐出任港大校長，亦頗錯愕。

香港大學成立人類基因研究中心，固是順應世界生物醫學研究的大趨，不及早投資遺傳基因（Genetics）和生化（Biochemistry）的研究，他日的經濟發展便會差人一截。情同八十年代不全力投資電腦資訊研究，今天就眼白白只管望著日本、台灣、南韓甚至新加坡獲享其成，而自己則僅得個恨字。在尖端科技的研究上，也因此淪作亞洲的二流城市，連上海也未必比得上。

然而，生物科技研究，長路漫漫，也不是一門必賺的生意。政府除了肯大掟銀彈兼輸得起之外，能不能維持足夠的人才供應，更爲重要。港大、中大和科大的遺傳學和生化學本科能否趕上世界一流，亦成敗之關鍵。沒有世界頂級的科研隊伍，沒有完整的由不同領域組成的跨系配合，而僅靠一兩個世界知名的科學家作個人拚搏，實在令人擔心。

從生物醫學研究的角度看，加國條件遠勝香港。特別多倫多大學和病童醫院，都是世界第一流的。徐教授貴爲多大病童醫院基因研究的主管，職銜高級科學家正教授，屢獲政府褒揚，年薪接近二十四萬，相對於多大同級正教授系主任平均年俸十二、三萬（參 www．gov．on．ca／FIN／english／hospit02．pdf），不能不算是高職厚祿，亦因之成了加國華人「冒出頭來」的表表者。如此待遇仍萌去意，不免令人打了個突。

《明報》記者稱徐教授「旅加香港學者」，這「旅」字最堪玩味。異國謀生，冷暖自知，年過五十，總起著游子思鄉的情懷了?

(2002-05-15)

香港是靠知識起家的嗎?

在大學「學分轉移制」的論壇上，口快心直的中大學生會候任副會長說，學生選科，最重要是「夠類」、「好不好Grade」，害苦李歐梵老教授爲之「絕望之於希望」（《明報・世紀版》，零二年五月五日），頗責大學生「對知識不尊重」。

這可又奇怪了，不能搵食的知識，爲啥要尊重呢? 你看見教國文的窮書生受過社會尊重的麼? 早自六十年代，香港青年已經是認錢不認知的了，遑論二十一世紀的今日? 能在知識界混啖飯吃已甚夠運，還嘮叨些什麼?

三十六年前，國鍵中學會考，老師已經明言，讀書會考爲「求分」，不爲「求氣」，請照「八股」作答。如有真知灼見，留待試後自語。在大學選科，同學們早也一致認同，讀書在「求A」，不在「求識」。學問好的教授大都要求高給分緊，避之且吉。

此無他，在香港社會討飯吃，向來不是靠真知識的，而多賴一紙的文憑。大學學位加個「一級榮譽」，此生大概穿金戴銀。

八十年代後，這一張不一定確有學識的「沙紙」，亦見失效。就普通的一個中學生，也未必瞧它得起。樓市冒起了，帶人睇樓的半文盲阿嬸，收入也比大學高材生要高幾倍。電腦熱潮一興，經常逛電腦中心擅長於玩電腦游戲的「逃學威龍」，他們的電腦「知識」，往往比在學校教什麼電腦科的老師還棒。打完機後替人寫程式賣「翻版」，已足養活自己。搵食，已經不憑「沙紙」，而須靠「食腦」，——這當然也包括了「行蠱惑」、「溝女」、「走粉」之屬。

一級榮譽? 教份嘔血的牛書，不過萬七，連供四百呎小蝸居的資格也沒有。香港，本來就是個江湖味甚重的拉斯維加斯，何苦硬寄之以加州知識型的矽谷?

(2002-05-16)

成熟未?

年輕人總多滿懷壯志，誓幹一番功業，濟世利民，儆惡懲奸。

李白少時，也立志「定國安邦」的。是以任俠尙義，輕財好施，意欲「兼濟天下」，此《舊唐書》卷一九零下所記李白「少有逸才，志氣宏放」也。

「宏放」兩字用得真好。年輕人不知天高地厚，大都是志氣宏大，又恣自以爲想乜便乜。殊不知出來社會辦事，不一年便大有濁世難清之慨。就不合污，也得強忍世情的奸狡欺詐。一歷了世故，心性自不期漸有了質的變化。變得穩重踏實，變得講多無謂，錢最實惠。人生路上，這叫做——「成熟」。

人成熟了，便會「消殘壯志」（陸游《沁園春》），救世之心日消，求財之心日長。能夠好好生活，方是人生最大福氣。少年不知窮滋味，才肯處處犧牲小我，從沒想過自己他日生活是如何。今天呀，既知自身也是難保的，有啥資格去救人? 雖說「壯志消沉」，卻換來了「知時務實」，未嘗不是進步。

洞悉世事皆學問，歷盡人情眼界寬。「學問」、「眼界」，不是乳臭未乾滿腦子理想的熱血少年所能知，而必須是俗世打滾碰了幾個大釘之後方能曉。超世之才如李白，終於也寫出《行路難》了。想拔劍? 原來已是「心茫然」；欲渡黃河? 前面卻是「冰塞川」。世途險阻，什麼屈原、陸機，全不得好死。犧牲自己的美好生活而去救那無可救藥的世人，値得麼?

値唔値得，這是中年科學家們常問的問題。獻身科學研究願爲志氣而挨一輩子苦，卻天天還要因那研究經費和知識產權而擔驚受怕。唉，沒早學李白狂飲酒，沒效柴玲養番狗，是自己的春夢還沒醒，活該受罪。

(2002-05-17)

勤力戰勝一切?

徐立之教授接任港大校長，作爲新亞校友，也叨了點光。七零年代中大「二奶仔」，今竟化作嫡長子而繼統，成爲專上學府龍頭大哥的校長，時代轉動之速，往往令人目眩。

目眩的且不止於此。同門香樹輝玩「揭秘」，透露了徐教授乃新亞丙級榮譽畢業、在學時期不大熱衷學生活動的舊事（《明報》五月九日）。如此平凡而竟能在生物研究大放異彩，今更攀登行政高位，俗眼不免稱奇。

徐教授今天的成就，主要靠的不是天資過人，而祇是「勤力」。讀書成績雖不及人，卻勝在肯捱。——可以天天在實驗室工作至三更半夜而從不言倦，韌力實在太驚人。

所以說，成功的科學家原也不必全靠天資，也不必定要分數甲等。最緊要能苦幹，唔怕「蝕底」。國鍵認識兩位在多大念博士的朋友，他們在實驗室的工作時間，也朝八晚八，一周七日。若與徐教授之「晝夜不分」，「更在實驗室放帆布床偷偷過夜」（《明報》五月十日）相比，竟還是瞠乎其後。

然而，牛咁勤力若沒有上天的眷顧，失敗和失意的機會還是很大。科學家不眠不休耗盡一生精力而盡吃「白果」的，比比是。

故此，立志做科學家的，要很有耐性，要做足承受一次一次無情的實驗失敗，甚或爲之飲恨而終的心理準備。科學之海茫無際，能夠像徐教授幸運地釣到大魚的所知極少。

現代的生物科研，正正是建築在大群前仆後繼勇於犧牲的科學家的血汗之上。他們備受剝削卻又義無反顧，和董特首一樣，都相信只要朝四晚十一的不停耕作，總能種出些農穫。可沒想過，具備董特首所欣賞的刻苦脾性而失敗成了仁的，也多如恆河沙數。

(2002-05-22)

殺英

董特首推許工作態度和自己十分相近的中大校友徐立之教授當港大校長，對部份殖民地階級觀念甚重且自視極高的港大舊生來說，是一個很沉重的打擊。

港大精英，頗多染有豪門學府的貴家子氣。國鍵年輕時在中學教書，就領教過中大出身除文史之外餘皆一無是處的歧視眼。一校之內，除了文史教員，盡是港大人。校方不明文規定，禁止老師私下替報讀中大的學生寫推薦信。且有人說：入中大的多是「垃圾」。在七十年代，「中文」似沾「原罪」。文史老師，特別是教古文的，總有意無意地給嘲諷爲「迂腐」、「陳舊」、「落後」、「蔽塞」、「傻戇」、「唔識英文」的庸才。在工作分配上，也多成了好欺負的「老夫子和大番薯」。

今天，以董建華爲首的香港政府，竟起用了中學念「中中」，大學念「中大」，在教育上毫無貴胄氣的徐立之出掌港大，證明香港大學在殖民地時代這塊皇家精英招牌，在九七回歸再經「民調」一役，已刮得貴勢之風盡失。脫胎換骨，只憾未睹新面目。

徐教授受業新亞，該有點錢穆大師文人辦學報國的情操吧。由他來領導港大，也象徵著香港專上教育正式全盤歸心中國文化。由殖民地政府炮製出來的中文恥感，大概得以盡洗。大家也終於明白，去年董特首在教育上提出的「新精英主義」，原來不是恢復港英舊時代的那一套，——雖則怎樣新法，今天大家還沒摸得著頭腦。

藍圖勾勒豈易。就如何降伏學校內外仍具勢力的殘餘貴族思想和山頭主義，已將是出身低微談吐溫吞的徐教授的一大挑戰。盤根錯節，稍有不慎，給絆倒而仆崩頭的機會，可大。

(2002-05-23)

浮沙之地難建廈

港大今決改弦更張，專注科研，志欲躋身廿五大。以實察之，請恕在下不是樂觀派。

大學各有歷史傳統。香港的大學，向來是重教學而不重研究。倒也應了徐立之教授的說法，「沒有研究帶動的大學，只是普通的大學」（《明報》五月十九日）。

「普通」，正正是殖民統治下港大中大的傳統。港大的使命，乃爲殖民政府提供自視爲統治階層的中下級技術官僚。中大雖爲承傳中華文化而生，惟仍屬殖民政府安撫社會的產物，目的也不外給入唔到港大、英文水平較遜的學生一個名份。所以，港大畢業的，普通會是個社會的中層；中大的，則普通還是個社會的下層。在英國佬心目中，其實兩者都是很普通。既然「普通」，搞啥研究？十多年前高錕校長在中大力啓研究風氣，何曾得見中大今躋廿五大？

移風易俗的工程很艱難。這當然也怪不得香港的大學。大學向來就欠缺研究經費，而香港大學生的志向，也不外是搵張「沙紙」謀生活。Low Tech「撈嘢」，High Tech「揩嘢」。幾十年來「傳統智慧」，關在實驗室內冇發達。搞科研，開玩笑乎？

今天就真的大搞生物研究了，但錢呢？一兩億足夠麼？以多倫多大學來說，就生化系的實驗室便四、五十個，每個年花近百萬，加起來折合港幣已逾二億元。其他遺傳學呢？免疫學呢？藥劑學呢？…，尖端的生物科技研究分工甚細，缺一環而不可。在財赤嚴重的香港人來說，有能力長期負擔每年額外十億元計的研究經費麼？

學歐美大學找大藥廠幫忙？唉，別發夢了。一來香港沒啥大藥廠，就有而又肯花錢做研究了，也必顧慮「經濟效益」。不找已具規模蜚聲國際的世界級，難道去找發育未全的港大？

(2002-05-29)

「佬」說

前文談過「鬼佬」的「鬼」，今且談「佬」。有人認為「佬」含貶義，謬矣。

社會語言學家，很注重語言在社會上使用時的實質意義。在廣府話來說，「佬」這一個字，顯無貶抑之意。憑坊間一本小字典便逕下判斷，未免貽笑大方。

夫「佬」也者，據《辭海》，「粵人稱男子曰佬」。堂堂男子漢，地位怎會卑？在香港家庭之中，哥哥稱「大佬」，弟弟叫「細佬」。女子嫁人後，要多啲在屋企陪住個「佬」（丈夫）。「佬」這個俚呼，可親切得很呢。

在職業來說，也都是佬前佬後的。軍警界中，盡是「軍佬」（軍人）、「差佬」（警察）；建築界是「建築佬」；裝修界有「水泥佬」、「髹漆佬」；漁農界有「打魚佬」、「耕田佬」、「斬柴佬」；文教界有「教書佬」（教師）、「寫稿佬」（例如國鍵這類專欄文字生產者）；演藝界有「戲子佬」等等。只有政界官威大，小民弗敢親，才都叫「大人」、「大爺」，誠惶而誠恐。

若以外表來說，則鬍鬚濃密的人叫「鬍鬚佬」，健碩的叫「大隻佬」，高大的叫「高佬」。若以社會地位而言，則有頭有面的財主叫「有錢佬」、「闊佬」，攀附還來不及呢。

至於外省來的，也無不稱之以「佬」，例如「撈鬆（老兄）佬」、「山東佬」…；外國來的，當也非「佬」莫屬了，——「英國佬」、「美國佬」、「俄羅斯佬」…。這已經是廣府話的習慣，自卑心作祟的人，才會聽了不舒服。

所以，「鹹濕佬」、「賤格佬」這等貶詞，貶的不在「佬」字，而在「鹹濕」和「賤格」。今「鬼佬」一詞，「鬼」和「佬」俱無輕蔑義，稱洋人做「鬼佬」，何大不敬之有？

(2002-05-31)

沒出息

社會學家韋伯（Max Weber）在他的《社會科學方法論》（《The Methodology of the Social Sciences》， NY: The Free Press，1949）一書裡面，提出了治社會科學之前，須先建立一個抽象的「理想模式」（Ideal Type），用來檢驗（test）各種學術上的「假設」（hypothesis）（pp．88-111）。

這，正是咱偉大主席毛伯伯之所為。對於中國歷史，毛主席總喜歡用馬克思主義這種烏托邦式的「理想模式」來解讀的。三千年歷史，四字記之曰：「階級鬥爭。」

上有好者，下面的「附皮之毛」，又豈敢怠慢。范文瀾在一九六四年修訂他的《中國通史》，便誠惶誠恐地自責「對馬克思列寧主義的學習十分不夠」，向讀者深致「歉意」。在《通史》的「緒言」裡面，還旗幟鮮明地要把這一部通史當成是馬列毛思想階級鬥爭的一種註腳，裝載的是馬克思主義的「靈魂」、列寧主義的「觀點」、毛澤東思想的「指導」。用這一種「理想模式」來寫的歷史書，范氏認為，「總比舊類型的歷史書要好一些」（北京人民出版社，六五年，頁九）。於是，他在書中提出了「封建統治階級壓迫剝削人民」、「勞動人民是歷史的主人」、「階級鬥爭是研究歷史的基本線索」等偉大結論。旁徵博引，不是馬克思《資本論》，便是《列寧全集》、《毛澤東選集》，甚且是斯太林等蘇俄共產文章。睇到你咯血。

馬克思主義能否放諸四海而皆準，國鍵陋儒，未敢妄議。然而，若把這種哲學上的「理想模式」看成是神聖不可侵犯的絕對權威，則必然會乖解歷史、戕害眾生。

中國文人能有自己靈魂的不多見。由皇權不可侵到馬列不可犯，行尸走肉的本質，從未改變過。「比舊類型的好一些」，好在哪裡呢？

(2002-06-07)

人貴自知

立志做生物醫學科學家，乃人生的一大賭博。皓首實驗室中，未必擔保有成就。

三十歲前還可，因爲這是科研上面最能發光發熱的時候。腦袋轉速快，加點神靈的庇佑，靈光一閃，瞬刻或得大成就。

四十中年吃穀種，間中還能創點新。五十過後，科研道上，不免已入暮年，天長地久有時盡，能否保得住前鋒的位置就很難說。

自度沒有入球的機會，有自知之明的人，大多改踢中場後衛，例如轉行搞行政，做個校長主任之類，專心替攻門的年壯前鋒傳球。

輸贏之間，全看進退。長江所以後浪推前浪，因爲前浪弱而後浪強。前浪雖自稱很有前進的經驗，但畢竟精神耗盡，老來力不從心，還死要穿上十號球衣衝鋒陷陣作甚?

善賭者，贏了就收，不會「磨爛席」。尖端科研天天求創新，進展速度驚人。今日生物科技之所以月異，靠的也不全是老教授的經驗，而很大程度上是未滿三十歲的研究生和博士後研究員的創意和立新。這等初生之犢，特別是天才級的，思想反叛，不會馴順地被教授牽著鼻子走。拿了可觀的獎學金，就有權用自己的新見解來做實驗研究。山窮水盡的教授，有時也要遷就遷就，甚或暗裡跟隨。

在看重「師門」處處講「跟住老師走」的東方社會來說，這當然屬於離經叛道。須知一日爲師，終身爲父。弟子他日有成就，也說成是皆因「師門」，全憑老師的「慧眼」。在這種知進而不知退，由「年紀」和「經驗」作主導的社會裡面搞尖端科研，要成功看來很困難。

何況，今天香港一般青年之所謂「反叛」，所謂「新見解」，也不外是無厘頭地在觀眾面前，狠狠地砸爛一隻結他。

(2002-06-14)

人，有選擇的自由

天主所造萬物，人與禽畜的最大分別，是人有選擇的自由。亞當和厄娃（基督新教譯作夏娃）在伊甸園裡面生活，吃的本是樂園地上果樹所生的果子。唯獨樂園中央善惡樹的果實，天主曾下令說：「你不可吃，因為那一天你吃了，必定要死。」（《聖經‧創世紀》二章十六節）天主既賜人以選擇權，則亞當厄娃是否遵命不吃禁果，當然是悉隨尊便，神不會橫加干涉，也不會運用祂的大能來阻撓。

據《聖經》載，厄娃因受不住蛇的誘惑，吃了善惡樹的果子，還摘下一個給亞當吃。從此，人就失掉了永生，要面對壽終的死亡。

違背禁令，自作的孽固要自受。然而，今日西方人之所以特別重視人權自由，正因為他們相信這是上天所恩賜，神聖不可侵奪。天賦自由之下，人當然也要承擔自己所作抉擇的一切後果和責任。

中國人的毛病是，既喜歡剝奪別人的自由，遇事又愛怨怪天地。倒忘了中國人的苦難——例如「赤化」、「文革」之類，都是中華民族自己的選擇。

買不買樓？結不結婚？生不生孩子？移不移民？回不回流？……全由閣下作主。留在香港買樓做了「負資產」，移來加拿大吃西北風做了「神檯桔」，可以怪誰？

剝削孩子的自由，可更是不遺餘力了。小孩子愛穿什麼愛吃什麼，想讀什麼想做什麼，做大人的從旁提點便是，何必一一硬代安排？因為害怕兒女學壞而任意踐踏兒女天賦的自由選擇權，喂，連天主也不會幹的，你竟做了？

要墮落還是要上進？要慈愛還是要仇恨？要戰爭還是要和平？一切看當事人的選取。蜉蝣如我，除了祈禱之外，確也別無他法。

(2002-06-21)

管

在海外生活的華人，往往愛將父母子女的思想衝突，看成是中西文化的一種對立。搖頭嘆息，——唉，孩子近得鬼仔多，鬼鬼地，冇乜中國文化。

中西文化衝突，確實是中國近代史的重要課題。近百年來學術界努力地探來究去，卻不見得有了什麼確切的結論。末學若國鍵之流，反認爲文化衝突只是一種藉口。中西文化雖異，卻未必嚴重到非要兵戎相見而不可。把族群與族群之間的對峙都歸因於文化（又或文明）之間的矛盾，其實相當行貨。

中國人講孝道，洋人就不講了麼？中國人講仁道，難道洋人就暴戾成性只講霸道了？中國人重視家庭，難道洋人就不顧家、不愛惜子女了嗎？

衝突背後的真正原因，不是文化，不是思想，而是利益，又或是恨鐵不成鋼的那一個「管」字。在國與國之間，任何衝突皆因利益而起。在家庭父母子女之間，則衝突往往來自於「管」。做父母的，管教孩子是天職。做兒女的，則反抗管束是天性。結果「管」之與「反管」，彼此成了死敵，實自然不過。

所以，兩代衝突也不會是歐美華人家庭的獨特景觀，中港臺也相當普遍。在北美的洋人家庭，小孩子爲了反管而離家出走的也不少。一入大學，便會有咁遠走咁遠，不如此不叫「長大成人」呢。

天下父母的最大毛病，是愛管成癖。孩子都二、三十歲了，還當他小孩子辦。他吃什麼，要管；他穿什麼，要管；他和什麼人交朋友，要管；他回不回家吃飯，都要……。一天就問長問短，巨細無遺地管管管。

多點教，少點管，相處自然和睦。這大概是改善兩代關係的有效方法。

(2002-06-26)

故態復萌?

二十世紀的教育研究，學理諸多。其一爲參照資本主義經濟剝削的理論，發展成「教育屬國論」（Education Dependency）。其思想承自「經濟屬國」，頗認爲在帝國主義的滲透下，受剝削的落後窮國，都必成了居於中央（centre）位置的富裕發達國家的邊緣衛星和附庸。內裡當然也包含了「新殖民主義」（neo-colonialism）和殖民地人民對自身文化日漸疏離（cultural alienation）的觀點（參Martin Mclean，《Education Dependency a critique》，載《Compare》V．13,No．1，1983，pp 26－27）。

資本主義強國在落後地區大學投資教育，當然和投資該地經濟生產一樣，講求高回報。教育和思想文化上的進軍，比諸經濟剝削，原來更具效益，可以令人死心塌地的淪爲附庸，永遠爲帝國服務，忠誠地在外圍做保衛帝國中央的衛星。對自己的傳統文化固然疏遠，吃慣了漢堡包，飲慣了可樂之後，所受的經濟侵略也不再是剝削，而叫趕上時髦。中央若發生了事，又必竭力「勤王」，搖旗吶喊，真的太好。

「教育屬國論」裡面談及的先進地區和落後地區的軸屬（centre-peripheral）關係，當然不一定完全正確。上引麥堅氏（Martin Mclean）一文便曾一一予以反駁。例如今日跨國公司爲了己身利益，也常會幫落後地區反咬宗主一口。且以經濟發展來說，發達國家如比利時、丹麥，今日也要依賴資金和科技的進口。前殖民地如印度，也開始依靠自己的資本去發展工業。帝國主義式的主從剝削關係，早已一去不返。

然而，今日南韓贏波而歐洲條氣頂住，四強準決賽，即時換上清一色「歐洲球證」，不就把亞洲看扁成歐洲足球運動的邊緣落後地區麼?

(2002-07-04)

恕我常用廣府語

論者說，寫文章莫用廣府話，否則外省人看不懂。

用純正國語寫文章，於我實難。余也廣東人，僅在讀大學時結巴巴地講過幾句「普通話」。論純正，不及格。

寫文章要接近口頭語，好使人都讀得明白，這是「五四」後文人的共識。然而，沒有受過國語的艱苦訓練，卻規定要用所知有限的北京口語寫文章，無疑是拉牛上樹。

陳望道先生倒也說得精妙。寫文章要完全符合口頭語，必須要在「語匯」、「語法」、「語格」、「語音」四方面都要符合口頭語。文章裡面僅僅一個方塊字，決寫不出原來的語音。陳先生且舉上海話以證：取樂曰「尋開心」，胡鬧曰「撒爛污」，「挨拉」乃「我」之稱，遊玩謂之「白相」，不知羞恥曰「勿要面皮」等等，「倘教廣東福建人去讀，就不會還是一句上海話。至少不會還是上海人的上海話」（《陳望道論語文教育》，河南教育出版社，八九年，頁九四）。

對國鍵而言，這豈止是讀的成了問題，就運用這等詞字也覺無能爲力。要我寫「挨拉白相」？唉，雖非存心向讀者「尋開心」，也必流爲陳氏所指之「洋涇濱式」（仝上，頁九六），十分「撒爛污」。

陳氏主張，要完全照口頭語的組織來寫文章，就必要「時時注意口頭語的組織」。竊意以爲，能夠時時注意口頭語合乎國語的組織標準，則非往北京住他三五七年不可，否則文章恐亦難逃夾雜廣府口語的命運。

北京於我，地苦寒熱，冇啖好食。因此，國鍵早就打消了期盼十億人口都讀我陋文的宏圖。能有幾個讀者，已屬老天爺的恩賜。且恕在下「勿要面皮」則個。

(2002-07-11)

翻譯之難——談「中國佬」

把外國文字翻譯成中文，因難重重。要能信實準確，文雅通達，極之不易。特別那些專有名詞，還要兼顧讀音，想譯得好那就更難。

把西方人歧視中國人的語詞準確地譯爲中文，更是難若登天了。因爲，這一種甚具侮辱性的語詞，有其獨特的歷史背景。它在特定時代，由某種聯想而賦以一種歧視性的深層含義，實無法用一兩個中文字能予以翻譯。

例如今日英文仍使用的chink這一個字，本是平常得很，是細小隙縫的意思。二十世紀初某些西方人，卻由這字聯想起中國人瞇起的細斜眼睛（slanted eyes），而這字又不幸地與Chinese（中國人）串法相近，因此就借它來取笑中國人了。若譯之爲中文，該怎譯呢? 由於它指的是中國人，坊間一般就直譯爲「中國佬」，加上一個「引號」，以示此譯詞別具特殊含意，不能以原義解讀。作家南方朔則音譯之爲「清客」，也加上一個「引號」（見《中國小子蒙古呆，華人非人一百五十載》）。若將此含有侮辱華人意義的「中國佬」、「清客」，拿來與我們廣東佬日常說的中國佬、外國佬，以及那享有清高名譽的門下清客等詞混爲一談，並進而把佬字當成是侮辱性的歧視語，在報上大發謬論，肆意詆毀，那就更令人大大吃驚了。

今日偶聽人們戲稱本地土生華人爲「banana」，意指黃皮膚白內心的人。若要把這個由香蕉聯想而來語帶嘲謔的英文字，準確地翻譯爲一個中文語詞，確也不知從何落筆。直譯之爲「香蕉」，加上一個「引號」，表示它別具他義，這大概是其中較可行的方法。如果把這「香蕉」拿來和我們經常在超級市場看見的banana（香蕉）一字詞混爲一談，也是很讓人莫名其妙的。

唉，該怎麼譯才令人不易產生誤會呢? 這相信是翻譯裡面一個永難解決的難題。因爲中文和英文，畢竟是兩個完全不同的語言體系。

(2002-07-12)

「guy」即「佬」也——願爲「佬」字棄專欄

「guy」（讀若「佳」），男人之俚稱也；「佬」，亦男人之俚稱也。在中英翻譯裡，「guy」之與「佬」，實爲最妥貼之對譯。若用普通話來翻譯「guy」， 則苦無一字可以相配。字典譯做「男人（俚）」、「傢伙」，用之殊覺困難。「Americans」爲「美國人」，「American man」爲「美國男人」。「American guy」該當何譯？譯之爲「美國男人（俚）」？「美國傢伙」？字裡行間，未免彆扭難通。何況「傢伙」可指「傢具」，稱人亦未必定指男人。譯作「美國佬」，信乃最佳之選擇。

洋人天天就是「佳」前「佳」後的。詆他粗鄙？哈哈，老外可笑掉大牙了。以職業來說，有「computer guy」（電腦佬）、「construction guy」（建築佬）、「Fund guy」（芬佬）、「copy guy」（印刷佬）……；以外表來說，有「tall guy」（高佬）、「fat guy」（肥佬）、「big guy」（大隻佬）、「bald guy」（光頭佬）、「cool guy」（型佬）（「cool man」則 爲「型男」）等等。

論地位，有「rich guy」（有錢佬）；論品格，有 「good guy」（好佬）、「bad guy」（衰佬）、「generous guy」（闊佬）、「cheap guy」（孤寒佬）、「dumb guy」（懵佬）……；論族裔，則有「Italian guy」（意大利佬）、「British guy」（英國佬）、「Japanese guy」（日本佬）、「Chinese guy」（中國佬）（拙按，此「中國佬」切莫與白人歧視華人之「China man」和「Chinks」之中譯「『中國佬』」混爲一談，請大家務必注意。至於「Chinese man」，當譯作「中國男人」） 等等。

若不用「佬」，如何把此「guy」字傳神地如實翻譯？走筆至此，不覺爲吾粵民有此「佬」字而自豪也。豈知有人竟拿此「佬」字，大造文章。誣指「佬」字「粗鄙」，國鍵用之乃教壞孩子，且屬對殘疾和種族的歧視。如此無稽而可以見諸頗具公信力且由香港文化養大的大報副刊，倒令國鍵爲之意興闌珊，決急流勇退。(2002-07-17)

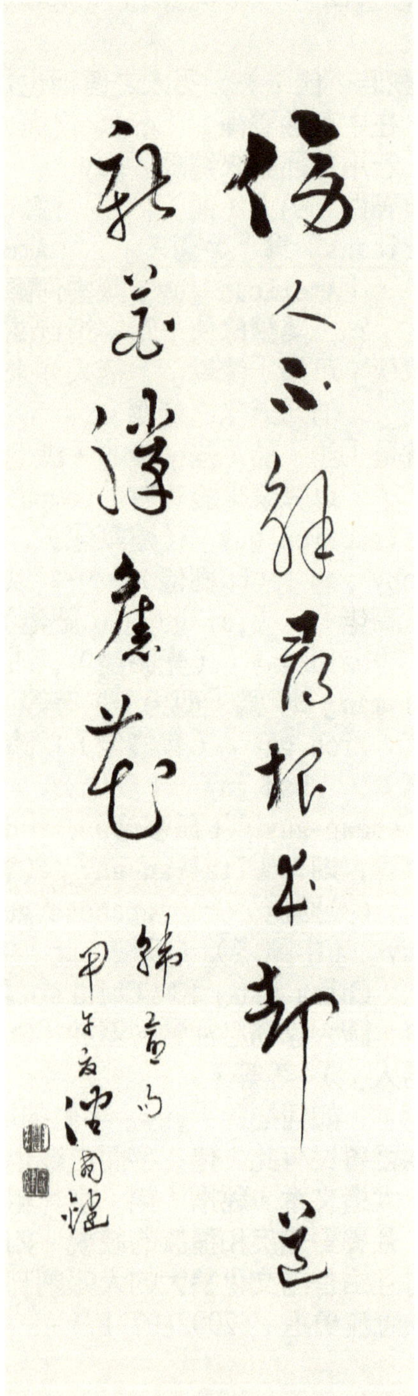

排斥「佬」字是不化

國文老師的主要責任，是教國文，教學生用普通話的標準來寫白話文。違反了普通話的語法，又或普通話並無此語，當然一律要改正。而學生上國文課，目的是學習白話文的寫作，不是學習廣東方言寫作，老師認爲不能用方言，自然大有道理。

所以，若閣下在作文課寫句「咁都唔得？」，老師必替你改爲「這都不可以嗎？」；「我同老母去飲茶」，又必給改成「我和媽媽去吃茶」；「你聽日先至來啦」，也必改爲「你明天才來吧」，等等。

要學寫標準的白話文，廣府話固要避用，就外來語的句法（例如歐化的句子），也要杜絕。若閣下寫句「作爲一個決心爲四個現代化奮鬥的青年的我，應當努力學習外語」（《語法與修辭》，廣西人民出版社，八二年，頁一八一），則國文老師也必爲之蹇眉，大改特改。

好的國文老師，批改學生的作文習作時，必加眉批，解釋爲何須要修改。哪一句是方言，哪一句是歐語法，讓你明白。方言和歐化句子之不能用，只因學生在學習白話文，白話文沒有這種語詞和語法，如此而已。可絕不是一用方言便是「俗」，便是「不雅」，便要搞道德批判。這一點，大家必須弄清楚。

事實今日粵地語文的運用，某些粵方言，已未必能用普通話及其書面語可以代替。「飯盒」、「炒樓」、「八卦」、「光頭仔」、「收數佬」（《明報》七月六、八日「港聞」）等等，已是欲改無從。

時代不同，白話文混雜方言和歐化語已是大趨。名作家高行健主張方言入文。好的歐化句如「我想他，那負心的他」（徐志摩《巴黎的鱗爪》），亦已視爲優雅。所以，在報章發現個「佬」字，又何必大驚小怪，公然詆人「粗鄙」呢?

(2002-07-18)

眾語平等——別踩廣東「佬」

在中國推行一種有明確標準的普通話以方便各地溝通，十分重要。作爲中國人而須懂得普通話，亦是份內。然而，若把普通話和方言判以尊卑，刻意褒貶，那就壞事。

白話一尊，閣下若偶爾寫了個方言，就給「有德之士」打成「粗鄙」，dirty得很，看了污人眼睛。於是乎，「背黑鍋」可以寫，「孭鑊」便是不雅；「死丫頭」可以寫，「死女」便是不雅；「傻子」可以寫，「傻仔」便是不雅……。借問原因何在?

要是學習寫白話文，一切固依普通話。但游戲文章，又不是寫範文，夾雜個廣東方言，爲什麼就是不許?

既是不許，則人們把白人那侮辱華人的「China man」譯作「中國佬」，就顯得沒有道理。普通話沒有稱人做「佬」的，何故要揀「佬」字? 譯作「中國男人」不是更恰當麼? 尋且把外語一切的種族歧視詞語，幾無不以「佬」譯之，真要替無辜的「佬」字喊冤了。

廣府話「仔」這一個字，遭遇也同樣悲慘。北美歧視華人的「Chinee」，竟又譯之爲「中國小仔」了。譯做「中國小子」，不是更符合普通話麼? 爲什麼偏要拖「仔」落水呢?

原因當然有。中原人士，素鄙吾粵爲「蠻」。借用廣東的「佬」、「仔」來罵人野蠻，毫不足奇。付「佬」字以貶義，實亦出於歷史上北人歧視南蠻的心態。今日在廣東人生活的地方頻聞「佬」聲，自然覺得刺耳。這是昔日歧視廣東「佬」而來的語言錯解。以之誣衊廣東人「粗鄙」、「歧視」? 不覺得是惡人先告狀麼?

推廣普通話不代表要砍掉方言。語文專家呂叔湘認爲「沒有必要排斥方言」，大家「也要學點各地方言」（《語文常談》，香港三聯書店，八二年，頁九三）。外江佬在加拿大，向這邊的廣東佬學習一下「佬」的廣東語義和用法，未嘗不是一件好事。

(2002-07-19)

白馬非馬：由「佬」而來的邏輯問題

戰國時代，邏輯名家公孫龍，有過一個很著名的邏輯論辯，叫做「白馬非馬」：「白馬」只是馬的其中一種，不包括黑馬黃馬等等馬；「馬」則是所有馬的總稱，包括一切馬。因此之故，在邏輯上，「白馬」並不等如「馬」。

很多中國人偏就不懂。二千年來，乖悖邏輯的慘事便年年發生。白馬是馬，馬都是白馬；犯人姓潘，姓潘的都是犯人。於是一人犯罪，一族皆誅。由漢代李陵投降匈奴成爲「漢賊」而妻兒並誅，到清代文字獄呂留良案一殺動輒過百人，再到共產新中國，由這種「邏輯」構成的冤案，就更罄竹難書了。

毛主席統治期間，奸商是商，凡商的都是奸商；間諜替外國人辦事，凡替外國人辦事甚或曾接觸過外國人的，都是間諜；有反革命的知識分子，凡知識分子都反革命；有剝削農民的地主，凡地主都剝削農民……，全都他媽的一刀切給打成壞份子。從此，他們和他們的子子孫孫，都是牛鬼蛇神，給殺個鬼嚎神哭，永不翻身。

在語言的運用上，這種十分荒謬的「白馬是馬，馬等如白馬」的語言「邏輯」，亦不難遇見：「鹹濕佬」是佬，凡與佬字有關的都是鹹濕，都是髒詞。而殊不知「鹹濕佬」僅眾佬之一，不能代表所有的佬。「佬」這個總稱之中，尚有美稱如「好佬」、「壽星佬」、「有錢佬」、「和事佬」（「和事老」），又或以之爲族名的廣西「姆佬」等等。怎能一竹篙打一船佬?

佬乃係人，也常給理解成了人等如佬。而殊不知「佬」僅指男人，而「人」始是包括男女老少的總稱。故此，「法國佬」之外，還有「法國婆」、「法國仔」、「法國妹」。主觀地硬要把「法國佬」改爲「法國人」，把法國男人當成是包括法國男女老少的一切人，可以麼?

(2002-07-24)

無愧於神明——答無聊讀者某

儒學的重要典籍《中庸》，第一章就提出了「君子慎其獨」的綱領。什麼叫「慎獨」呢？那就是說，作爲一個有品德的人，當自已獨處的時候，便更須謹慎了。因爲，獨自一人之時，最容易表露自己的真品格，——講粗口啦、罵人八婆啦、譏笑別人啦……。儒家主張，做人要內外如一。要誠實，不要口蜜腹劍，不要口講一套，內心又別自一套。否則便是虛僞。

可嘆中國人口是心非者甚多。口中聲聲說職業無分貴賤，心裡卻對基層行業充滿歧視；口中聲聲說不要嘲諷殘疾，心裡卻對別人的身體缺陷甚是鄙夷。在外邊假扮成一個「溫文爾雅」很能顧及別人感受的「君子」，誰知一返回家裡，私自一人的時候，除下了假面具，潛伏在心裡的劣根惡性便顯露無遺。這種僞君子，正正是儒家所大力鞭撻的。

至誠無息。儒家勸人們須先修養好自己的品格。一個內心從沒把人分成等級的人，不須要在外間矯揉作僞。他對別人的尊敬和情意，既是出自真誠，又何須分什麼「公開時」、「私下間」，鬼鬼祟祟？公開場合時讚人，私下間卻去貶人，謂之虛僞，謂之缺德。儒家講仁義禮教，講尊卑有序，卻從沒叫人掩住真心講廢話吧。如果把這種虛僞看成是人際交往的「禮貌」，那可真要好好的自我反省一下了。

眾生平等。用侮辱性的言詞去嘲笑貧苦傷殘，就算是私底下的自說自話，也是懦夫的卑行。舉頭三尺有神明，這種鄙劣的行徑，必會受上天的懲罰。國鍵爲文，向來發自真心，只要心無歧視，磊落光明，又何用閃閃縮縮？

《中庸》終篇卅二章云，君子之所以爲君子，是他獨自閉門在家的時候，「尙不愧於屋漏」。在別人看不見的時候，也不會做敗德之事，那修身才算及格。

(2002-07-25)

爲學之道在反省

二十世紀知名的美國教育家杜威博士（John Dewey）寫的《How We Think 》（Boston: DC Heath&Co, 1933），裡面有一個字，叫做“Reflection”。夫Reflection也者，吾輩之所謂「反省」，佛家之所謂「觀照」也。

反省（又或內省），是智慧思慮的一個歷程。它包括了觀察（observation）和建議（suggestion）兩大部份。亦即觀察事物，予以判斷也。新事物往往帶來新觀察，是以提出的建議，亦必隨之而日新。

因此，在「反省」的過程之中，蒐集資料（data）和引發思考提出意見（idea），二者乃互相關連（correlative），不可或缺（indispensable）。「資料」，乃所觀察的事實（facts）；「意見」，是分析資料而來的見解。所謂「反省」，便是觀察（資料）和思考（意見）的總和。

所以，在反省過程之中，若然不肯多動腦筋，則眼前資料全是死物。反之，若所提的「意見」沒有實質的資料作支持，亦不過是無聊的謬想與浮談。兩者都不能稱做「反省」（pp . 102-106）。

這種證據與思索兩相並重的反省方法，在中國傳統文化裡面，並不陌生。《論語・爲政篇》，子曰：「學而不思則罔，思而不學則殆。」孔子早就認爲，只憑學習而不去思考，自會惘惘然而無所得著；反之，單靠思考而不去好好學習，也同樣是一件極之危險的事情。觀察事物、蒐集資料的「學」和分析資料、提出意見的「思」，兩者相輔相成，亦缺一而不可。在這一方面，孔子和杜威，不謀而合。

今人的毛病，是學得少，思得多。想像力豐富，卻又不肯多點蒐集資料。有些且連資料也未搞得清楚，便忙著噴口水花了。看在杜威和孔子的眼裡，能不氣死?

(2002-07-31)

翻一下歷史的陳腐帳

歷史上中原人士之打壓異地方言，自古已然。稽之史籍，斑斑可考。只要翻讀顧炎武《日知錄》卷二十九「方音」條（台灣世界書局，七一年，頁六八六），唉，史實就見一大籮。

先秦孔孟的年代，「操一鄉之音」，已經是「君子之所不取」。南北朝時代（A．D．420－589），南朝皇帝將相多南方人，北人嘲諷南人方音以自慰的史例則更多。

南朝宋高祖劉裕乃彭城人（《宋書》卷一），由於「楚言未變」（按：南方語言爲楚語），於是雅道風流，便是「無聞」，亦即今日之所謂一腳牛屎也。又劉真長往見王丞相後，人問王丞相說了些什麼，劉氏答說：無甚特別，只聽見他講「吳語」吧了（按：吳地即今江蘇省）。又一個名叫支道林的人，往見王子猷兄弟之後，人問王氏諸兄弟如何，道林竟是答道：「見一群白項鳥（白頸烏鴉），但聞喚（叫）啞啞聲。」可謂極盡語言歧蔑之能事。

皇帝丞相，尙且「不免時人之譏」，「況於士大夫乎」（炎武語）？當日讀書人若出身南方，擺脫不了吳楚口音，因而受著白眼，遭人歧視，相信是極其普遍的。

中原人士既認定方言必屬「俚俗」，故而著書作文，尤忌用之。是以前人之論古籍，頗因「公羊多齊言，淮南多楚語」，引以爲詬。南北朝時，顏之推絕不會聘請操方音的人做他兒子的老師，原因就在於此。

顧氏且又指出，《荀子》每每說「案」，而《楚辭》往往講「羌」，都是方音。劉勰《文心雕龍》載張華論聲韻，亦稱晉朝的陸機，每多楚音，可謂「銜靈均（按：屈原字靈均）之聲餘，失黃鍾（按：黃鍾乃十二音律之一）之正響」。各地方言，哈哈，都在「正響」之外啦！

於今廿一世紀鼓吹互相欣賞、彼此容納的年代，在語言上無論誰輕蔑誰，俱屬不當。

(2002-08-01)

終結篇：讚毀不擾懷？

清人鄒一桂《小山畫譜》（前引，不贅），記錢舜舉談繪畫之道，認爲「士大夫畫」，除了須備「所畫能與物傳神」之外，尤要過得「無求於世，不以贊毀撓（擾）神」一關。給人讚兩句又或詆一聲便亂了心神，那就畫不成「士大夫畫」了。

真個說就容易。讀書人修身而可直追孔孟者，相信不多。給人辱罵也不動氣？錢氏給「士大夫畫」下這樣的註腳，可真理想主義得很。

人呢，生而有欲，有欲便有所求。不求祿利的士大夫，謀的是一生的清譽。自說無求，實亦虛語。給人無故罵了一頓也不動氣？大概只有佛祖才辦得到。

當然，遇上氣憤的時候，第一件要做的事，是冷靜。氣憤地去痛罵別人一番，也很容易傷了別人的感情。第二件要做的，是趕快回家，自己好好的反省一下。若然沒有犯錯，別人的指摘也無損於自己的人格，則吞之復又何妨。基督教叫人天天念主禱文，不就是教人寬恕別人的過錯麼？亦唯有寬恕別人，才有資格求天父（上帝）寬恕自己的罪過。

若然是涉及道德人格的詆譭呢？據神職人員說，那就必須要努力把問題弄個清楚了。因爲，這不關乎寬恕不寬恕的問題。作爲基督徒，要做世上的光和鹽，要以身作則，對於自己的操守和品格，就不能不珍之重之。任何的玷污，都必須要盡力洗擦，想法子澄清。

中國有良知的士大夫最重視名節，看重的也正是「道德人格」的褒褒貶貶。無怪錢氏的贊毀不擾懷一論，聽者「無不攢（蹙）眉，謂此關難度」。

（拙欄文章，志在言理。閑雲野鶴，爲之神疲。 茲篇作結，祝君開眉。大暑之月，國鍵謹白。）

2002-08-02)

天真爛漫盲頭鳥

移民加國而生「坐監」感覺，大多因爲事前沒好好搜集資料，自己一廂情願，給愛講「假大空」的人們，跣了「一鑊」。

面對人生重大的抉擇，最好還是親自去看一看好。萬勿單憑親朋戚友的片言隻語想當然。想移民？何不先來多城住一住，嚐他個冽風冷雪？

移民如此，小孩子往大學選課，何獨不然？系系都有發展機，門門俱藏陰暗角。若不親自經歷一下，難悉其詳。

所以，聽別人說做醫生發達便去讀醫科，別人話唸工程好便去唸工程，別人吹捧生化醫學研究佳便去搞研究，卻不知道，家家有本難唸經。

滿懷壯志，很多就如此這般的陰溝翻船。可別以爲研究院的學制不必花功夫細看，原來近年也已變個天翻地覆。某些熾熱的學系，例如多倫多大學研究院的生化（Biochemistry)學部，碩士課程，就已由慣常的兩年制，默默地改爲短則二十九個月，長則三十四個月（參去年該系印發之《Timetable for Completion of the MSc Degree》）。博士呢？唉，早就由四年變爲實際要上六年啦！

沒有太多銀兩多交一兩年學費的學子，沒知道挨到年及三十始博士，能不爲此大失預算且要多費歲月而喊冤？

冤？愈聰明愈有天份的，可拖得愈長呢！

(03-02-21)

一進研門方知慘

北美洲某些知名大學熱門的醫學研究學系，紛紛將碩士和博士的學習年期延長，理由簡單，旨在——「慳皮」。

高科技的生物醫學研究，皮費甚重，天天在勁燒銀紙。百萬研究經費，不旋踵便化灰飛。能有點成果還可稍慰，但絕大多數還是以吃白果收場。

金山自有挖空日，科研卻是無盡時。如何繼續下去？唯一出路，就是去慳，想方法令更多有志氣的青年人去「成仁」，——做廉價勞工。

條數甚易計。且以多倫多大學爲例，教授若要聘請一個具學士或碩士學位的實驗室技術員（Laboratory Technician），年薪起碼三、四萬。且因爲技術員有工會的關係，工作規定朝九晚五、星期一至五，年享兩三星期的大假。此外又要包療保，又要代供CPP……。唉，在研究經費捉襟見肘的教授來說，是個大負擔。

收個研究生，哈哈，問題便是迎刃解。成績優異的學生，自己領有獎學金。其他沒有的，據多大研究院生化系的規定，也不過年發津貼二萬一千五百塊。若扣除學費六千元，區區萬五，無需「福利」，便有了一個可以朝八晚九、一星期做足七天、任勞任怨的「阿信」。

利之所在，學生在實驗室「學習」的歲月，當然就愈長愈好啦！

(03-02-24)

學成博士恐斷腸

在生物醫學裏面花了六、七年工夫，拿了個博士（PHD）學位，可別相信從此就是一帆風順、騰達飛黃。

原來，得了博士學位之後，一般還要挨兩年以上、甚或長達十年八年的「博士後研究（Postdoctoral research）」，從此且還孤身飄泊走天涯。——或一年去美國、或兩年去歐洲……。安居樂業，難免是一種奢望。至如娶妻嫁夫生子之事，當然也大打折扣。

薪金呢？竟然依樣微薄。都三十出頭了，就幸運地在較闊綽的安省大學實驗室找得個「博士後」的工作，也不過年入三、四萬。且都是獎學金（Fellowship）的形式，其中沒有療保、沒有超時補水、沒有CPP、沒有RRSP……。

隨年資而增薪？發夢冇咁早。就一兩年合約滿了後，能否保得住份工，也是大疑問呀！

呆了幾年，若還未能「上位」，未能在大學謀個助理教授之類的職位，那你唯一的出路，便剩了——轉業。

半世茹苦一場空。

就算果得幸運之神眷顧，求了個教席，做了科學家（Scientist）。但，能否年年獲得「分錠（funding）」做研究，還要看伊的運氣，看伊的手腕，看伊的政治技巧……。

黃面孔的你，機會僅勝「六四九」。

(03-02-28)

民主制度可移植？

美國入侵伊拉克，說要把美式民主制度帶給中東人民，云云。

美國學術界在「制度移植」的研究，向來不甘後人。沒理由不曉得，落後國家在政治、經濟、思想、文化、社會結構等方面，和美國相差極大。貿然移植美式制度，祇會帶來大災難。為伊拉克民主而流老美的血？倒偉大得有點滑稽。

廖文博士（R.S.Newman）寫的《農業延續教育的慘史》（A Fatal History of Agricultural Extension Education, 載《Canadian and International Education》，1982），就狠批了二十世紀初期美國向中國和印度輸出她那自以為棒的農業延續教育制度。美國人在一八六二年至一九一四年間，通過延續教育，成功地把新的農業知識和技術轉授農民，大大改善了他們的生活。然而，這種教育制度一旦轉移（transfer）到中國、印度，結果卻弄得更慘。

此無他，當日亞洲農民文盲多，也沒有可以和美國匹比的道路、銀行、市場等體系，以支持農革。中國又逢政治動盪，經濟不前，地方政府貪污腐敗。那沒田沒地盲字唔識多個的鄉下貧農，可飯也沒得吃，憑啥搞新技術、學美國農夫過新生活？

教育制度的移植，尚且碰壁，何況那難度更高的自由民主？

(03-04-04)

夏蟲尙且不如

莊子《秋水》（郭慶藩《莊子集釋》卷六下），記海神北海若教訓那自以爲美的河神河伯說：「夏蟲不可以語於冰者，篤於時也。」

講得精妙。夏生之蟲，至秋便死，從來沒經歷過冬天。和它們談冰雪、講冬色，必不相信，無謂浪費氣力。

同理，人亦每因閱歷所限，容易陷於諺語所謂「少所見多所怪，見橐（駱）駝言馬腫背」（楊慎《古今諺》，載李調元《函海》，二二函，卷一頁九）。沒見過駱駝的，往往不經腦便把牠說成是腫了背脊的馬。

對於異地方言呢？當也免不了這種少所見多所怪的毛病。肯上進的，會虛心研習，捨短取長。那自以爲是的，卻靠望文生義，沒好好去研個究竟，便妄下判斷，入人以罪。近年有人執意把某些不屬於普通話語言體系、在粵地卻是日常慣用的詞字，都無厘頭地打成粗鄙，當成是粗言穢語，須予「雅正」，便是例子。

粗鄙？證據呢？憑的竟全是自製的查無其實，讀了令人發噱；又或是莫名其妙的語言假邏輯的謬誤推斷，貽笑大方。

夏蟲不知冰，人以駝爲馬，皆因時空所限，罪不在彼。若真要怪，也祇能怪天。

至於那未明所以，卻胡亂在大眾傳媒上夸夸其辭，則不但自揭其浮躁，亦顯其存心打壓，未必情有可原。

(03-04-18)

她的故事

英文history（歷史）也者，本義「他的故事」，即his story是也。婦權份子聞之，必然怒問：爲什麼就沒有了「她的故事」？有他的（his）而沒她的（her），當然就要罵他的。

斯又涉及西方文化問題。基督教義，據《聖經・創世紀》載，天主創世，第六天創造了一男一女。然而，男女並非同時創造，天主先創造了男人。由於祂的愛心，認爲「人單獨不好，我要給他造個與他相稱的助手」，於是用男人的「肋骨」，「形成了一個女人」。

「她」，是由「他」而來的。大男人主義者，對於「他」之可以包括「她」，自然奉作玉律，喜得金科。Woman（婦女）？字裏不就是有個man（男人）作根的麼？

所以，Man呢，可以解作「人類」，乃男女之總稱。雖話男女平等相稱，但職能上「她」祇不過是「他」的「助手」。是以歷史上之男人欺壓女人，中西並無不同。「賢女畏夫」？「三從四德，乃婦道之常」？天經地義喎。

在北美這邊的華人社區，做男兒的可又不要過度得意。個子相對矮小的男人如國鍵之流，遇上高頭大馬的洋女，望之而有畏感者，多的是。華人社群之「痴人畏婦」，大概不需婦權份子爭取而將可成爲潮流。

(03-05-09)

大難當前各自「指」

保護自己，是人們遇上危難時的本能反應。遠地中國不用說，就多市近日狂「沙」一刮，就刮出了各種自保的「指引」（directives）。「指引」之間，可互不調協，甚或相抵觸。唯一百分百相同，是彼此都在努力「卸鑊」。

共同原則？中央決定？Who cares！教育水平高的多倫多大學，校內還不是一樣各自爲政，各發「指引」？四月上旬，「沙」風癲捲，研究院的醫學系（Faculty of Medicine），遽下指令，醫院裏面研究生做實驗，即時喊停。且勸速速離院，自隔十天，方可重返校園。真係嚇得人死。而同屬多大的病童醫院，卻也不甘示弱，同樣下達「指引」，說爲了嚴防學生在外染毒帶進醫院，禁止院內研究生往多大上課。唉，作爲學生的，該依從邊個「指引」先？

順得哥情拂嫂意。雖說非常時期自有非常策，學生跟誰俱不受罰，但，作爲一所知名大學，要不要先內部調協，免致學生看了惶惑，諗到頭大？喂，學業無端給「指引」各砍掉一半，如何畢業，能不擔心麼？

學系與醫院拉鋸逾半月，結果要到世衛動手，重重的摑多市一巴掌，才驚悉過份自保，於事無益。系院終於和解，一切復常。謝謝。

(03-05-12)

狗，才是歧視

中國人從不看輕鬼，而祇會看輕狗。也許是春秋時，齊國矮仔晏嬰出使楚國，楚人迎之以矮門，晏嬰氣頂，操了一句「（出）使狗國者從狗門入」，從此「狗」就有了歧視義。狗隻不懂道德，隨街便溺、當眾濫交，確也低人一等，甚討人嫌。

是以滿清入關，民族主義高漲時，漢人也祇會叫滿人做「清狗」，倒沒聽說過「清鬼」的。鴉片戰燃，國人恨英夷入骨，「英吉利」三字，左邊例加「犬」（狗）旁。《平夷錄》卷三《三元里等鄉痛罵鬼子詞》的「鬼子」、「鬼船」，並不見得就是歧視。極盡歧視的，倒是同書卷七《盡忠報國全粵義民申諭英夷告示》的檄文，稱英國爲「狗邦」、「不知禮義」。又謂「我皇上好生爲德」，才「饒爾（你）狗命」。豈知仍收買漢奸，從中作亂，如此「英狗」，真係「孽畜」。我粵鄉民誓必「滅爾狗國」「殺盡爾等豬狗」……。短短一文，狗字八見，卻絕無稱之曰「鬼」。

爲虎作倀，叫做「走狗」。三元里的抗英，北京師範大學譽之爲「不甘屈服外國侵略者及其走狗的大無畏精神」。「走狗」這種歧視，凡經歷過香港「六七暴動」的人，相信無不聞之而聳容。

今但聽「鬼」聲即誣之爲「種族歧視」，無疑反應過敏。

(03-05-16)

用語言來思考？

文友認爲，香港文化水平低，是一個未解之謎。香港人「不會用國語來思考」之論，固難理解，他提出的香港人用文言白話粵語的「三及第語言」來思考，讀來也未易令人明白。

因爲，除了研究語言的「語言學」之外，大概沒有太多人會拿語言來思考的。語言，是一種用來表達思想感情的工具。它展現的祇是某人的表達能力。表達能力高，不代表他就必然有著縝密的思考能力。

把特定的語言能力拿來和思考能力甚或辦事能力掛勾，是封建或殖民政府的愚民技倆。唐宋元明以詩詞取士，文風日盛而君權日張；港英政府重英輕中，由是英語優劣，賢愚是準。英文精湛，始配稱爲懂得思考、有辦事能力的管治人才。諷刺的是，同樣是語言能力，可米字旗下，任憑你中文怎好，詩詞歌賦散文怎捧，你也祇是個呆頭呆腦不懂思考的庸才，沒資格當大官。這，才是港人疏離中國傳統文化，形成所謂「文化低落」的主因。

國鍵母語爲粵，幼讀古文、白話，又學 ABCD，可從未想過自己是用「三及第語言」、甚或加個英文爲「四及第」來思考的。時下不喜歡讀書，是社會風氣問題，不是語言問題。倒不必過份抬舉國語、把文言和粵語扯往文化低落的問題去談。

(03-05-19)

誤將通俗作不雅

小布殊的非白即黑論，有識者每嗤之以鼻。然而，這種一刀切的黑白論，在咱中國人的腦袋裏面，也殊不罕見。舉例子說，有些人就認爲，在我們日常通用的語言裏面，若非溫文高雅，必就粗鄙低俗。殊不知人類社會，黑白之中別有灰色；高雅低俗之間，另有一層叫做——通俗。

民間廣泛流傳的，就是通俗。這當然包括百姓日常所操的方言白話。此陳獨秀和胡適等所謂「不避俗字、俗語就是用白話」（郭廷以《近代中國史綱》，中大，八六年，頁四九二）。用北方或南方通俗的字詞來寫文章講說話，也許不算很高雅，但總也不能稱之爲「低俗」吧？

《詩經》三百篇，亦非全都雅言。就「國風」一類，已係「多出於里巷歌謠之作」，亦即是民間通俗的民歌，其中且多是「邪正是非之不齊」（朱熹《詩經集註》朱序），殊非字字典雅。然若目之爲粗鄙，則未免頭腦閉塞，衛道太過。況今日民主平等，何必再迫人囿囚於「雅」呀「頌」呀的什麼聖人君子（其實大多虛有其表）的框框裏面，扼殺語言生命？

這種語言上非白即黑的謬思，絕少見於中港台，卻常見於多城。連通俗（流行）抑粗俗（不文）還未搞得清楚，就動不動去糾正聽眾。雖或君子，卻也倒人胃口。

(03-05-23)

拆老番的台？（上）

種族歧視，除了阿Q式的自慰外，通常必屬強之凌弱，衆之暴寡。倒沒見過弱者歧視強者的。

中國自鴉片戰敗，百年弱國，早失去了天朝上國歧視化外的本錢。近年加國華裔雖頗壯大，惟若比諸主流老番的力量，實不過蚊髀之於牛髀。歧視老番？有能力麼？

有說香港人稱洋人做「鬼佬」，乃屬歧視。這種自我反省的精神，固値稱許。然而，察以讀番書講鬼話爲時尚的殖民地香港，叫主子英國人做英國鬼、英國佬、番鬼佬、鬼佬，洋上司爲鬼頭，而英國人竟不覺得受辱而拉佢打靶，實在不合情理。無他，因爲大家心知，「鬼佬」一詞流行粵地，當中並無不敬之義（參Hugh Baker& PK Ho,《Cantonese》，Chicago : The Mcgraw—Hill Co.,1996, p.90, Gwai—lou 條）。是以老番不但不以爲忤，尋且樂以自道。唉，承襲三千年阿諛文化且地位次等的「華民」，敢天天公然歧視尊貴的英國統治者？可天大的笑話哩！

奇怪的是，老番認爲不涉歧視的「鬼佬」，某些華人卻偏偏看成是。今天發生亞洲傳統月的海報事件，連老番也認爲大有歧視華人之嫌了，某些華人卻偏又認爲不是。且容下文再談。

(03-05-26)

拆老番的台？（下）

上文談及，老番不以「鬼佬」爲歧視，咱某些華人卻偏說是，可謂律己以嚴。今番，亞洲傳統月海報鬧出了風波，就老番也認爲是對華人不敬（參 www.canada.com/calgary/Calgaryherald/info/poster），咱某些華人卻又偏說不是，此乃待人以寬。都很有中國仁者的風範。

何解海報並非「辱華」？意見是：海報上華、日、印、越、泰、韓，眼睛都畫得不大，是一視同仁。

惟國鍵所見，海報上合力張開一面偌大楓葉國旗的十一名亞裔人士之中，唯獨華、日、越、泰、韓等六個黃種人，畫的眼睛全瞇成一線。其他非黃種的南亞裔、西亞裔人士呢？不是眼珠碌碌，便是目中見眸。一視同仁？事有湊巧？教我如何相信？

須知瞇斜眼睛（slanted eye），實二十世紀老番歧視勢孤力弱的華人移民爲 chink（細小隙縫）之所本。所以，把華人畫成一線眼，在歐美隱藏著嘲鄙並醜化華人相貌的歷史殊義。今有華人（包括尊貴的上議院利德蕙議員）挺身抗議，這絕非自卑，而是讓大家提高警覺，教育社會。至若老番們出來仗義執言，而我們卻堅稱事乃無風起浪，豈非大大辜負了主流社會人士維護華人免受歧視的一番美意？

(03-05-30)

請勿自宮

金庸小說《笑傲江湖》，裏面提及武林秘笈《葵花寶典》，載的是無敵武功，練之可以稱霸武林。秘笈卷首第一頁劈頭便說：若要練功，請先自宮。

國鍵這等心浮氣躁的陋儒，讀了自不免信到十足，奉作圭臬。——爲了在西方社會出人頭地、爲了要融入「主流」，自不然也暗自拿起小刀子，就「卡擦」一聲，先閹了俺固有文化的命根兒老祖宗，才去練習洋化功。

爲了救國，必須洋化。要洋化，就須先閹掉中華文化。這是「五四」以來「全盤西化論」的思想邏輯。人們把中西文化，看成是水火難容。咖啡奶茶，你祇能擇其一種。

於是乎，某些住在美加的親友，往往教導孩子說：中文？不讀也罷。中國文化？似還是以少沾爲佳。否則將會害了英文，傷了學業。

殊不知中西文化差異雖多，然相通的亦甚不少。咖啡加奶茶而爲「鴛鴦」，一樣可口。務要絕然分出孰優孰劣以砍掉其一，失之膚淺。

所以，在加國生活，固須西化。然西化不等於就是揚棄中國文化。國鍵常鼓勵兒子多看中文，結果，在多倫多的中學和大學，他年年照捧獎學金。

據聞搞笑版《葵花寶典》的第二頁，寫的正是：若不自宮，亦可練功！

哈哈！

(03-06-09)

廿四孝？

十九世紀，西風東漸。國人往往將孝道廢弛，歸罪西洋。子女役父母如奴婢，父母畏子女如主人，都看成是中了西方文化的毒。

是則洋鬼子未進中國前，中國人都很孝順了？若然，則人們又何須天天講廿四孝故事，勸人盡孝？

二十四個孝感動天的故事，始自虞舜，迄於宋朝，時空跨越數千年。西漢更有「察舉孝廉」，用功名利祿誘倡孝道。倒證明中國古代社會，還是不孝居多。

爲了宣揚孝義，人們不惜虛構故事。廿四孝故事：「嚙指痛心」，曾參母親咬指而在外的曾參竟覺心口痛；「乳姑不怠」，長孫太夫人能夠幾年不停地啜飲唐夫人的乳奶；「恣蚊飽血」，蚊子祇要吃飽吳猛的血，便不會叮他父母；「臥冰求鯉」，王祥赤身睡在冰河之上，能使厚冰溶裂，跳出兩尾活鯉；「爲母埋兒」，爲了母親有足夠東西吃，情願埋死自己三歲的兒子；「嘗糞憂心」，試吃父親的糞而可診斷父病；「刻木事親」，惡妻針刺亡父母木像手指，而木指流出鮮血；「哭竹生筍」，嚴冬母欲吃筍，孟宗往竹林一哭，即哭出了新筍來！

這等故事，不是荒誕不經，便是甚乖情理。今還強迫在這邊受洋教育的兒女們去讀，恆埋怨兒女不孝順是因爲識了鄰家鬼妹鬼仔，唉，清醒些啦！

（03-07-04）

多點體諒下一代

移居海外，華人對下一代大多有著較高的期待，總希望子女吐氣揚眉，弄個專業（professional）。朋友相聚，幾無不企盼兒女讀醫、搞工程、當律師之屬。六年前，多倫多大學電腦工程系收錄小兒，小兒竟因醉心生化而放棄入讀，老實說，國鍵內心不舒服，尤其在那個電腦火熱據聞年薪十萬的年代。

兒子長大了，他作的決定，做父母的唯有尊重。這幾年來，親友來問子女升學的意見，國鍵自知廢柴，是以答案總是：還是回家問你寶貝孩子好。

可不是麼，若然國鍵當年強迫兒子唸電腦工程，畢業正碰上電腦業不景氣，愛之適反害之，孩子可能怨你一世，斯又何苦？我們呀，老啦，與時代脫節啦，拿幾十年前那套「專業安身」的舊觀念，強加諸今日處於時代轉輪快到目眩的孩子身上，後果必不堪設想。今天呢，什麼醫呀工程呀律師呀電腦呀，不是辛苦到死、過非人生活，便因供過於求，得賦閒在家。什麼行業生活最有保障？可真係天知地知人唔知。今日不知明日事，何況是四年大學之後？

這一代年輕人之憂，憂在各行各業都鬧人才過剩。開到荼蘼春已爛，能夠趕在夏秋之際，拾朵路邊野黃菊，已堪足慰。冬雪紅梅難覓，家人的支持和送暖，就顯得更加重要了。

（03-07-21）

紅鬚綠眼怎稱呼？

《星島》載，統稱居美操西班牙語者爲「西裔」，在種族的分類上有困難。因爲白人、黑人、亞洲人等，也有說西班牙語的。

種裔名稱，由來不易。就今日該怎樣稱呼紅鬚綠眼的白種人，在中國語文上，也未必能有定案。統稱之曰「歐人」？則美洲澳洲不在歐洲。若稱之曰「西方人」、「西人」，則歷史上中國人向視玉門關外爲西域，亦即今新疆及其以西之中亞、南亞、西亞等地，均在西方之內。西方之人，未免涵蓋太廣。若沿明清之際呼之爲「泰西人」（拙按：泰西即極西也），則地圖上美洲卻在中國之極東，澳洲在中國之極南，稱之曰「泰西」，殊不合理。

稱作「洋人」又或「西洋人」呢？則洋者自包括東南西北洋，難知實指。而「西洋」在中國歷史上，向來是相對於日本等之「東洋」而言，實際乃指「南洋」。是以明代鄭和之出使南洋，史稱「鄭和下西洋」是也。如是者，西洋人也可以是南洋人了。至若籠統稱之曰「外國人」，則日本人、印度人、剛果人不是外國人麼？「外國人」並不專指紅鬚綠眼，又不待言。

粵地民間，流行稱紅鬚綠眼曰鬼佬、番鬼佬。雖非十分典雅，惟在日常生活中，恐怕也祇得從俗。若在莊嚴的典禮場合上，確又不知叫乜才最妥當，可真惱煞人也。

（03-07-25）

「包」和「含」

多市商家以「包稅」來促銷，國語人謂之「含稅」。

粵語之「包」，內藏責任之義。「包稅」也者，乃賣方代負付稅的責任。其他如打麻將清一色「九張」落地，你還出沖，你便要「包」；供人「十二張」，更要「包自摸」。是以廣東人購物，祇會問「包唔包稅」，而絕不會問「含唔含稅」。打麻將時，可聽過人們喊著「碰，含九張」、又或「上，含自摸」的麼？

蓋無「包」不成責任。你「包二奶」？她一切的開支，一切的惡果，當然全由你負責啦！

所以，在廣東人來說，「包稅」「包二奶」「包出沖」「包你滿意」「包你好食」等等，決不能改做「含稅」「含二奶」「含出沖」「含你滿意」「含你好食」……。

因爲，「含」這一字，例與口部有關。加上「含」的粵音，尤易導人產生某種不雅的遐想。小兒在香港英華書院受教育，校訓「含英咀華」。男校男生靈精多，踏進校門，一望那匾「含」呢，據聞都咧嘴陰陰笑了。

含就含啦！國語人未必摸得著頭腦，不知笑啥。是知異地語言，若單憑道聽塗說，有時甚或連字詞還未搞得清楚，便拿它來揶揄人，實如半桶水國語之陋儒國鍵，若輕佻地以廣東語之「含」來取笑國語人之「含稅」，看官定必笑我——膚淺！

(03-07-28)

談「秩」

友人父親七十大壽，問可否稱曰「七秩」，即時考起陋儒國鍵。

按俗以十年為一秩，惟七十而稱「七秩」，卻未覺當。因為，人自出世至九歲，是生命的第一個十年，當為一秩。十歲至十九歲，乃第二個十年，已為二秩。如此推論，則二十歲為三秩，三十歲為四秩……。七十歲呢？自然是八秩而非七秩了。

且檢洪邁《容齋隨筆》（前引，不贅）卷一「十年為一秩」條：白樂天（居易）詩云，「已開第七秩，飽食仍安眠」，又云，「年開第七秩，屈指幾多人」，而樂天時年六十二；又別一篇「行開第八秩，可謂盡天年」，注曰，「時俗謂七十以上為開第八秩」；又司馬溫公（司馬光）作《慶文潞公八十會致語》云「歲曆行開九帙新」。

是知唐宋時代，俗稱六十歲為七秩，七十歲為八秩，八十歲為九秩也。

理由是，六十歲時，剛踏入人生中的第七個十年，故為「七秩」，亦稱「七秩開一」，意即六十歲乃人生第七個十年開始的第一年也。

是以朋友尊翁七十榮壽，當為「八秩」，又或「八秩開一」，似更得實。雖則時人好古雅而不知古者甚多，七十而作「七秩」之類已頗通行，何況時興多是老唔認老，壽宴時報少十歲，壽星豈不更歡顏？大家就飲多杯啦！

(03-08-01)

請放過香港人吧

有意見認爲，香港人依英文譯音來稱某些外來新事物，乃屬「媚洋」。今且把這港式粵語的「歪風」帶了來加國，云云。

猗嗟國語，如蜜司（Miss）、蜜司脫（Mr.）、梵阿鈴（violin）、咖啡（coffee）、烏托邦（utopia）、羅曼蒂克（romantic）、歇斯底里（hysteric）等等，不也全是洋鬼子詞字音譯而來的？

這種語言上的中外交融，亦非始於近代。漢世從西域傳入物產如葡萄，是希臘語 Botrus 之音譯；苜蓿，是希臘語 Medikai 之音譯（桑原騭藏《張騫西征考》，台灣商務，1967,pp.48-49），然則漢代人都「媚希」了？

唐代佛教大盛，文人士子常用之「寶塔」「古剎」等詞，塔（佛堂）乃印度梵語「塔婆（Stupa）」音之省譯；剎（旛柱）則梵語 yasti 之音譯。其餘若沙門（saman，剃度爲僧）、南無（namo，歸禮之義）等等，俱音譯梵語而成（周祖謨校釋，楊衒之《洛陽伽藍記》，香港中華，1976，pp.5，6，28），然則唐代人又「媚印」了？

天涯共處須互濟，何必妄貶香港人？

(03-08-04)

別中陰招

終於挨到省選。安省保守黨八年管治，劣績斑斑：沃克頓鎮大腸桿菌污水害死人；沙士爆發反應遲鈍害死更多人；對受疫情打擊至巨的華人社區之冷漠無情，更加氣死人；然後再來個大停電，明知電力不足卻以「私營」塞責，還狡稱「唔知天氣會咁熱」，直當省民是弱智。

苦，都嚐過了，亡羊可以補牢。但，政府近年推行的削減公校經費來間接津貼貴族私校的「教育私營」政策，其遺害卻未必容易修補。

公平的社會，建基於公平的教育機會。提供公平的教育機會，是政府無可推卸的責任。三十多年前，就封建的港英殖民政府，也曉得擴展津校，成立中文大學，好讓孩子們不論貧賤富貴，都有接受優良教育的同等機會。五零年代末期隨家人投奔香港如國鍵這輩大陸仔，今日得以安居樂業，全拜良好教育之所賜。

今安省政府倒行逆施，他日的最大受害者，也必是今日跟隨父母投奔安省的少數有色族裔貧家子。主流社會信已潛存著某些種族和地域的偏見，若教育也來個公劣私優之別，則「上品無寒門，下品無貴冑」之社會階級一旦形成，新移民子弟將更難有發展的機會。別以為今日我輩養尊處優便事不關己，誰保證子孫他日不會墮入貧窮網？何況閣下一家，且還是個黑髮棕眼的黃？

(03-09-19)

《背影》這教材

據報，朱自清的《背影》，險些兒從中國新版的語文教材中落選。反對將《背影》列入課文的，竟然是學生。理由是：《背影》裏面，朱自清的父親「不遵守交通規則，隨意翻越鐵路線」。

學生們倒沒想到，中國本就是個情重於法，「法律不外乎人情」的溫情社會。朱自清父親冒著生命危險，幾經辛苦，跨過鐵路，爬上月台，祇求買幾個橘子，給乘火車遠行的兒子途中口渴時吃。從中流露的父子親情，才是朱自清最覺銘心的地方。

至於人們該否守法這問題，經過咱中國千年的討論，今天似還未有確實的答案。「執輸行頭，慘過敗家」。特別在朱自清生活的那個政治動盪道德淪亡的年代，「守法」這觀念，大家向來不甚入腦。朱自清的「目擊」，今日固可隨時成爲他父親行爲不檢的罪證。然而，在他那個時代，Who cares?

「倉廩實則知禮節，衣食足則知榮辱」。在社會動亂窮得要命的大環境裏，人們連起碼的良知道德尚且未必能夠顧得及，談守法未免太遙遠。

所以，在多倫多，若看見有人打尖唔守秩序，請不要過於惱火。回家看一遍《背影》吧，你底怒氣自會化作同情：——他們所作的，他們不知道。

君自故鄉來，應知故鄉事。是以《背影》還是不能不讀。

(03-10-03)

Alien 和「鬼」

美國「綠卡」，英文「Alien Registration Receipt Card」。居美移民不叫移民（immigrant），卻叫Alien。

夫Alien，寄居、陌生之人也。字沿《聖經．舊約》，本指居於以色列的非以色列人，與寡婦、孤兒、窮人並列（《The Oxford Guide to People and Places of the Bible 》），乃屬不甚歡迎的人物。十九世紀後，Alien且添了反逆、厭極的含義（《Pocket Fowler's Modern English Usuage》），順理成章的成了個貶詞。美國人用它來稱呼新移民，反應過敏的人，大可呱呱叫斥之爲——「歧視」。

殊不知語詞運用，約定俗成，全看特定環境。美國今日稱移民爲Alien，並無貶意。否則那爲發大財而無所不用其極的美國律師，定必無條件爲你「伸張正義」，撈他一筆。

大家都冇聲出，除了因爲語言習慣之外，尙因Alien乃不分膚色種族的一切新移民的統稱，猶如廣東人對外國人——無論白人黑人東洋人——都習慣地稱之曰「鬼」一樣，既非專門針對某一族群，誣之「種族歧視」，祇會笑咳人。

「非我族類，其心必異」。所謂異類（Alien）、鬼類，非我同類，如此而已。倒不是真的把外人當成異形，看作惡鬼。明白了吧？

(03-10-06)

「鬼方」與「鬼佬」

國鍵向來認爲，吾粵「鬼佬」一詞無歧視。近讀王國維《鬼方昆夷玁狁考》（《觀堂集林》卷十三，香港中華，七三年），不期又獲佐證。

外族曰「鬼」，早見中國古籍如《易經》《書經》所載。首個登上中國歷史舞台的強大外族，便叫「鬼方」，商周時聚居西北汧隴。「鬼」既鬼方民族之自稱，非中國所強加，字屬醜化貶抑的機會當甚微。

檢王氏考證，原來鬼者「皆爲古文畏字」（p.588）。亦嘗「變而作威」。由是「鬼方之名，當作畏方」也。而「毛詩傳，鬼方，遠方也。畏遠雙聲，故以聲爲訓」（p.589）。王氏復又指出，春秋時隗國之「隗」姓，實「出於古之畏方」的國姓（p.591）。如是，古代「鬼」「畏」本是相通，含「威」「遠」之義。信非今日望文生義之輩所曾知。

明乎此，則廣東人稱老外爲「鬼」，非但不涉種族歧視，且很有沿承先秦時代「畏方」的古詞雅意。祇可惜，今日有人逢見「鬼」便謂遇「魔」，尋以一己淺見，抹黑吾粵人習以爲常的「鬼佬」用語。殊不知中國文字博大精深，窮一生之力，難盡通曉。

何謂「鬼佬」？若沿「鬼方」之義，乃「使人敬畏的遠方漢子」是也。無怪國鍵每遇鬼佬，總多是肅然起敬的。

(03-10-10)

兩難

朋友嫌國鍵詞鋒太利，針砭過猛，未能面面俱圓，容易樹敵。國鍵衷心敬領，伏向各方君子致萬分歉意。

寫文章如同做人，愈能圓滑則愈好。少年菱角，到中年若還未給磨平，人生經歷，必然有限。

所以，對著不平之事，練滑的人不會直筆而書。就「谷到嘔血」，也祇會用那委婉的「曲筆」，欲言又止地打擦邊球，叫做「有涵養」。

然而，幾十年粗讀經史，所爲何事？中國歷史長期黑暗，正因文士顧忌太多，直筆太少。殊不若老番之有碗話碗，有碟話碟。道理擺在跟前，怕什麼呢？

這一種直腸直肚直寫其事的「直筆」精神，本來亦是吾族古時的傳統。《周書》卷三八「柳虯傳」，虯就認爲漢代以後史官的「密書」，祇會導致「善惡未足懲勸」，亦即達不到勸善懲惡的效果。古代春秋時，齊南史氏等諸史官不怕死，直書「崔杼弒其君」；晉國史官董狐，同樣不怕得罪權貴人頭落地，直書「趙盾弒其君」。這一種直筆直書好讓後世引以爲鑑，本就「其來久矣」，古來已是史學工作者當負的責任。可惜西漢之後，政治箝制日甚，臭屎密蓋，才成了潮流。

寫專欄亦屬記事言理。雖非寫史，然若過於隱惡，亦必如柳虯之所謂：「無益當時。」

無益的文章，寫來作甚？

(03-12-05)

語言的沙文主義

張專《港味京腔大比併》載道，「一口京片子」，「優越了不少」，誰料北京人也一度學香港人說港腔普通話，「讓人以爲他舌頭上長了瘡」；今天幸得「正義之士」制止了「這股歪風」，誰若再說，「最客氣的說法是『沒文化』」。張專自己呢？也決志祇可以「廣東話裡有北京味」，「絕不容忍普通話裡有香港腔」。

香港腔，就這樣莫名其妙的給釘在羞恥柱上：是「沒文化」，是「舌頭上長了瘡」。

無獨有偶。多城某粵語電台，也是這樣的義正詞嚴，絕不容忍：「佬佬聲，唔好聽。」聽眾來電，「賣魚佬」必正之爲「賣魚師傅」（賣魚而稱師傅，也算奇特），「寡佬下廚」必正之曰「單身人士下廚」（然則單身人士都必是男人了？），「水喉佬」又必正之作「水喉匠」（這是香港人的日常用語麼？）……。聽眾若再犯，每饗之以掛線，相當「有禮貌」。

近日呢，該台又叫人去看她姊妹台的付費電視節目了。可惜不看猶自可，一看卻是《絕世好爸》集集不停的「杰佬」前「杰佬」後。其他劇集，也多是「大隻佬」「傻佬」「二佬」「差佬」的佬來佬去。電台那很有文化的「正義之士」竟然落力去推薦，不覺得在自打嘴巴麼？

國鍵香港腔，民俗講慣佬；爲免無聊辱，還是轉台好。

(03-12-19)

教授？

在新亞書院唸書時，大概由於經常在圖書館「磨爛蓆」，不知是那個好事之徒，竟給我起了個渾名，——「教授」。

教授？國鍵立時翻臉！英式大學，教授（Professor）地位尊崇，乃一系之首。其他不過是講師（Lecturer）。乳臭未乾的小子稱教授？人家聽了，不笑掉大牙？

是以女同學們叫我做「教授」時，國鍵總即回敬：還是叫我做妳先生好。雖則有點兒無賴，一下子認了幾個做老婆，決少不了給那氣紅了臉的女兒家罵個狗血淋頭，可也沒法子的。

二十年前，不才國鍵，竟也傻兮兮的當了中文大學的兼任講師。在美國學制來說，算是助理教授（Assistant Professor)與副教授（Associate Professor）之間了。然若因之而稱我教授，也必是在瞎吹。你可聽過副校長稱校長，副總統稱總統的麼？

在北美的名大學，升任教授是難得的殊榮。胡亂稱人做教授，很容易產生尷尬。不知道別人的職銜，稱他做博士便是。不曉得他是否博士，那尊他爲先生好了。西方的學人，對教授稱謂向甚嚴謹。你無端端叫他Professor，算點先？

卻祇有在華人圈子裏面，才會閒閒地便是教授。沒在大學打滾過，還可推說不知情。自己在大學裏面做個小教員而竟受之而無愧色，那就臉皮厚。

(03-12-26)

鬼咁易？

郭因《中國繪畫美學史稿》，先秦時代，韓非已經有了「寫實重形似」的繪畫觀念。郭氏引據《韓非子•外儲說》，「畫『旦暮罄（見）于前』的『犬馬』難，畫『不罄于前』的『無形』的『鬼魅』易」（北京人民美術出版社，八一年，p.9）。漢初，漢高祖孫兒淮南王劉安所著《淮南子》謂：「今夫圖工（即畫工）好畫鬼魅而憎圖（畫）狗馬者何也？鬼魅不世出而狗馬可日見也。」（仝上，p.11），實出自韓非之說。

爲什麼畫工們喜歡畫鬼魅而不喜畫狗馬呢？道理很顯淺：寫虛容易寫實難。狗馬朝夕可見，你畫得稍不實似，必招人訕笑。寫鬼魅呢？可容易得多了。沒有人真見過鬼，美醜善惡任君塗，畫得好不好誰知道。在寫實主義的眼中，這種欠缺實物客觀標準的鬼魅圖是不是畫，倒也成了疑問。

鬼神無形，想像由人，創作的空間十分大。人也鬼也神也，古來便自糾纏難清。《楚辭》的《九歌•國殤》，「身既死兮神以靈，子魂魄兮爲鬼雄」，此「鬼雄」已絕不會是面目猙獰的惡鬼，而祇會是爲國戰死忠肝義膽的神靈。

今日，「衰神」「衰人」「衰鬼」幾乎同義。而「衰鬼」一語仍屬褒貶難奪。女朋友突然撒嬌，軟綿綿地在你耳畔嗲你一聲「衰鬼」，哈哈，你能不甜在心裡麼？

(03-12-29)

人鬼神

上文談及，中國之「人」「鬼」「神」，經常糾纏不清。鬼可以爲神爲人，人亦可以是神是鬼。翻一下屈原的《九歌》，便證吾言之不謬。

據王力主編的《古代漢語》（文選），《九歌》共十一篇，「前十篇每篇祭一個神，末篇爲送神曲」（p.236）。既是祭神之篇，則所述的對象，必該是神而不會是鬼。所以，本欄前引《九歌•國殤》讚美那爲國犧牲的戰士作「鬼雄」，就決不會是面目猙獰的怪物，而祇可以是「帶長劍兮挾秦弓，首身離兮心不懲」的貌似關羽的神明。

且再舉《九歌》那篇祭山神的《山鬼》爲證。據王力說，山鬼乃女山神。在《山鬼》中，詩人「賦予山神以人的性格，歌頌了山鬼（山神）對愛情的忠貞」（同上）。此正說明先秦時南方「神」「鬼」概念往往互通。《山鬼》雖名爲「鬼」，但實質上是「神」，且是一個貌若天仙的女神：「既含睇兮又宜笑，子慕予兮善窈窕」。她，又怎會是個嚇破人膽的母夜叉？

《山鬼》末段，筆鋒一轉，山鬼竟又是個「人」哩：——「山中人兮芳杜若，飲石泉兮蔭松柏」（p.238）。這位住在深山像杜若一樣芳香的女山鬼，不但是神，且也自稱是山中之人了。

故此，單憑一本字書便去論斷人鬼神，徒令人搖頭而嘆息。

(04-01-02)

乖孩子，說好話

自古道：「順情說好話，幹直惹人嫌。」順言順耳，逆言逆耳，大概已是人世間顛撲不破的至理。所以，精靈的小孩子，幼承媽媽的慈訓，一早就知道了什麼叫做「眉頭眼額」。

媽媽問孩子，她美不美貌，孩子若然「幹直」，坦白地說她頭若豬八戒，身如大西瓜，換來的極可能是他媽的大巴掌，復加個唔孝順的罵名。

歲月磨煉，凡媽媽問孩子有關她年齡、容貌、頭髮、身段、智慧、品格、談吐等等一切一切，伶俐的孩子必然懂得規矩：最緊要講媽媽愛聽的話。否則惹怒了媽媽，那吃苦便自活該的。

媽媽問你，她染髮好不好看、整容好不好樣、穿皮裘好不好睇、燒的飯菜好不好吃、打通宵麻雀好不好去、罵你爸爸罵得好不好、甚或是打你打得好不好……，你一定要答，——好！答時且要快捷了當，毫無猶豫，絕不保留。因為，一旦給媽媽識穿你在撒謊，那麼，「不孝」和「說謊」兩罪並發，死得將會更慘。

故此，媽媽天天在嚕囌，教導孩子乖乖講真話，孩子其實都心裏有數。這世界祇能容納順情話，講真話會吃大虧。且在媽媽的心目中，順她情的才是乖，逆她意的便是壞，真不真其實沒關係。

「世上祇有媽媽好。」此所以人們祇會稱祖國做媽媽，而不會做爸爸的。

(04-01-19)

饒恕非關「完人」

莫扎特在歌劇《The Marriage of Figaro》寫道：不恕人者，人亦難恕之。美哉斯言。人之相交，恐亦以恕求恕而已。

饒恕別人，不代表說自己就是「完人」，就是聖人了。饒恕若發自仁愛，而非出於傲慢和審裁，又何來高人一等、你凡我聖的「完人」感覺？

中國儒家思想，正正就建立在「恕」這一種精神之上。「推己及人之謂恕」：己所欲，施諸人；己所不欲，勿施於人。凡事多替別人想，看看別人有什麼苦衷，想想自己亦經常犯錯，自不然就容易饒恕別人了。恕，是彼此包容的重要基礎。

宋明理學所謂「存天地正氣，法古今完人」，這個「完人」，是天地仁善正氣塑造而成的理想模範。在現實世界裏面，可連孔子孟子也沒資格當。可惜的是，國人學藝未精，往往把某些人——甚或自己——當成是「完人」，而殊不知祇要是「人」，就永遠無法完美。「法古今完人」，也不過是某種精神上完美人格的追求，倒不必一定要在歷史上找個人來效法。若翻歷史，你準會發現，世之所謂聖賢豪傑，幾乎沒有一個是真正懂得何謂饒恕的。他們總會把饒恕別人看成是赦免別人的罪，不自覺地把「恕」和「赦」等同起來。

將恕罪當成赦罪，實恕之曲解。須知天地之間，祇有天主上帝，才有權赦免人罪。

(04-02-20)

語不同腔何足怪

猶記得一九六七年在新亞書院修讀「大一國文」，那年青的國文老師，據說是從北京來的，操得一口純正的國語。字正腔圓，簡易明白，聽得人很舒服。上他的課，似聽詩人誦詩，是一種享受。

上先師嚴公（耕望）的課呢？唉，老師那濃濃安徽桐城鄉音的國語，恆令人墜於似懂非懂之間。至如聽唐公（君毅）、錢夫子（穆）演講，可更是祇聞其音，而莫知其義了。身為新亞子弟，倒也是十分慚愧的。中國各族方言甚多，大家講起國語，難免鄉音處處。聽不懂呢，罪不在人，要怪就怪自己之不濟。想改善聽的能力？多學點異地方言吧。

不僅漢語如是，天下語腔一般雜。多倫多人講英語，同樣免不了鄉音雜陳的情況。港腔英語固不待說，台腔、大陸腔、美國腔、義大利腔、東歐腔、俄羅斯腔、印度腔……，悉心細聽，多少可以聽出個與話者鄉居何處來。土生土長品性純厚的加拿大人，倒不會因之而嘲貶新移民舌頭上生瘡。

把自己的語言看作是獨一純正且天下一統的語言，多少潛存著一種妄自尊大的地域主義心態。在多倫多，絕少人會介意別人講英語是什麼腔的。語言的功用，傳情達意便是。純正與否，不是大問題。

在百裔薈集的移民國家加拿大搞「純正」，對建設多元文化社會，顯然無大幫助。

(04-02-23)

區區一個名字

中國文明大國，規矩特多。就稱呼名字，也有一套看了讓人蹙眉的「禮法」。在這邊長大的華裔孩子，學洋老番不分尊卑長幼直呼姓名，聽在國學根柢深厚的人士耳裏，恐怕又要大罵「蠻夷之地」了。

長輩的大名，豈是你叫的？規矩是，尊輩名字，當須「避諱」。例如韓愈名「愈」，字「退之」，你祇能叫他「韓退之」。直稱「韓愈」，斯乃大不敬。

爲了成全這封建規矩，無怪壞鬼書生別字多。別字之外，復多加幾個「號」，大概是要方便後輩，用心良苦。清康熙世大畫家朱若極，又名道濟，字石濤，號苦瓜、阿長、鈍根、大滌子、瞎尊者、小乘客、枝下叟、濟山僧、石道人、靖江后人、清湘陳人、零丁老人，可真記到你頭暈。在今天資訊爆棚的年代，一人而兩名一字十二號，實在浪費記憶。

爲表崇敬而避諱名字，其極且有名字寫來「並缺點畫」（顧炎武《日知錄》卷廿三「已祧不諱」條），甚至於禁寫，真係奴才得可以。唐太祖李淵，祖父李虎，唐代修纂《晉書》《隋書》，竟一律把「淵」改作「泉」，把「虎」改作「武」（顧祖禹《讀史方輿紀要》地理類凡例注文）。不明底蘊者讀了自一頭霧水。

規矩多多，作繭自縛。國鍵移居加國，斯覺此地自由平等之風，益令人輕鬆暢快。

(04-03-26)

坐井豈能觀日出

去年四月，拙欄《夏蟲尚且不如》，引楊慎《古今諺》「少所見多所怪，見橐（駱）駝言馬腫背」，說明夏蟲不信世間會有冰雪，因閱歷所限。

宋代洪邁《容齋隨筆》記了他和遼州僧人的一段閒話，同樣道達了相類的感嘆：南人不信北方有「千人之帳」，北人不信南方人有「萬斛之舟」。原因？「蓋土俗然也。」南北風土相異，氣候不同，由於經歷所限，自不然也會「少所見多所怪」。此正《法苑珠林》謂住在山中的人不信世間有「魚大如木」；而居於海上的人不信世間有「木大如魚」；胡人看見中國錦織，不信是由「蟲食樹（桑）吐絲」所製成的（《容齋四筆》卷九「南舟北帳條」，上海古籍，七八年，p.718）。這當然也是風土不同、見聞所限所致。

中國的讀書人，其實早也知道了人生之局限。魯莽排拆新事物，又或強用自己的尺度去量度眾生，徒得個無知的夜郎自大。

何妨走出夜郎，虛心學習。住在加拿大這片新天地，有數之難盡的異族風土文化。若不開放自己，天天僅憑一己的土觀點去罵這責那，相信不會活得很快樂。

在北美居住而不信世間有一人一票理性的民主，看見領導人給群眾唾罵而大驚小怪，視自由爲「放縱」，以平等作「僭越」，可真要多點出來走動，好見識一下。

(04-03-29)

香江俚言有古風

港人俚語，頗好協韻：「知少少，扮代表」、「側側膊，唔多覺」、「有早知，冇乞兒」……。十分接近順口溜。

誰說香港沒文化？就語文的協韻來說，已經大有古代中土文化之遺風。且看古人寫文章，也是甚愛韻語的。俞樾《古書疑義舉例五種》，清楚指出「古書多韻語」。為了協韻而來個「倒文」，平常不過。例如，《文選 ·鵩鳥賦》：「怵迫之徒，或趨西東；大人不曲，意變齊同。」就是爲了協韻「同」字，遂把「東西」倒文而爲「西東」（卷一，「倒文協韻例」，香港中華書局，六二年，p.20）。

愛用協韻，相信是出於人們對語言文字音律之美的藝術追求。可卻不是說凡寫文章就必得協韻而不可。今天香港，若爲了協韻而硬把「東西」寫成「西東」，把賣國賊罵成是「沒廉恥的西東，與美國佬串同」，也祇會讓天下稍有頭腦之人，聽了恐都即時噴飯。

其實，協韻祇不過是古來文藝上的一種小玩意。文藝之真美，源於自然。勉強加工，導而至於矯揉造作，非但無增其美，且必加添其醜。不能協韻，不協便是，何必強求？須知以文害意，反更壞事。樸實無華，勝過華而不實；通俗易懂，優於古澀難明。

吾香港粵語通俗協韻，既實且華。華裔子弟，學習國語之餘，何妨也學點粵語？

(04-04-05)

知識

知識有兩類：一爲科學知識（Scientific knowledge），一爲文化知識（Cultural knowledge）。

科學知識本於實證。無論假設、直覺（intuition）、猜度，全須通過實驗（experiment）來實證（verify）。

文化知識呢？憑的每是直覺和想像（imagination）（參Peter Scott，The Crisis of the University ，London：Croom Helm，1984，pp.38-44），其概念相對含糊。有時且文化到讀之如墮春霧。

所以，看重科學的人，寫文章但求簡明，有實證實據。那偏重文化工作的，卻大多愛玩文字遊戲。殘枝曳葉，冬梅掛雪，憑想像竟足寫個洋洋灑灑。人們讀後，想像反而更多。

人文之與科學，雖非對立，但二者多少是背道而馳的。「五四運動」提倡科學精神，凡事講真憑實據。這正正是針對傳統人文有時文藝太過，弄了虛假。「千里傳音」「隔山打牛」這類未經實證的小說式特異功能，在現實世界中竟有不少人信以爲確，言之鑿鑿。

科學知識，理性；文化知識，感性。把善意的規勸，憑想像便演譯爲惡意的「歧視」，是感性蓋過理性的表現。

在文化知識水平高、科學知識較貧乏而容易受人煽動的感性族群裏面推動理性民主，過程恐將會是痛苦而漫長，亟需耐性。

(04-04-09)

閒話前塵

六十年代中期，香港社會民風淳樸。學校尖子，第一志願讀數學物理。若與理科無緣又或家庭環境差，買不起解剖刀，自又從文。新亞書院國學大師多，成績優良而大有「書生救國」之志的學子，趨之若鶩。入不成文理，才揀會財「逐臭」的商學，前途據說不太好。

可世事如棋，事實剛好相反。七十年代香港經濟起飛，加上神州文革的風景，港人轉而談金，不愛談心。七十年代初期在中大畢業的商學士，霎時成了搶手貨。還未畢業而獲怡和、恆生等大商業機構爭聘者眾。讀文理科？唉，特別中大二奶仔，入政府當官固然機會絕少，就津貼中學找份教席，也不見得很容易，相當令人沮喪。

所以，八十年代政界華人，乃港大畢業的天下。但商界管理階層呢，叱吒風雲者以中大出身的多。港大貴族化而官，中大平民化而商。可恨官商之外無多路，尤其唸文史的書呆子，早隨什麼仁義道德，一齊入了胡同巷。金錢權力掛帥，六零年代社會仁樸之風消磨將盡，然後才刮起一股讀書無用論，然後大學才流行「走堂」「秘撈」等實惠主義，笑貧不笑娼。

近四十年香港社會發展軌跡之是正是歪，很難說得準。較易說的，是「老餅」們今日所最緬懷的，相信還是六、七十年代盜賊不興、夜不閉戶的太平舊風光。

(04-04-19)

不知天道命難久

報載，中國知識份子平均壽命五十八，「高智能、低體能」。且很多「無法跨越五十歲的關卡」。意即年未「知天命」，已經沒了命。

事總有因。天命者天道，乃「事物所以當然之故」（《論語·爲政》朱注）。讀書人短壽，信亦因爲五十難及，莫能通曉天道之故。譬如天道是「有咁大個頭，勿戴咁大頂帽」，可讀書人呢，偏就不懂。擔一頭家已甚吃力，竟還嚷著獨自去揹那國家治亂、世界安危，不壓死才怪。

正係志氣大大，能力小小。結果當然不離抑鬱病。症狀乃忽而「狂躁」，忽而「卑屈」。這是知識界中的第二號殺手。

心理之外，當然也還涉及生理上的窮餓。窮，在心理上已經是個沉重的打擊；饑腸轆轆，更難免知其來日難多。營養不良，皮黃骨瘦，是傳統士人的共相。歷史上有風骨的文士畫像，你看見過肚滿腸肥，面泛油光的麼？

所以，中國知識份子之死，不是壓死，就多是鬱死、餓死的。這都是不知天命的必然結果。想長命些？須先戒除「先天下之憂」、「爲生民立命」這等不自量力的偉想。一於上山下鄉，多點勞動，少點思量。有飯則吃，有床則臥。「低智能、高體能」，事事順從上命，不就成了？

當然，相對上「低智高力」的鄉下農人，也不見得就命長。真奇怪。

(04-04-23)

犬儒・阿差・鬼佬

公元前三世紀西方流行「犬儒主義」（Cynicism）下的「犬儒」，主張純任自然，棄絕一切感官快樂。俗世財富，何如糞土；文化藝術，盡是浮華。做人呢，志要追求道德，宣揚友愛，從物慾束縛中解放出來。行乞覓食，過自由自在無拘無束「像狗一樣」的生活。「犬儒」，背後反映的是一種潔身貴德的高尚情操。

可今天呢，「犬儒」卻成了個玩世不恭唯利是圖的缺德文人的代號。這類文士，有的攀附權貴，吮癰舔痔，沒廉沒恥，生活得像一條狗。這種詞義上之由高士變爲文痞，問題當然不出於詞的本身，而實出自不同時代人們對它的不同看法。

這不難令人想起香港人習稱之「阿差」。父執輩說，香港開埠時，警察大多來自印度。稱印度人爲「阿差」，意指差人也。十九世紀的阿差，必然是十分讓人尊敬的。其後華人當差的漸多，然后阿差才轉業做看更、守門口等保安的工作。從此「阿差」一詞才隱約包藏了中國舊社會普遍以職業論貴賤的狗眼看人低。

香港人向來不敢看低的是「鬼佬」。六零年代國鍵認識的警界朋友，常抱怨說華人居上位的很不易做，因爲下面經常嘴藐藐唔服氣。可洋鬼頭講一句呢，大家就沒話好說了。

無怪香港懂粵語的洋老番喜歡自稱Gwai Lo的，大有人在。

(04-04-26)

窮則變

去年，多倫多大學宣佈， 她與英國牛津大學共同創建一個醫研的新部門，叫做Structural Genomics Consortium（SGC），隸屬醫學院。多大的SGC今春已正式運作，全速研究人體內的各種蛋白質，好盡快拼湊繼「人類遺傳基因」後另一幅宏美的醫學圖譜，進一步破解生命之謎。

這項工作，花費不菲。首三年預算已達加元億萬。政府和大學都在鬧窮，找大藥廠合作，是現實環境下的最佳選擇。

今番與大學合作的，是著名的葛蘭素大藥廠（Glaxo-SmithKline）。葛蘭素投以巨資，並以她的工業方式來管理。亦即是說，大學出科研人才和實驗地方，藥廠則出真金白銀和管理技術。研究人類蛋白質的各種成果雖將宣之於世，讓全球分享，但未公佈前，則屬大學和藥廠共有的私產，予以保密。如此，葛蘭素在掌握最新資料以研製新藥物方面，自然也就佔盡先機，隨時會有極可觀的回報。

政府推動經濟、發展國家尖端科技而又相對「慳皮」；大學解決科研財絀而又可以繼續執醫研的牛耳；藥廠藉賴大學強大而又涵蓋面甚廣的醫學研究作其支援，因此也大大降低開發新藥物的成本和風險。如此三贏之局，誰曰不好？

洋老番的遠見和應變能力，不能不令人萬分佩服的。

(04-05-03)

如此教育

據報，多倫多公立教育局行將表決，聖誕假改稱「冬假」（Winter Break）。

如此西方古老傳統，今日竟該「正名」，不是無聊，即屬搞笑。「聖誕」之稱，有何不妥？若非紀念耶穌救世主（Messiah ）的降生，幹嘛放這假？

教育局內這項動議，背後有沒有否定耶穌爲救世主的宗教甚或個別社群的政治動機，不得而知。然若認爲公校必須無神化，則校內搞猶太教逾越節，又或佛教浴佛節、回教 Ramadan 等慶祝活動，我們豈不都要一一反對？這能叫「多元文化」麼？

基督教是今日西方文化的基石。洋人一般相信，耶穌是救世者「默西亞」，祂降生是救恩工程的開始。通過祂的被釘，人的原罪得到聖血洗脫，可以重享天國永生。所以，耶穌的降生，是人類歷史的重要轉捩點，——當化仇恨爲仁愛，變地獄爲天堂。此普世之所以歡騰，所以要放長假來慶祝！

閣下不信基督，大可拒絕放假，又或與眾盡情作樂便是。何必強爲什麼宗教不宗教，去掃別人的雅興？甚且有人硬把聖誕樹改爲「假日樹」，不倫不類，太過份啦！

多元文化的教育，不是講包容的麼？連勸善的「聖誕」也包容不下，該辭職以謝加人才對。今竟藉不信基督爲名，在教育界內散播無益於文化共存的歪念，你說該罵不該罵？

(04-05-14)

捨義取生

香港商台名嘴，忽爾「封咪」，英雄淚淌。原因之一，是某些大學學者朋友違心「變節」，令他「窒息」。

可真後知後覺。現代之所謂「教育」，早就有「教」無「育」、無靈走肉。道德人格？太落伍啦！

讀聖賢書所學何事？今之答案，當然是升官發財的走肉事。大學「學者」須有「社會良心」？想笑死人咩！

古說「經師易得，人師難求」。中國古代教育，還是以道德教育爲重。教年青人以「六藝」——禮樂射御書數，全在於培育仁義禮讓等美德。

可今天呢，教育等同「教學」。「教育家」天天在談「教學法」。「教育」問題，看去竟不過是個「教學」問題。而學校呢，早也淪爲「教學」的知識裝嵌場。以多倫多大學爲例，課堂之上，學生動輒便千人。以「產量」和「成本」計，不謂不最具「效益」。可師生之間，卻是老死不相聞問。品德培育云乎哉。

於是乎，大學「學者」授「藝」，幾全不過是謀生、謀財、謀發達之「技」。大家爲了「求生」，那站起來是一個人還是一條狗，誰會去深究？

於是乎，講道德人格的人文學科，因爲「求唔到生」，自也歲歲狂「咳」（Cut）。不成了「化石」，也成了「神台之桔」。

今天再想在象牙塔內求仁義？不有點像緣木求魚了？

(04-05-17)

多想無益

望子成龍，是中國人的舊觀念。特別移民西土，期望愈加殷切。不似得尋常洋孩子，自由自在，學業成績不是唯一的焦點。華人卻多神經兮兮，拿九十分亦未必很高興。

唯是，小孩子移居番地，面對文化和生活上的巨變，精神壓力已甚沈重。語言不通，種族疏離，要有好成績殊不容易。父母若再期望過高，不難磨成心理病。

況今天來說，成績好也未必一定前途好。很多在中學大學成績優異的尖子，畢業出來社會一看，赫然發現，事與願違者多。想找份「牛工」，依然不易。唸醫？出來不過在有加拿大特色的醫療系統下做奴隸，天天給源源不絕的病人奴役個半生不死，且也不見得因之必可發大財。讀工程？近幾年漫長的衰退，有經驗的尚且失業轉行，遑論新丁？

所以說，就算成績不理想，何如塞翁失馬，焉知非福。入不成大學而去學水電等技能，同樣大有前途。能夠安安份份當個水電工程的技師，生活何嘗不快樂？論收入，也未必比一個剛出道等運到的醫生差。業有所成，將來做大老闆也說不定呢。

衹要孩子肯發憤上進，既已竭盡所能，便該寬心。閣下若宗儒學，可勉其「守己以待時」；若然信佛，可勸以一切隨緣；若是追隨耶穌，那就事事付託天主便是。龍耶蛇耶，管他什麼？

(04-06-14)

再談「教授」

翻中文大學歷史系網頁，眼前一行「2004-2005 歷史系主、副修生轉系通告」，疙瘩之餘，奇在說的卻是他系學生轉讀歷史系的條件。再看教職員檔目，竟又總稱專任教師爲「常任教授」，兼任爲「客席教授」，尤令人搖頭。

如此做法，於今並不常見。蓋因容易令人誤會凡大學教師都可以稱做「教授」了。事實是，除了正教授（Full Professor）之外，餘者皆非教授。這一點，對專上教育稍有認識的人，無不知之。否則，那副教授、助理教授、講師、助教之類，固可在名片上印個教授頭銜，就連小兒在多倫多大學生化系才畢業即獲聘講授該系三、四年級實驗課這等乳臭未乾，也大可牙擦擦到處自詡「潘教授」了。能不噴飯耶？

教授（professor），若作爲一個教書職業上的類別（Category），在北美還勉強可以輕鬆使用。若作爲個人的頭銜（title,例如陳教授、張教授等），則無論英式美式大學，所見都極其嚴格。因爲教授（Professor）地位尊崇，在學術上多有建樹，非大學內一般泛泛之輩可比。國鍵在港大唸博士，追隨何丙郁教授。某天，有位外國大學教師來訪，走後，黃麗松校長來電問會面情況，何教授先就一句：他並非教授！

往日那個有規有矩的年代，實在讓人懷念。

(04-07-19)

推譽過甚

本報七月十九日載，多倫多大學安省教育學院（OISE）許美德教授（Ruth Hayhoe）指出，加拿大學生「懂思考、有創意」，中港學生則「欠缺啓發性和創意」。誠數十年來港加教育界的共識，並無新意。祇是許教授認爲「中國的大學繼承古代學者的風範，關心民生，積極造福社會，並不像西方的學者只是專心埋首於學術的象牙塔」云云，尙須商榷。

國鍵對西方學術界所知不多，西方學者是否埋首象牙之塔，無從置啄。唯是，西方大學的知識份子學者，向有批評政府的傳統，正正是許教授所譽西方教育「懂思考，有創意」而來的美果。

何謂知識份子？A. Gramsci 傾向以社會功能（Social Function）作標準（1971:3）。中國古代可不然。中國古代讀書人不叫知識份子，而曰「士」。士也者，除了Gramsci 所言的「認知」功能外，還附有道德人格的熱切期許。士可殺不可辱。爲批評腐敗政權而不惜捨身成仁，例如漢世「清議」、明代「東林」，傲然風骨，始可謂之「士」。確也如許教授所說，這是中國「古代學者的風範」。

可惜今天中國大學之學者，大多祇屬西式的知識份子，純以學術專長討飯吃。士風消亡，有的多是埋首象牙塔內搞「學術」。許教授那「繼承」兩字，很難用得上。

(04-08-13)

天朝文化的幽靈

華夏歷史，中土人士，向以天朝自居。中原語言文化，尊之「華夏」。其他一切，卑作「蠻夷」。

之所以成爲蠻夷，皆因不懂中原文化，故謂「化外」。化外之民，中文水平當然低。

夷夏之辨，始於春秋戰國夷狄交侵周室傾覆之際，大盛於兩宋胡虜相迫之時。唔夠人打，就用「野蠻」來詆毀，用「吾文化燦然可觀」來自慰。「國可以亡，天下（文化）不可以亡」。祇要文化尙在，則蠻夷就算入主中國，遲早也必被咱等「華化」。中華民族，最後還是勝利者。

然而，不懂中原文化，就必然是沒文化的了？吾粵「南蠻子」，就果然都是蠻不講理的「生番」了？稼穡衣織，鄉城屋居，謂之有文化；畜牧狩獵，草原帳徙，就叫做「冇文化」了？中土服式，大有文化；胡人的「圓領對襟，袖小衣長不過膝（拙案，乃方便騎馬）」（沈從文《中國古代服飾研究》，香港商務八一年，p.143），就是窄衣露體沒文化了？漢語必是雅言，胡言就必屬亂語了？

較正確的講法應當是：不同民族有不同文化。

華夏城牆高建，不幸也堵隔了人們的目光。近代，洋人已把歐亞草原流動如風的野蠻民族（barbarians），改稱爲草原民族（nomadic tribes）。可今天卻還有朋友視加國爲蠻夷地，倒真嚇人一跳。

(04-08-27)

人豈無錯

八六年香港菩提學社出版的《般若心經的智慧》，封面是宿儒陳荊鴻老先生的《心經》墨寶。其中「空中無色」，先生誤「色」爲「識」。然此對先生名聲，絲毫不損。

飲譽當代的大史家陳垣先生，一九二四年於《東方雜誌》發表《書內學院新校慈恩傳後》，力指唐玄奘出遊西域乃太宗貞觀三年（AD 629），「元年說必不能成立」。惟經國鍵考證，還是以貞觀元年啓程爲確（拙作《玄奘西征年代考》，載七二年《新亞書院歷史學系系刊》）。此亦絕不代表國鍵對陳老的景仰，因之稍減。所以，文章犯小錯必會損害作者大名，不過是一般人自度的見解。

撫心自問，人怎能沒犯錯的呢？國鍵寫書法搞錯筆畫，畫畫配錯顏色，寫文章用錯詞字，甚至乎錯怪老婆、誤責孩兒等等，年紀一大把，豈能說是沒有？文章固不入儒林，就什麼詩詞歌賦，更是幼稚園的初班。有時興之所至，學人塗鴉，往往顧文義而失格律，錯得不堪入目。可朋友多不深責。游戲之作，但誌友情，賞面笑納，當如情書，藏之櫃底。來日就算反目，也莫拿出來示眾，笑咳人家。

人，不過三千大千世界的微塵，天天自糾纏於你錯我錯，很易累死。國鍵年逾知命，須加緊學習：若非關乎社會道德，個人的對對錯錯，快快放下。

(04-09-03)

醫學博士

在香港，醫科畢業爲醫學學士（MB，BS）。在北美這邊，醫科畢業叫醫學博士（MD）。彼此所學相若，彼學士而此博士，實令人費解。有些人且因之認爲這邊醫生必比香港來的棒，誠屬大笑話。

MD（ Doctor of Medicine）是否博士，在北美其實也相當含糊。論理，它祇屬大學本科的專業學位，並非研究院頒的高級學位。因而人們亦祇會稱 MD 爲醫生，從沒聽有稱之爲博士的。你看醫生時，會稱他做博士麼？沒有。除非他果亦領有哲學博士銜。

擁有博士頭銜的，一般須做過艱苦的學術研究工作，獲大學頒以哲學博士（Doctor of Philosophy）的最高榮銜。當然，哲學博士絕非都唸哲學。祇因西洋知識俱源自古希臘哲學，故而今日不論文理工商等知識，幾無不以至高的哲學一名爲宗歸。所以，在多大研究院醫學部博士班畢業的，全都哲學博士，非醫學博士。

論學制，哲學博士的學位，當然比醫學博士高。這一點，歐洲人分得很清楚。祇有以金錢論身份的社群，才間會出現入得醫科便不可一世的異況。

唐代在各州亦置「醫學博士」，「階品同於錄事」（《唐大詔令》卷 114，「醫方」）。錄事官階，不過九品。很芝麻綠豆。

由於芝麻綠豆，所以時不時要送去接受「再教育」。

(04-09-13)

疊字之省

吾族頭腦靈活，素講效率。文字書寫，自古已求快捷省便。香港炎黃子孫，少不免也繼承了這優良傳統。草根如茶餐廳的店小二，幾十年來懂得把「檸檬水」寫成「0水」，「叉燒飯」寫作「X反」。雖則甚令老八股們猛咁搖頭，哀歎著吾文化之衰墮。然而，在國鍵這類粗人眼裏，不但未失古風，且有時竟亦意外地得了奇趣。

古來書寫習慣就是省。例如疊字，寫起來每每就把下一字省寫成「=」。金文篆隸行草，莫不如是。楊慎（升菴）《升菴書品》卷一「篆書重疊字」云：「古鐘鼎銘文『子=孫=』二字皆不複書，漢石經改篆爲八分（按即古隸書），如《易》之「乾=」，《書》之「安=」，亦如之。今行草皆然。」（李調元編《函海》第二十函，頁十三。）是知把疊字重複之字省寫作「=」，乃遠古以來之通例。此所以書法上無論篆隸行草，「子子孫孫」皆可寫作「子=孫=」也。

這上畫稍短於下畫的兩畫「=」，究是何義？據楊文所引說：「『=』乃古文『上』字，言字同於上，省複書也。」亦即爲了省便，把疊字的第二個字寫作「=」（上），謂與上字同一字也。

今人有把「子=孫=」唸作子二孫二，實宜多讀點古書，又或多往港式茶餐廳坐坐，好感受一下中國文字書寫那種與時並進的創新力。

(04-10-01)

「折子」？

新中國簡化文字，幾十年間，新一代對繁體字幾近文盲。今為海外市場，棄簡就繁。可憾程度未夠，識者包涵。高水準劇集如《康熙帝國》《走向共和》，字幕把原已繁體的「太后」，加繁而為「太後」，乃不該改而妄改。又把朝臣的「奏折」「折子」並作原繁體看待，係應改而不去改。甚刺人眼。

折？在繁體的應用上，可絕無「奏摺」之義。看了祇會令人想起「折福折壽折子折孫」的那個折，十分不吉利。就稍文藝一點，也祇能是「有花須折直須折」，又或那元代雜劇劇本結構上某個段落的「折子戲」，看得人過癮。至於巍巍朝廷議政的「摺子」，就怎扯也扯不上。

其實，就算用簡體字刊行的史書，有水平的也絕不會把「奏摺」的「摺」簡體為「折」。北京中華書局簡體字版六四年文革前由著名史家翦伯贊等編的《中國通史參考資料（近代部份）》，所錄晚清名臣奏摺，例如林則徐《會奏銷化煙土一律完竣摺》等等，就無一「摺」簡之為「折」。

可七五年上海人民出版社簡體字版復旦大學歷史系編寫的《中國近代簡史》，才見了林則徐給道光上了一道「奏折」（p.11）。這不一定是被馬列毛之所害，而大可能是文革新一代的文字水平出了問題。把罪責都推往簡體字，未必合符事實。

(04-10-08)

望文生義

中國文字創造過程，相當複雜。由於經常「假借」的關係，一字多義就成了常態。不求甚解而望字生義，很易成了笑話。

例如近有論者認為香港在廉政公署未成立前，警察行為差劣，故而人們稱之「差佬」。看了倒讓人稱奇。「差劣」之「差」，粵音唸「叉」；「差佬」之「差」，粵音唸「猜」。雖為一字，實則音義俱殊。近代小說「衙差」「公差」「官差」等詞相當流行，而港入亦每稱任職警察為「當差」，此「差」全都唸「猜」，大抵沿自古來稱官衙隸役為「差人」。粵俗喜呼男人為「佬」，故曰「差佬」。

所以說，把「差佬」解作「行為差劣之人」，實同看了澳門的「大三巴」便認定是「大大的三巴掌」，相當惹笑。殊不知「三巴」者，「三」乃葡文「聖」（San）之譯音，「巴」乃「保祿」（Paul）第一音之異譯。三巴也者，聖保祿也。澳門天主教聖保祿堂俗稱「三巴寺」（並見方豪《中西交通史》冊五，台灣中華文化出版事業社，68年，頁50），此「寺」亦絕非佛門寺院之「寺」。把「三巴寺」看成佛寺，亦必陷於望文生義之毛病。

民俗流行的詞語，其來必有自。不先察本源，便憑一己之見，望文生義，妄作貶抑。甚者挑起事端，引發矛盾。雖或出於正俗糾紕之善意，亦何高明之有？

(04-10-22)

廿五歲

奉勸青年朋友，人到廿五，就該選定一門功課，專心致志。決不要學國鍵這麼貪心，一時治史學，一時習書畫，一時又去搞教育。幾十年來，各門學問，徒得個似懂非懂，似通非通，無一門可稱專長，無一學足以成家，相當失敗。原來世上能夠像饒宗頤教授「瓣瓣通」的，確屬奇蹟。何況國鍵魯純，就有奇蹟亦祇會糟蹸掉。魚掌兼得？真係不知量力。

治學固須先打基礎，博而后精。然而，廿五歲還沒確立目標，由博入精，他日有大成就的機會就更微。原因？閣下可聽人說過，廿五歲後身體就不會長高，而祇會向横發育的麼？可聽過廿五歲後，學習能力就日走下坡，一天比一天艱難的麼？還不快快瞄準方向，努力將來？

大學時代歲月青蔥，很有本錢多發夢：今天讀工程，明天唸會財。意之所到，忽發奇想，又可以改行讀文學，浪漫得可以。喂，今年廿五歲啦，若問此生想過怎樣的日子卻還答不出來，終日還是在十字路口上逡巡作瀟灑狀，做父母的可就擔心極了。閣下果或真的多才多藝，但總不能不擇其一以作終身奮鬥。猶如拍拖選擇結婚對象，年過廿五豆芽休，還拖泥帶水三心兩意幹啥？

夢想不能當飯吃。「悠長假期，也該結束了。」這是《悠長假期》木村托哉扮演的瀨名秀俊廿五歲時夢醒的獨白。

(04-10-25)

「冇性」？

在香港生活的頑劣小孩，大概都有過給父母罵他「冇性」的痛苦回憶。痛苦的原因，很可能是因爲他實在不大明白什麼叫「冇性」。就詢之他爸媽，也可能同樣口啞。

儒家孟子性善說，「人皆有惻隱之心」。此「惻隱」又或「不忍人之心」，便是人性。此性從何而來，孔孟並無深入解說。但，孟子卻清楚肯定，人皆有人性，否則不能謂之人。罵孩子「冇性」？難道他不是人了？

佛家亦認爲人皆有性，佛性、菩提性是也。佛乃覺，菩提是悟。亦即人皆自有其覺悟之本性。正是「菩提自性，本來清淨」（《六祖壇經》行內品第一）。若問此性何來？答案是：如其所如來也。如來乃一切空淨、寂滅不動，是以人性本來如此。亂責孩子「冇性」，自己又何曾覺悟了？如此動氣，清淨個屁。

在天主教來說，人性是天主性，乃天主之所賜。其性平等至善，無限慈愛，亦稱「靈魂」。人非動物，因爲人有個靈魂，能夠分享天主性。人的位格崇高，非其他生物可比。若孩子「冇性」，然則他是隻沒靈魂的禽獸了？這當然也是大錯特錯。

孩子之不善、不悟與失魂，皆因初生之犢，事事新奇，本性易被欲念所蒙蔽。他們決非「冇性」，而祇係「唔識性」。

當然，世之唔識性者，又何獨小孩子耶！

(04-11-22)

「歧視」一濫易成厭

據報，近有多倫多大學中國留學生高票當選學生會副主席，卻因被揭違反選舉規則，喪失資格。有人說是種族歧視，要據理力爭，訴諸法律云云。

若遇不公平，固要力爭到底。然而，力爭之際，還須顧及「據理」的這個「理」字。動輒拋出個「種族歧視」，恰如「狼來了」說得多，很容易失去效力。

愚父子亦曾在多大生活過。年邁的大學當局個別人士存有種族偏見，不足爲怪。但，今天說年青的學生會竟也戴了種族眼鏡，就未免讓人稱奇。多大學生，甚多是自由主義的左傾知識份子，況有色人種亦人多勢眾，不可能選出個種族主義的學生會。若證以近十年多大校園發生的種族歧視大事，則轟動一時的物理系華裔教師秦博士受屈一案，跑出來力挺秦博士，甚至佔據校長辦公室以示抗議的，不正是學生會的組織麼？今天自己違規受罰，卻信口說成是種族打壓，此中道理，恕我不甚明白。

問題的癥結，本在於自己有沒有違規。西方社會的民主競選，必嚴依規章辦事。猶如運動場上競跑，槍聲未響，你卻偷步，就算你贏足一條街，一經查證，也必是個褫奪資格的下場。若自己犯規在先，有啥好說？

違規受責，不知反省。反扣別人帽子，轉移視線。近年多城此風頗長，對華人形像，未必會有幫助。

(04-11-29)

學而后知不足

僕向認爲，若未真箇了解別地方言， 切莫輕易彈人。特別在加拿大，華人雖則同根，惟五湖四海，用語有別，更須彼此包涵，各自精彩。

語言是一種習慣。以之比拼雅俗高下，甚是無謂。有學養的，也祇會虛心學習。七零年代來自北京的張丹女士，在香港電台教聽眾們講普通話，每將普通話和廣州話並列對照。例如普通話「老兄」，粵爲「大佬」；普通話「小弟弟」，粵爲「細佬」等等（《基礎普通話》，香港萬里，七九年，冊一，p.58），向來相安無事。很難想像有人會把廣州話的「佬」字看作下流語。

且不談地域之隔，就以普通話所依據的北京話（即北平話）來說，據程亢研究，其語彙也複雜到要列分三類：漢語、北平系方言區語、北平獨自的地方語（《漫談北平語彙的蒐集和整理》，《國文月刊》第六十九期，開明書店，四八年，p.11-15），運用相當獨特。例如平日我們說「冷飯」「水冷了」的「冷」，在北京祇能用作形容天氣。那形容物件的，不是「冷」而是「涼」。至如什麼是「鴿雛兒」（紅白豆腐）「駱駝脖兒」（上城的小路）；又爲什麼「喝西北風」用「喝」，「吃屁」「吃棍子」「吃嘴巴」卻用「吃」（仝上）等等，若非北京來，未必能通曉。

知少少，唔好扮代表。

(04-12-03)

紅

十一月中，楓紅初褪。多倫多大學研究院舉行了她的秋季畢業禮。主禮台上，教授們穿的博士袍，仍舊丹紅一片。與台下剛出爐的碩士博士們肩上新披的垂布兒（hood）那艷紅衮條相映照，很有中國人過春節那種喜氣洋洋。

多倫多大學哲學博士禮服的肩垂布，幾全以紅條爲色辨。這紅代表著什麼呢？大概是自由與開放吧。蓋不自由，無以治學術；不開放，難以搞創新。多大的紅，紅得有理。無怪教育程度相對較高的一群，對自由黨的紅，特別偏愛。

南面美國呢，卻是相反。紅色的共和黨，頑固保守。而咱加國保守黨那貴族藍，在美國反而是主張開放自由的民主黨的黨色。百年來美國共和民主兩黨蛻變，舊日共和黨開放民主黨保守，今日竟然立場對掉。如此紅藍錯配，無怪美國政治愈來愈見「無厘頭」了。

既知美國人紅藍顛倒，那就不難明白，何以今天美國哲學博士袍的肩垂布尙藍不尙紅。且也不難理解，美國大選時何以東西兩岸名大學雲集的大城市，都淹沒於天海的藍。而將道德常掛在口邊的鄉間教育程度不高的「賴伊芙」們，卻自以爲是，把美國內陸燒了個通紅。

殊不知愈燒愈紅便愈保守愈頑塞而愈封閉。烈火霹啪，當到了接近咱「文革」底暴紅的時候，人類歷史，必將多添一場災難。

(04-12-13)

自以爲智

佛四句偈云：「愚人自覺愚，此名爲智者；愚者妄稱智，此謂之愚痴。」此孔夫子所謂：「知之爲知之，不知爲不知，是知也。」（《論語・爲政》）

做人最緊要自知。能夠老老實實的自覺其愚，自知其不知，自會謙虛謹慎，闖禍的機會較少。人世的禍害，多來自那自覺爲智的「愚痴」。「愚痴」不知世間賢智絕少，能知一切事理者極稀，卻天天在誇讚自己的聰明才智，是如何的文理商無所不曉，很容易害人不淺。

智者自覺其愚，自覺個人能力有限。學海無涯，不知道就是不知道，有什麼好笑的？

朋友執經問字，自己一下子說不出來，祇能直言sorry。較積極的做法，不是胡猜個答案了事，而是回家立翻字書，加緊學習。須知年紀愈大，忘得愈多。伏案寫文，更先備字典。人說有才子文章一揮即就，了無錯處，你信？

既知自己之不足，自也不會輕易去改正別人。就真的要改，也該先自查核，心存謹慎。特別當教師的，尤忌但憑己意，揮筆就改。萬一自己搞錯，豈不誤人子弟了？況在教育而言，孩子作品，如非必要，還是以少改爲妙，否則會打擊自信。

「人之患，在好爲人師。」在孩子面前自覺爲智，動不動就要他改這正那，祇會害了孩子而不自知。此佛謂之愚，儒稱之患。

(04-12-24)

博士？唉！

五十年代，「大學學士」已是天之驕子。可今天呢，就「博士」亦屬平凡。不信？祇要翻開今年多倫多大學研究院秋季的學位頒授名冊，不由不嚇你一大跳。當晚一口氣便頒發了八百七十二個高級學位，其中「博士」竟佔三百零九個！若把春季那更大型的畢業禮計算在內，數目可更驚人了。

研究院個別學系，博士更多到神奇：醫療生物物理學系（Medical Biophysics），二十四位畢業生中，十位博士；生物化學學系（Biochemistry），十一位畢業生中，六位博士；內分泌學系（Physiology），十二位畢業生中，六位博士。至如免疫學系（Immunology）則更加「出位」，八位畢業生中，竟然七位是博士！

僅多倫多大學一年便有六七百個博士畢業，社會豈能消化得了？尤不幸的是，今日博士太多，行頭窄競爭大，要生存甚是不易。若連薪水極其微薄的「博士後」（post-doctorate）也沒著落，那怎麼辦了？

昔日令人肅然起敬的博士銜，今天不但滿街是，有時且成了幹活的負累。特別在地產大亨賭業巨子也紛紛成了「博士」的年代，人們尊你一聲博士，待業的你，在尊榮與苦澀的兩極起伏折騰之中，聽來更添了些搞笑。你你你，窮了半生力去拿個博士，卻很可能是你人生中自己開的最大玩笑。

(04-12-27)

醜聞又爆

據報，去年多倫多大學爆出性醜聞。醫學院世界知名教授某，竟與所指導的女研究生發生性關係。由論文指導發展爲床上指導，結果給此女告上法庭，拖了多大管理層落水，大家都一身蟻。

男女感情這回事，向來拿捏不易。情濃膠蜜時，顧不得什麼道德關防。可一旦反臉，上場的便是法律。西方法律不同東方，通常站在弱者的一邊。何況師生上床，確已違反校規，唔衰就奇。

論實，今天大學研究院指導教授權力之大，也到了該好好檢討的時候。特別在生命科學的部門裏，教授想要魚肉學生，話咁容易。此無他，教授所操生殺大權，欠缺適當的約制。學生想拿多點生活費（例如助學金之類），固要靠教授推薦，有些教授甚且以老闆自居，學生是他供養的。頤指氣使，剝削勞役，成了理所當然。加上今日碩士博士修業期限十分「富彈性」，教授高興起來，隨時可以多拖你幾年。你若稍加反抗而給教授存心整蠱，那你多年做的研究，隨時可以泡湯。前途夢想，盡付東流。

所以，研究生若不幸跟了個無良教授，唯一的方法，就是事事順從，任由擺佈，日練忍功。據聞，這次事件鬧大，皆因事發後有人刻意報復，迫人太甚。受害者突來個玉石俱焚，同學們錯愕之餘，亦看作是替被壓迫者出了口鳥氣焉。

(05-01-17)

教壞孩子？

經常聽見人說，電視報紙，教壞孩子。投訴人若非慈父，必是慈母，都是天下第一等愛惜孩子的。可歎的是，今日天天在教壞孩子的，不一定是傳媒，而大可能是極之關心孩子成長的父母們自己。

一邊教導孩子做人要誠實，一邊卻晚晚在孩子床邊講連自己也不大相信的「童話故事」來哄騙他睡覺。且時不時對孩子說：「講大話會甩大牙。」哈哈，講大話果會甩大牙？不是大話是什麼？

在孩子面前吵架，甚或穢言相向，拳腳交加。如此「榜樣」，沒曾教壞孩子了？前天才在孩子面前大罵老闆無良，對你諸多剝削，不得好死。可昨日和孩子上館子吃茶，不期遇上老闆，卻又必恭必敬，大顯「擦鞋功」。昨天才在家裏講盡朋友壞話，力數臭事。今天朋友到來，竟又攬頭攬頸，狀甚親蜜。虛偽如此，變臉如斯，那孩子就能教好了？

自己明明是窮光蛋，卻在人們面前打腫臉兒充有錢。又或有些人家，一邊教導孩子做人要謙厚踏實，不要驕溢高傲，一邊卻又經常在人前浮誇地炫耀自己穿的名牌，駕的豪車……，這不是在教壞孩子麼？

電視劇的一句俚語，報紙的半字妄言，便足教壞你的孩子了？恐怕未必。是以凡祭起道德大旗誓救孩子於邪道者，拔劍斬妖之前，宜先自照鏡子。

(05-01-21)

強，未必就要打弱

有朋友極力主張，本地華文教育，應該教授普通話和簡體字。原因是，十三億人用的，必是「主流」。餘當識相自閹。

然則世界三十億人講英語而十三億講華語時，吾族又該扔華文而改用英文了？

語文改革這種以強代弱的思維，大概在十九世紀末葉列強交侵中國時也曾流行過。當日西方漢學家自恃其強，力倡中國自廢方塊字，改爲拉丁拼音字。然後，咱們才見了新中國周有光等人搞著什麼「拼音正詞法」（見其《漢語拼音正詞法問題》，載《語言學和語言教學》，安徽教育出版社，八四年，p.24－38）。並提議由政府強制推行，務要全國徹底改變現行的文字書寫方式。這種所謂語文教育改革，其結果當然難有成效。原因簡單，昔日豎立在北京北海公園對面的巨型畫那句「Suiditutan buweisheng buwenming」，說的是「隨地吐痰不衛生不文明」，抑還是提示吐痰高手們隨地吐痰時要「不遺聲，不聞鳴」，就未必人人都能弄得明白。

舉一反三。語文教育這回事，不一定強大就是真理，弱小就要跟人。拼音漢字，一敗塗地。今多城有人以強者姿態力催改變本地行之經年的華文教育，不見得是明智。

香港回歸以來，也曾有愛國者力主學校改用普通話教學。今亦無疾而終，足引爲鑑。

(05-01-24)

宜由市場來決定

上文談及語文教育，決不能純遵個人意願，用命令的方式來執行。至於抱著少數該服從多數、弱者當屈從強者的態度來談語文教育，既易流於沙文主義，亦不合加國國情。

須知語文大多富有地方色彩。它蘊含著個別族群語言的獨特習慣。說要改變，通常也祇能由民間作主導。因此，今日若以人爲手段強令廢止本地原紮根於粵語和繁體字的華文教育，而改之以普通話簡體字，則除了無端製造磨擦之外，亦由於華人教育受制於本地華人社區的客觀環境，其能成功的機會並不高。

試想，本地孩子全改學普通話簡體字後，也許他日到中國內地旅行時會帶來方便。但，若往這邊唐人街又或香港走動，學非所用的煩惱依然存在。上館子吃飯？打開中文菜單一看，同樣是口啞啞的成了文盲。沒曾去過中國的，倒還以爲老師教錯中文呢。

其實，在加拿大的華文教育，國粵繁簡誰更適合，宜由本地華人各自選擇，絕不應搞一刀切。何況今日加國華人社區和中文傳媒，大部份還是習慣於使用粵語和繁體字的時候，突然廢止粵語和繁體字教學，在語文學習該配合生活環境的教育觀點上來看，亦未見得很有道理。多城有小刊物大力鼓吹使用簡體字，她自己呀，卻還是繁體印行的。這叫做——市場力量。

(05-01-28)

兩條戰線

美國近年政教合流，形成一股帶有濃厚基督教原教主義色彩的新興保守力量。在小布殊再度當選後，更見旗幟鮮明，展開一場以剷除國內自由主義無神論爲重心的「新內戰」。

戰線兩條：其一爲大力傳揚基督教創世主義（Creationism）以打壓達爾文的進化論；其二爲高舉基督教的禁制性慾（sexual abstinence）思想，誅伐現社會的安全性行爲和節育觀。八十年前戰火早燃。一九二五年，約翰·史葛斯（J. Scopes）就曾因爲在學校教授進化論而被起訴。今日基督教某些派系既與共和黨雙劍合璧，戰火自必蔓延全國。在中小學校和學校局（school board），特別受基督教福音教派滲透或操控的，幾無不同時發難。

爲了打擊進化論，某些學校局要求規定中小學的生物教科書，都貼上印著「『進化論』祇是一個理論，而不是一個事實」的警示條籤。其實，稍有科學頭腦的，都知道「理論」猶同「主義」，不一定確實（fact）。無神論固然是理論，有神論何嘗不是？然則《聖經》也該同樣貼這警示籤了？

爲了推行「禁性慾、保貞潔」的運動，有人竟不惜向青少年宣傳，「手淫可以成孕」、「汗淚足傳愛滋」！不正是中古教會反智行爲的現代版麼？

目標確，方法惡。這是美國小布殊年代的特色。

(05-02-04)

大學的教學語言

香港中文大學將採用英語教學，大學教務處二月六日發布的「香港中文大學堅持雙語教學政策」的公告，解釋爲「誤傳」。惟就不是誤傳的公告本身，可議之處亦多。

公告指出，爲了要「擴闊同學的國際視野」，故而計劃提高「非本地生」的學額。由於要使非本地生「能夠畢業」，故此規定收取非本地生的學系要提供足夠的「以英語授課」的科目。看似十分合理。

祇可惜大學忘了，規定學系增加英語授課科目，必然使日見減縮的資源更加緊絀，無可避免要削減某些母語教學的科目。中大是公校，不該爲外國英語學生而設。而其成立目的，本來是讓中文中學的學生有升大學的機會。現在政府既力催英文中學改爲中文中學，沒理由中大反而爲招收外地學生而調動大學母語教學的資源。

至於「國際視野」，聽之失笑。然則用英語教學同樣收取外地生的香港大學，其學生就必比中大的有國際視野了？鼎鼎大名的巴黎大學、東京大學、台灣大學，難道都因爲不是英語大學，學生的國際視野就必然是狹窄的了？當然不。

說穿了，增加英語教學以利「國際化」祇是虛象。爭奪英中尖子好與港大再競一日長短，才是實相。況又略有助於洗滌四十年來中文教學二奶命的自卑感，無怪校友們甚多雀躍。

(05-03-11)

試爲香港教育把脈

今日香港教育的亂局，實出於回歸後沒好好梳理教學語言政策。在英治時代，英文中學學生升讀殖民地高官搖籃以英語爲教學語言的香港大學。亂世餘生的中文中學學生，祇有資格入讀承傳並發揚中國文化而設的中文大學。在社會一般人的心目中，屬於英文不太靈光的「二奶仔」。英中入港大，中中入中大，在教學語言上相當一致。

可今天的香港呢？她既不能像英國前殖民地印度、星加坡，獨立後可以沿承英治時代，教育全面英語化。爲了照顧母國感情，香港的中學要用母語。然而，政府沒先解決大學以英語教學爲傲的習染，卻匆忙迫令全港英文中學用母語，讓中學和大學教學語言全然斷裂，舉世無雙。唉，就算中學母語教學有億個好處，上大學時若都成了聾啞盲，有啥用！

也許香港人太相信自己的語言天份，才出現這邊廂大力宣揚中學母語教學佳，好重投母國慈懷；那邊廂卻又痛陳大學英語教學之利，堅持喝英語殖民之奶。中英文是截然不同的語言，你叫一般學生如何消受得起？

多大地理系某教授曾告訴國鍵，世間能夠完全掌握兩種絕然不同語言的人極少。所以，要解救香港今日的困局，方法一個：若無力把小學中學大學的教學語言統一爲母語，就請全都改成英語。

功德無量。

(05-03-14)

黑人學校？

安省黑人學生綴學率高，引起極大關注。有黑人團體和教育專家，主張興建一所「黑人學校」（Black School），交由黑人主理，以切合黑人孩子的獨特需要，云云。

黑人團體希望借此增加黑人教師，雖則目光短狹，還有點情有可原。可教育專家而有此見解，套用前省督林肯．阿歷山大（ Lincoin Alexander ）的評語，叫做—— 閉門造車（ 《多倫多星報》Feb 4, 2005, p.A .01）。

有約克大學和多大 OISE 研究教育的教授認爲，社會既容許男校女校存在，爲什麼就不能容納迎合黑人文化的「黑人學校」？喂，若然成理，則白人豈不也可同樣振振有詞：社會既容許迎合黑人的「黑人學校」，爲什麼又不容許一所切合白人需要的「白人學校」？

教授又認爲，成立黑人學校不代表搞種族隔離。理由是，這並非歷史上那種強制性隔離 （forced segregation），而不過是自願選擇的分隔 （separation by choice）。殊不知在人們的心目中，分等就是分等，分隔就是分隔。任何美麗的解說，都是自慰的謊言。何況這種所謂「選擇」，若是僅由家長定奪而非出於孩子自願，那與強制性的又有何大分別？

閉門造車，向來是大學的強項。

(05-03-21)

歸根究柢在於窮

把極其複雜的教育問題理論化、簡單化，是一般生活在象牙塔內搞教育研究的教授們的通病。學生成績劣、品行差，有時不一定完全是個學校的問題，而更可能是個整體社會的問題。沒有社會的配合，任何改革都難以有大成效。

安省黑人青年綴學者眾，種族偏見也許是個原因。但，主要的癥結，卻該是和香港草根階層孩子綴學率相對較高的情況一樣，一字記之曰「窮」。

由於家窮，在學習配備上（諸如課外參考書、電腦等等工具）已矮人一截。就父母對孩子的照顧，也因日做夜做、「得閒死唔得閒病」，有心無力。由於窮，孩子除了捱飢抵寒之外，還要受著此生前途黯淡的雙重懲罰。上進意志消磨，他日就算有工做，也大多薪水微薄，終不免墮入貧窮世襲的惡性循環。香港近日鑄了個「就業貧窮」的新詞，一語而道破出身貧家的無奈。

建所「黑人學校」就可提高黑人孩子的學習興趣了麼？就可增加他們讀大學的機會麼？除非也建一所黑人大學，否則黑人青年面對其他族裔孩子激烈競爭的情況依然存在。他們，同樣會在大學被淘汰，被迫綴學，逃不了再淪爲社會下層的惡運。這和香港廢除升中試後，滿以爲把學校改成五等制（five bands）便可以解決學校教育問題一樣，都犯了空談理論的幼稚病。

(05-03-25)

思而不視，則殆

安省前省督阿歷山大先生，希望那倡議「黑人學校」的大學教授們，多往教室外面走走。一語而道出今日大學教育專家之通病，—— 華而不實。

黑人學校既爲學習能力較差的黑人孩子而設，則社會人士不貼以次等標籤，情如香港職業先修中學以安頓無心向學者爲務，其不遭白眼者幾稀！真個一入校門愁無限，可害得孩子慘。

把學校分類分等，很容易在教育系統裏面造成一種「上品無寒門，下品無貴冑」的門第之風，窮孩子更難翻身。「黑人學校」？「職業先修」？一聽而覺次等。

在香港，「升中評核試」成績欠佳的小學，其學生絕多派往三等（ Band 3）以下的中學，小學也從此屬於次級。無論次級或次等，在一般人心目中，總會是個他朝無甚成就的鈍胚。—— 這叫標籤效應。

這全是孩子們的錯麼？不。香港窮孩子住窮區，區內小學一般升中試成績差，孩子一入學呢，就幾乎注定了升不上一等中學的命運。爭不入好中學，入大學的機會就更微。這種在教育制度上自幼便判窮人以死刑，相當不人道。在一間次等的「前途似咁」的中學唸書，課室天天上演的不是打架，就是搗蛋。課程則愈教愈淺。孩子就怎努力上進，也祇能陪葬。

安省若搞黑人學校，對黑人無疑靠害。

(05-03-28)

寒梅傲雪

看電視專訪《張敏儀的香江歲月》，重溫一課高風亮節。

四十年前，港英殖民政府爲了讓殘存的中文中學學生有升大學的機會，也爲了回應教育制度上打壓中文而引發的反彈，把民間私辦的三間專上學院合併成一所由政府直接資助的中文大學。大學成立初期，文學院裏面那種宋明書院追求道德人格的書生報國精神，相當濃厚。《歲月》上集，張小姐一句「讀聖賢書所學何事」，說來雖有千斤重，倒也是六七十年代中大文學院學生的共同心歷。當然，幾十年還能堅持下去的，張小姐算是稀奇的一個。

《歲月》下集，談及張小姐仍小姑獨處。張小姐反問，結不結婚和有沒有家庭，「五百年後有何分別？」答得真妙。但爲什麼不是一百年一千年呢？這大概也吐了一點司馬遷式的情意。司馬遷《史記》卷一三零「太史公自序」，司馬遷說周公死後五百年而有孔子，孔子死後「至今五百歲」而當有哲人出，他自己不敢推讓了。《史記・索隱》記孟子說，由堯舜到商湯，商湯到文王，文王到孔子，各距五百年。今張小姐也來個「五百年」，真係可圈可點。

可憾的是，敢於批評當權者如司馬遷，終不免給漢武帝賜了個閹刑。在中國歷史長河裏面老滲發著賢哲的蒼涼，五百年又五百年了，至今確又有過什麼大分別？

(05-04-04)

詩的前景

詩詞爲物，言志之外，主在傳情。古者道德關防甚嚴，男女示愛含蓄婉轉。不懂詩，無以言。

五四運動年代，破舊立新。新詩也者，大抵是散文式的優美短句。傳世之作，未必沒有。徐志摩《再別康橋》那句「悄悄的我走了」「我揮一揮衣袖，不帶走一片雲彩」，就曾一度膾炙人口。

可今開放年代，女且可以追男。加上科技進步，傳情不必靠詩。青年朋友固少知舊詩爲何物，就什麼叫新詩呢，恐亦不甚了了。時興的那句「驀然回首」，大概也祇會讓人想起白先勇，而未必知是南宋辛棄疾在《青玉案‧東風夜放》之所鑄。此無他，今日鑽研文字的文藝青年甚少，天天待在電腦機旁玩電子遊戲的「打機青年」極多。

打機講快捷。要傳情麼？在手機又或電郵弄句「i love u」，又或「唱 K」時來個憑歌示意便是。若不能一拍即合，「再見亦是朋友」，總教直截了當。婆婆媽媽去寫詩？不覺得太老套了麼？

一時代一風尚，詩舊詩新逝一樣。代之而興的，是老一輩看了一頭霧水，新一代讀之如痴如醉的流行歌詞，——例如「願可做你腳下那堆爛泥」之類。

由舊詩到新詩，再到今日時代曲的所謂歌詞，代代在變。際此快餐年代去談新舊詩體孰受歡迎，就有答案，也不外乎得啖笑。

(05-04-08)

秀才遇著兵

《北齊書》卷二四杜弼傳，高洋（北齊文宣帝）做東魏宰相的時候，曾問杜弼治國該用什麼人。杜答說：「鮮卑車馬客，會須用中國人。」意即打仗用胡人，若治理天下，則須起用中國人了。高氏來自北鎮，深染鮮卑胡風，聽了竟然銜恨在心，「以為此言譏我」，後來且藉機斬殺了他。唉，一介寒儒，何敢鄙薄權貴？高洋的反應，純屬自卑心作祟而已。

類似的誤會，在舊社會當不止此。傳統文化不但輕視胡人，且更「重文輕武」。正所謂「好鐵不打釘，好男不當兵」。昔日在香港當警察，很難說是光了門楣。七二年新亞同系師弟李明逵，投筆從戎去當差，同學中也不免興了迫上梁山之嘆。殊不知時代進步，差佬成了真漢子。今天李兄更是中大之光了。

可憐今日還有人看不透。際此香港俗文化鍾情於「佬」，有學識的男教師也叫教書佬，有錢財的商人亦稱生意佬、商家佬等各行業幾無不謂佬的年代，何以獨是叫男警做差佬就是冒犯，就會含恨，以為是在「譏我」，非要在多城某粵語電台迫人叫「差人」而不可？殊不知差人一詞無分性別，可男可女，在語言運用上倒不及差佬專指男性來得簡潔精確。

「差佬」香港民間俚俗之詞。它既非污言，又非黑語，亦無岐視。豈能為了兵某自卑，便要殺頭禁絕？

(05-04-15)

別再鄙斥吾俚俗

在拙欄寫過幾篇涉及「佬」的文章，頗自生厭。然而，此「佬」關涉華裔南北族群融和，再嘮叨恐也值得。

外省人若聽見粵言「外江佬」「大佬」，請你先莫勞氣。因為廣東人的佬字，實無詆意。南北語言不同，北方語言體系極少用「佬」。事實「鄉巴佬」、又或由China man硬譯而成的「中國佬」等等，佬都貶義。但這全是歷史上北方中原文化蓄意醜化南人而來的結果（此點國鍵在他報已曾據史典析述，不贅），卻不代表吾粵地之「佬」同樣附有惡意。祇要多聽粵地方言，便知平常不過。

可惜多城有粵人不爭氣，沒好好化解，反而胡猜瞎扯，隨聲應和。甚者捧出假邏輯偽證據，務要置吾粵之佬於死地。時不時又拾香港個別自尊心特重的差人的牙慧，憑臆測便指「差佬」歧視。又說什麼海關、消防不稱佬（拙案，民俗實有消防佬），叫差佬就是不當。殊不知民俗俚語，行於習慣，不必等待全世界女人都是媽媽，始可證明兒女叫你做媽媽乃係恰當。似是之見，最易導人歧迷。

不同的文化區域，總有不同的語言和事物概念。若嫌通俗，自己不講便是，何必踐踏別人？與北方人交往，大可多用普通話，自然斷了佬語。若在粵人社群走動，總教佬來佬去，又何須妄自菲薄，先自摑一巴，口窒窒如同犯案？

(05-04-18)

亂世桃花逐水流

政府喊窮，大學爲另覓「水」源，把高等教育商品化而終走上有乜賣乜之途，乃全球大勢所趨。香港大學醫學院賣身「李嘉誠醫學院」，中文大學搞「國際化」以招徠外地生，不過順應潮流。惹起軒然大波，祇因唔夠坦白，亂拋清高理想來掩飾卑恭求銀兩。例如五月《中大校友》所載校方解說，已夠好笑。

所謂「國際化」，校方解畫爲「多元化校園」和增加使用英語教學。唉，多收幾個外地生，就叫做「國際化」了？就能夠「擴闊同學的國際視野」了？就可晉身一流學府了？

除了封閉社會外，稍具規模的現代大學，教研交流，爲與先進競逐齊驅，本就不能不國際化和具備某些「國際性格」。教學是否英語，並無必然關連。中大既把「國際化」狹隘地理解爲多用英語教學，復沾沾自喜謂「國際化」祇屬中大的獨特傳統，其對現代高等教育認識之少，令人困惑。

中大的「國際化」，說白了不過「商業化」，爲的是提高大學在商品市場的叫賣能力。祇要把《校友》「校長新春家書（節錄）」第六點裏面的「國際」兩字都改成「商業」，不難真相大白。

至如增收外地生能擴闊本地生「國際視野」，爲遷就外地生而去改動教學語言，又或認爲英語授課有助提高國際地位等教育奇聞，不談也罷。

(05-06-13)

述而不作

《論語・述而》開篇第一句，孔子說：「述而不作，信而好古。」意義是，孔夫子做學問工夫，例如「刪詩書、定禮樂、贊周易、修春秋」，全都傳述舊聞，絕不自己創作。

孔子述而不作，因爲相信且鍾情於古。這種「信而好古」，帶來了治學上一種不憑臆度但靠證據的嚴肅態度。這，正是治史者的第一規條。

國鍵受的是史學訓練，寫文章自多述而不作。雖不敢厚顏自比於孔聖人，且亦非因信而好古的觀念，惟是寫文章要抱個負責任的態度，幾十年從來不敢怠慢。若引前人之說，自亦不容許自己胡亂寫句「古人說」便算交差。中國古籍浩如煙海，用這種死無對證又或查核無門的方法來作學術論斷，未免有點濡三。所以，前輩大學問家們，通常都會說明語出何書何卷。國鍵在新亞唸書，早就懂了這個規矩。

西學東漸。今天呢，原來列出書卷還未夠嚴格。嚴肅的學術論文，所引資料還要注明版本（出版社、年、地等）和頁數。國鍵在香港大學追隨何丙郁教授時，就因爲這個規定，害我要把十多年來搜得的資料，須重新檢原書校閱一遍，真係苦不堪言。

所以，在下今連「述」的工夫還未到家，卻厚了面皮去參加尊爲作家的團體，原不過應前輩之命，好歹算做濫竽充數。每每想起，不覺赧然。

(05-07-08)

完美

文化的本質，是完美。有知識並不等如有文化。因爲知識祇是事物的現象，它本身並無價值觀念。有知識而沒有美的價值觀，不能說是有文化。

所以，文化講的不僅是知識，而是人格（personality）。培養美善人格，是教育。此德國人 Nietzche 認爲真正的教育絕不能功利主義，也絕不能以知識來代替文化。也祇有通過人格的完全發展，人們才可達致真文化。德國民族，向有著這種人人追求完美達致超人（Superman）的思想。恰如德國人黑格爾（Hegel）主張思想與精神單一，教育的目的，乃爲追求完美人格而努力，藉以建立一個完美的德國（參 Vernon Mallinson 1971：21-22）。

明白了德國民族這種追求，才能細味著名的德國指揮家卡拉揚指揮德國柏林管絃樂團、夥拍光芒四射的德裔女小提琴家穆特（A.S. Mutter）演奏偉大的德國作曲家巴赫的「 E 大調小提琴協奏曲」帶來那種爽快俐落氣勢旁薄接近完美的超凡震撼。

然而，對完美的過份渴求，也易令人癲狂。德國由 Nieteche 到Goebbels ，終搞出個種族清洗的 Hitler（希特拉）。極度追求完美，反成了德國民族性格的一種缺陷。

這，是今日手捧《聖經》強求人人聖潔完美的人士們所極須自我警惕的。

(05-07-15)

強而淺薄，遲早末落

對於培育下一代，人都不遺餘力。然而，在新世界的美國和舊世界的歐亞古國之間，由於文化背景不同，教育的取向就很不一樣。

舊世界文化深蘊，教育著重保存並延續固有文化。美國立國日子尚淺，且又刻意擺脫歐洲舊文化，既無文化可續，教育就成了塑造和改造文化的工具。

正因如此，美國的教育理念向來很美國。雖則一開始它就有著濃厚的創造主（神）的原素，相信神創造人，人人平等，都享有無可剝奪的各種權利，—— 這包括生存、自由、和追求快樂之權。但，教育的目的，不在保續神治，而在使人發展成爲一個富有彈性、多才多藝、隨時可以適應環境轉變的人。且能自我管理，在民主教育下在民主社會裏面過民主生活（ Vernon Mallinson ,1971:24-25 ）。

古文化國家的教育，過份「顧後」，社會前進遲慢如龜。美國沒有傳統文化的包袱，教育卻過於「前瞻」，根基沒打得穩就急於前進。跑得雖快，但一絆便倒。一下子就給恐怖份子打得陣腳大亂，藥石亂投，甚且求神問卜，隱約要走舊歐洲神權統治的死路了。

歐亞社會文化久遠，經歷過千百年的慘痛，很不容易才擺脫思想一尊的獨裁。小布殊近月對美國教育表現出的極右宗教狂熱，是很令人擔憂的。

(05-09-02)

欲罷不能又話佬

夫粵言「大佬」，大爺、大哥也，甚具敬義。吾粵佬者，男子也，亦用作男子之稱謂。與「先生」「兄」「爺」同。

不信？國鍵唸中學時，大家就經常稱老師爲「佬」。例如教地理的好好先生金老師叫「地理佬」。甚受同學愛戴、化學教得出色、詩詞了得又寫得一手好字畫的袁老師，大家叫他「化學佬」。

若明白粵「佬」的使用，就不難解破多城有普通話朋友認爲粵言沒「老師佬」「法官佬」「教授佬」，遂斷定「佬」乃歧視低賤職業的怪道理。理由顯淺：「老師」「法官」「教授」本已是稱謂，又何必再添加個「佬」的稱呼？吾粵方言之最大優點，正是簡潔明快哩！

故此，粵言亦從無「會計師佬」「建築師佬」「跌打師傅佬」「風水師佬」「廚師佬」「電器師佬」「差大哥佬」……，而祇有「教書佬」「會計佬」「建築佬」「風水佬」「廚房佬」「電器佬」「差佬」……。因爲佬、師、師傅、大哥都是稱謂，沒有疊用的必要。何況都住在加拿大了，還抱著什麼以職業分貴賤的封建思想作啥？

國鍵於歷史、教育、書法略有所專，閣下大可叫我「歷史佬」「教書佬」「寫字佬」，又或——「潘佬」。祇要不叫我「大佬」便是。

因爲世之大佬，大多有財有勢。小弟一介寒儒，咪鬼玩我啦！

(05-09-30)

封建思想的幽魂

中國現代白話文對某些西方名詞的對譯，反映了中國傳統封建思想職業貴賤觀，陳腐之極。

舉例來說，洋文 Lawyer（律師）、Teacher（教師）、Engineer （工程師）等，人們把「er」譯作「師」，頗具崇敬之意。惟是，Plumber（水喉匠）、Carpenter （木匠）、Shoemaker （鞋匠）、Street sweeper （清道夫）、Farmer （農夫）之類，同是個「er」的洋字尾，卻偏又譯作「匠」「夫」，無端端的矮了半截。看在職業無分貴賤的老外眼裏，確實莫名其妙。

這種莫名其妙的區分，倒害得思想封建自卑心特強的個別華人，往往爲了爭入「師」的行列而大動肝火。你若不尊他從事的行業爲「師」，那就是「睇佢唔起」，大喊「歧視」。於是乎，水喉電器鑿木釘鞋燒菜，不稱「師」就是不敬。這種在洋社會從不發生的爭拗，在華人社區卻成了軒然大波。

於是乎，在多城裏面，也不難發現有華人因爲別人冠其職業曰「佬」而勃然大怒。殊不知在這邊呢，「掃街佬」分分鐘比銀行經理高薪得多哩！事實且是，西方人不會看扁掃街佬，而祇有華人才會認爲掃街工作低賤冇出息。這種自古潛伏在華人靈魂深處以職業定貴賤的心魔，這幾年在多城的華人社區裏面，時不時就看見它跑出來作祟了！

(05-10-03)

吾族並不歧視鬼

中國人絕少歧視鬼。生而爲人，死而爲鬼。歧視鬼豈不是在歧視自己的祖先，又或歧視他日死去的自己？實在沒有道理。

傳統文化向來「敬鬼神而遠之」（《論語·雍也 》）。這個「敬」字，印證了歷史漢人傳說的「商尚鬼」（錢穆《國史大綱》，p.19 ）。上古之商，已甚敬重鬼神。信而好古的中國人會歧視鬼？鬼都唔信啦！

夫「鬼」者，「威也」「畏也」「遠也」。中國古代第一個以鬼爲名的外族叫「鬼方」。據大儒王國維考證，「鬼方」者「遠方」也（見拙爛 Oct. 10, 03）。再翻文學，則中國人的「鬼」「神」「人」，往往相通（拙欄 Jan. 2, 04）。

傳統中原文化鄙賤「胡虜」與「戎狄蠻夷」，「鬼」不在其列。晚清恨英人入骨，亦僅罵作「英夷」。故知吾粵「鬼佬」一詞，不但了無歧視，且大有吾祖敬畏遠人之雅風，殊非無識者所能知。

去年，《星島周刊》載善長何鐵文老先生訪問記（Feb.7, 04），何先生說「鬼佬都成日『質』我」。今年，又刊「情迷中國文化的鬼佬音樂家」（ Sept. 17, 05 ）。數月前，談吐溫文曾經當過人大代表的無線阿姐，說她溫哥華的乾女兒很有「鬼妹仔性格」。今多城港人之「鬼」不離口，何有不妥耶！

(05-10-07)

舊封建的遺毒

在多城，有個別思想尚未搞得通的同胞，力指從沒聽人稱官家爲「佬」，因此佬必貶稱無疑。

論得真妙。這，其實正正說明了中國傳統舊封建社會，「官」「民」之間，確實是貴賤不同尊卑兩分的不同世界。民俗社會，語屬「低俗」；朝廷官家，無不「高雅」。你敢用粵地民俗之「佬」去稱官家之職？無乃以河井水並列瑤池液，就算不判大膽犯上，也得痛打箇五十大板。

正因如此，自古在官衙裏面當了個小衙差，在公眾場所裏面，也必威風八面。小民如你，遇見了他，若不立刻低頭垂手，避站道旁，先敬佢一聲「差大人」，復彎腰答問自招是「奴才」「小人」，否則有你好看的。今天你不敬衙差大人不特已，竟還敢叫他「差佬」？能不立刻拉你去打靶？

所以說，在粵地民間，雖則大家天天「大佬」「細佬」相稱，習以爲常，可一見官家，就絕對不能造次。莫道北美這邊大家可隨便叫吾總理爲馬田先生，美總統爲布殊先生，又或領有博士銜的新民主黨黨魁林頓爲林頓先生。在華人社區裏面呢，就從沒見有人敢叫毛主席做毛先生、江主席做江先生的。不單如此，高等教育界的「教授」「博士」了，忽聽人祇稱他「先生」而甚感不悅銜恨在心的，也大有人在呢！

唉，先生之稱，又何有不敬？怪哉！怪哉！

(05-10-10)

再從洋字漢譯談歧視

十九世紀中國勢衰，粵人給「賣豬仔」往北美「金山」去「掘金」者眾。血淚交織，備受洋老番歧視，且賜個「China man」的專稱。歷史瘡疤，今天加拿大講人人平等，自然不必再揭。然而，昔日國語人把 China man 譯作「中國佬」，倒說明了當日歧視吾粵人者，又豈止老番？

何解？因為國語罕用「佬」字。硬把 China man 譯作「中國佬」，無疑是把吾粵之「佬」擺了上台，隱隱然在民族苦難的事情上與南方粵民劃清界線，且進一步把吾粵之「佬」定性卑賤，滿足一下自己大中原文化沙文主義的優越感。

西方自古稱中國 China，中國人 Chinese 。十九世紀突然多了個專指華工的 China man ，其為歧視語殆無可疑。惟此歧視華裔之洋語既是 China man 而非 China lou，不把 man 字譯作白話常用的「男子」或「漢」，而竟然挑選一個其語言體系絕少見用的「佬」，對吾粵方言之「佬」非但不公，而且十分不友善。

竊意以為，China man 之正確中譯，該為「支那漢」。既合白話，亦與「中國人」（Chinese ）有所區別。

今日大家要求加拿大政府須為廿世紀初各種歧視華人的政策和措施向華人賠償道歉的同時，何不自己也多多反省，早點還吾粵之「佬」一個清白？

(05-10-14)

目光如豆

吾友專賣二手車。某日，有操普通話的客人前來買車。吾友慇懃招待，用他不大靈光似通非通的港腔普通話努力推介。忽爾客人突來一句：不能講普通話，算是中國人麼？遂拂袖而去。吾友爲之一怔，良久不能自語。

不講普通話不算是中國人？這是很值得大家思考的。猶如在加國不講加式英語算不算是加拿大人，不講美式英語算不算是美國人一樣，是一個在身份上必須搞清搞楚的大問題。若答案確然是不，則在多城天天操粵語不大講普通話的香港人固然不是中國人，就操流利普通話而英語結巴巴的吾同胞移民，跑回祖國老鄉卻以自己的加拿大人身份炫耀鄉里，也不見得不是自打嘴巴，浮誇不實。沒曾講得流利的英語，算什麼加拿大人了？

同理，中華民族漢滿蒙回藏，難道不講普通話祇講滿語蒙語回語藏語的都不配稱中國人麼？若聽在台獨份子的耳裏，豈不正中下懷了？以後呀，台灣人想搞獨立呢，不講國語便是。大家天天講閩南台語，不就可以順理成章地背宗棄祖否認是中國人了？

用講不講普通話來鳘定中國人的身份，是一種極之危險而且十分幼稚的想法。這一種普通話沙文主義的封建蔽塞，祇會削弱國內不同語系同胞們對國家的歸屬感。在祖國的統一大業上不但毫無幫助，而且是在搞破壞！

(05-10-28)

比秦始皇更霸道

秦始皇統一六國，推行「書同文字」。他找來李斯、趙高、胡毋敬整理六國文字，創制「小篆」，頒令遵行。

秦始皇做的，也不過是統一文字的寫法，「罷其不與秦文合者」（《說文解字敘》），並沒有「罷其不與秦音合者」。

亦即是說，秦文字的統一，僅在字形，不在字音字義。六國地域不同，統一文字寫法還較容易。若硬要統一語音和運用，那就祇有對語言文化全無認識的人才會想得出來。

今天， 普通話作爲中國官方語言，我們當然要學。但，學習普通話不一定要以消滅方言爲手段。用打壓、抹黑方言來說明普通話的「優越性」，徒惹反感。因爲，區域語言所代表的，每每是一種區域性的獨特文化。歷史說明，除非把區域族群完全消滅，否則要完全消滅一族群的獨特語言，難乎其難。

故此，中國自先秦以來，南方方言就如何給「君子」打壓；公元五、六世紀南北朝時代，北方人就如何嘲諷南方人的「楚音」「吳語」（顧炎武《日知錄》卷二九「方音」條），力詆其「俚俗」而非「正響」，處處排斥打壓，但幾千年來，南方的語言卻不衰反盛！

廢廣州話來成全普通話？恰如主張杜絕北美英語口音，非英國倫敦不爲正，好保持英語世界的「統一」。稍有頭腦的人，必將笑其癡夢。

(05-11-04)

粵語入文何言鄙？（一）

近日，多城華文報業掀減價戰。有人認爲，這是報章新聞用了「鄙俗」的廣州話而自取其咎，一副「五四」時期老八股的假道學嘴臉。

「五四」年代，中國邁向民主，文學走大眾化路線。報章書刊，再不是「之夫者也」自視高人一等的士大夫所私有。開明的知識份子，無不認爲寫文章須口語化、白話化，務要人人看得懂。可惜這一種早見諸宋明小說的白話文學，卻總給當日祇顧自身科舉利益的老八股們，斥之爲「鄙俗不雅」，有害傳統文化。然而歷史潮流沒法擋，猶如唐宋之摒棄先秦兩漢古文取用了當日白話形式創造新風格，現代白話文終亦取替了老八股。什麼文言始爲雅、白話必爲俗的奇怪邏輯，早就成了歷史垃圾。

今天多城有人鄙賤廣州話，雖不是文言白話的古今之爭而僅是地域之見，惟細而察之，其思維方式與晚清老八股們亦甚相類似。國鍵敢問：（一）爲什麼北方人用北方口語寫的白話文就是雅，廣州人寫文章用了點廣州口語便是鄙？這雅鄙之別，除因閣下個人喜好和主觀偏見之外，可有什麼客觀實在的理據？（二）爲什麼白話文用句上海話「癟三」，又或滲個北京話「今兒、明兒」，大家都看得很舒服，可是用了個廣州話「早抖」，有人就如此刺眼？（待續）

(05-11-07)

粵語入文何言鄙？（二）

（三）方言入文，自明清小說以來本已是一種趨勢。《金瓶梅》《醒世姻緣》多山東方言，《紅樓夢》除了多北京話外，亦採用了相當多的南方詞類（太愚，《紅樓夢的語言》，載《國文月刊》五十九期，開明書店，1947，p.23）。這幾本小說今都成了經典佳作，證明了文字創作並不鄙斥方言。何解我們寫文章偶用了句廣州方言，竟就惹人撻伐聲討？然則凡廣州方言都是粗俗的？（四）一個人的語言，「永遠沒有脫離過他們自己的身份」（太愚文，仝上，p.24）。亦即不同階層的人，「各有各的用語」。可不代表上層社會的用語必就是雅，下層的必就是鄙！這種封建思想，今日還會有市場麼？（五）廣州人無論上層富貴下層草根，講的都是廣州話。階級之別該不是人稱廣州話粗俗的論據。其更荒謬之處，且是廣州人講廣州話就可以，一化作文字，即成「鄙俗」。講寫之間，何解若天壤之別的道德判斷？實在令人費解之極！

文字的功用是什麼？是傳情達意。故此，文章用詞用語，必以愈能傳情愈能達意而愈佳。是否粗鄙，全在於表達的內容，殊不在於文字的本身。北地方言俱可用，嶺南方言用則鄙？這顯然是思想幼稚對文字又毫無認識的人胡謅的偏見，並不合符語言發展和歷史事實。北方人而有這種觀點，還可說是歷史上的地域歧視。粵人若持此謬見，則毋寧是出賣吾粵的粵賊！

(05-11-11)

直資與否，路還得要走

程汝初大兄電郵青中餘社諸學友，期待大家對青中將轉爲「直資中學」（ Direct Subsidized School）發表意見。余也不才，想七零年代時青中由中文中學轉作英文中學，也曾爲此本質之變而呈函何世明牧師，力陳寧爲中文中學之雞口，莫作英文中學之牛後。可區區微塵，就小小漣漪也未足泛起半個。而青中亦終由一流中中淪爲三流英中，殊可嘆也。若論名實，吾輩之所謂青中，當日實際已亡。是亦「成也何老牧，敗也何老牧」歟？

今有說青中將由政府津貼中學轉作直資中學，不料三十年後又再來個本質之大變。津貼中學乃公營學府（Public School），直資中學則屬由政府每年按所收學生人數予以補貼的私營學校（Private School）。

公校變私校，正正是美國小布殊之類極右思想天天嚷著「市場競爭」「成本效益」「金錢至上」之下的潮流所趨。殊不知把教育當成商業環節，也是今日美國社會道德敗壞，由昔日談仁講愛的君子，變爲今日少講人道多行不義的市井惡霸的主要原因。崇尚文化的歐洲人今視美國人爲野人，並非無因。

今天美國教育處處講「錢」，講「排名」，講怎樣找方法去取得「分錠」（Funding），已經把教育圈子搞成是個不講仁義道德、但以權謀續命的殺戮戰場。其慘烈之處，幾已達到了很不人道的地步。「壓搾」和「淘汰」是不是值得我們學習的教育模式（Model），祇要看看今天美國的大學教育如何扭曲人性，如何把有志向有才華的年青學子熬得死去活來，不難找得答案。美國人若仍不知反省，其衰亂恐爲期不遠。

今香港之所謂「直資」，信是美式「金錢大過天」政府企圖推卸辦學財責的極右思想下的政治產物。它既回應傳統貴族名校如聖保羅男女、男拔萃、女拔萃等「唔憂冇人讀」的財雄勢大的辦學團體抗拒由政府控制中一派位，誓要保持所收學生必乃精英中之精英的強烈訴求。且又連消帶打，藉此擺脫爲了減省公帑而要向收生不足的貧區公校「開刀殺校」而來的政治壓力和惡名。前者之所以樂意參加「直資」，因爲私營下有更大的收生和收費的學校自主權，利多害少。後者之被迫「直資」，祇因私營後沒了「殺校」威脅，在快將門庭冷落的悸慄之中，猶有機會可以釜底抽薪。前路雖艱（例如教師的薪酬已甚頭大），無奈也算活著。唯若不屬此兩類而竟自動去獻身，其能謂之明智乎？

必烈者士街的中文青中，在貧窮困苦中成長。何老牧主政下的青中文化（Culture），相信是由基督之愛、儒家之仁、音樂之美集合而成的古典人文主義道德文化。他老人家晚年費大氣力寫《世明文集》數十冊，闡析的正是神學與儒學如何融貫。其中理念，顯非純然來自學術空談。何老牧對青中的貢獻，不在他的強人領導「聲大夾惡」，而在於他天天在早會課上，絮絮不休地教導我們甚麼叫做仁義忠孝禮智信，甚麼叫做「乃役於人」「鹽與光」…。發大財？倒沒曾聽他談論過。

正因如此，我們青中這一代絕多謙和溫厚、行不踰軌，殊少自矜自是、以身份論人。近在電郵上讀僢社同窗舊照數百，最令人難忘的，不是學友們昔日的年少，而是何靄瓊學姊近年與中國落後地區貧苦小學生們同拍的那兩幀感人的合照。何學姊臉上流露那份對貧苦兒童的愛，亮出了人性之中最美麗的光芒。能有機會幫助一下弱小貧苦的兒童，多好！

雖則辦教育實是無財而不行，但教育畢竟還是育人以愛以德的人文大業。事事金錢掛帥，在校園內容易帶來另類的環境污染。所以，今天與其在青中尋覓何老牧的遺粹，倒不如先看看香港大氣候唯錢是是、殘酷不仁的教育環境。你或會猛然省悟，今天令人心痛的，原來也不單止美國！

木先腐而後蟲生，自非妄語。

（二零零六年九月潘國鍵於多倫多市）

(2006-09-03)

青中從此不青中

我中華基督教青年會中學，決於明年「直資」，成爲私校，將收取學生不一萬亦數千元的學費，再次印證今之所謂基督教辦學，殊不基督。

十九世紀教會來華興學，非因助富，而在扶貧。救苦扶貧，基督精神。

二次大戰後，英國大力擴建公校，讓孩子們無論貧富，都能接受質素相若的教育，他日在社會裏可以公平競爭向上。七十年代香港政府亦踵其後，致力增建津貼中學。這叫「社會公義」（SOCIAL JUSTICE）。社會公義，是基督教義的其中內容。

今之直資，倒行逆施。其路恐亦祇能有二：一則爲走貴族化路綫，學費高昂，貧家子弟祇能望門而興歎；一則爲變相走「學店」路綫，師資設備與課程差人一截，就有志於學的學生投其門下，大多亦祇能「陪葬」，世代捱窮。凡此對下層貧家子弟俱甚不利，特別是那些品性善良但讀書天份不高的窮孩子。社會公義從何說？

聖保羅、拔萃、英華、華仁等百年名學，校友多名流巨賈，要貴族化毫無困難。我青中半世紀錯託草根，欲躋身學子不論學費但求入讀的名校之林，機會係零。他日能憑些什麼立足？倒真教人萬分憂心的。

又校友來函，引述青中直資，乃因（1）天水圍人口減少，避免「導致政府殺校」；（2）爲了「宣教工作」；（3）「認同何世明法政牧師的辦學成就」；（4）「星期日在學校大禮堂中將有教會主日崇拜」云云。讀之更令人大惑不解。然則轉爲直資，就可以化解天水圍人口減少學校將要關閉的危機了麼？

辦學是爲了「宣教工作」？此言若不幸給批評政府資助教會團體辦學無異於資助教會傳教的「有識之士」聽了，豈不是證據確鑿？想害死教會麼？

教会辦學校、醫院、老人院、食物庫等等善業，目的祇是實踐愛護貧苦的基督精神，向來不會是宣教的一種手段，否則便屬假仁假義。雖則這等工作，對於傳道確能帶來方便。

宣教的地方是教堂。在學校裏面，講的是德智體群美。基督教的品德教育（請注意，這是德育，是灌輸基督教價值觀，並不是要叫人信教），祇是德育的其中環節。

至於恩師何世明牧師的辦學，印象之中，乃：

（1） 他老人家向以青中乃「政府津貼中學」爲榮；
（2） 他恒以吾皚社於六七年中大入學考試大放異采而引以爲傲；
（3） 他常以當日青中頗能與培正等老牌中中競一日之長短而自豪；
（4） 他每以青中校友在社會有所建樹而老懷大慰；
（5） 他對於結合儒家與基督教文化的辦學理念，向不含糊。

是以國鍵有理由相信：

（1） 他不會爲青中放棄津中資格而感高興；
（2） 他不會星期日在學校禮堂搞主日崇拜，而祇會勸人去教堂聽牧師講道；
（3） 他不會祇講基督而不談孔孟，謬把宣教與辦學混作一談；
（4） 所以，他不會讓青中在大會堂開音樂會以聖樂爲主題，合唱團唱的多會是《長恨歌》、笛隊奏的泰半是《春江花月夜》之屬。

定局已成，夫復何言；青中學子，求主垂憐。

二零零七年丁亥重陽節前十日盼人基督徒潘國鍵寫於多倫多如心齋。耳畔是莫扎特的《安魂曲》。

(2007-10-10)

君看赤壁終陳迹
生子何須似仲謀

陸游黃州句 二千一四年甲午深秋盼人潘國鍵書

www.ingramcontent.com/pod-product-compliance
Lightning Source LLC
Chambersburg PA
CBHW051555100726
47898CB00001B/102

9781775356660